追憶の東京

異国の時を旅する

The Bells of Old Tokyo

Travels in Japanese Time

Anna Sherman

アンナ・シャーマン

吉井智津 訳

早川書房

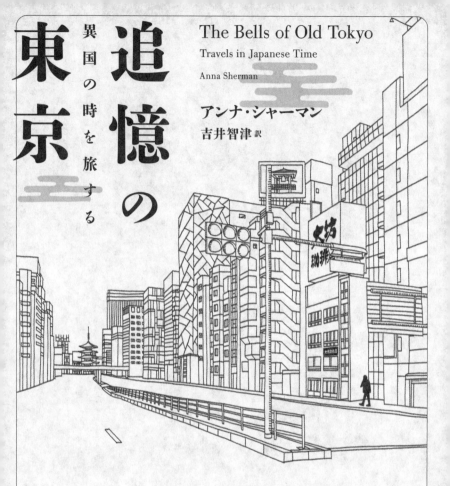

追憶の東京

——異国の時を旅する

THE BELLS OF OLD TOKYO
Travels in Japanese Time
by
Anna Sherman

Translated by
Chizu Yoshii
First published 2020 in Japan by
Hayakawa Publishing, Inc.
This book is published in Japan by
arrangement with
Anna Sherman
through The English Agency (Japan) Ltd.

装画／川上貴士
装幀／坂野公一（welle design）
地図／マップデザイン研究室

イアンへ

思いざしなら武蔵野でなりと
何じゃ織部の薄盃を

——『二《に》人《にん》椀《わん》久《きゅう》』

東京、ひとつの壮大な時計。小路と大通り、忘れられた水路と寺が巨大な文字盤をかたちづくる。月と週は、北の稲田から首都へと流れこむ交通の律動が刻みだす。時間と分と秒は、壊されては築かれる建物が、海を埋め立てた土地が打ちだす。線香が、ＬＥＤが、光格子時計が時を数える。この街の古くからの心臓部をまるくかこむ山手線の内側で、そしてその外側にひろがる関東平野で、うごきまわるすべての人生が時をはかる。

目次

本書で著者が訪れた場所

時の鐘（現存）　時の鐘（現存しない）（情報は2020年9月時点）

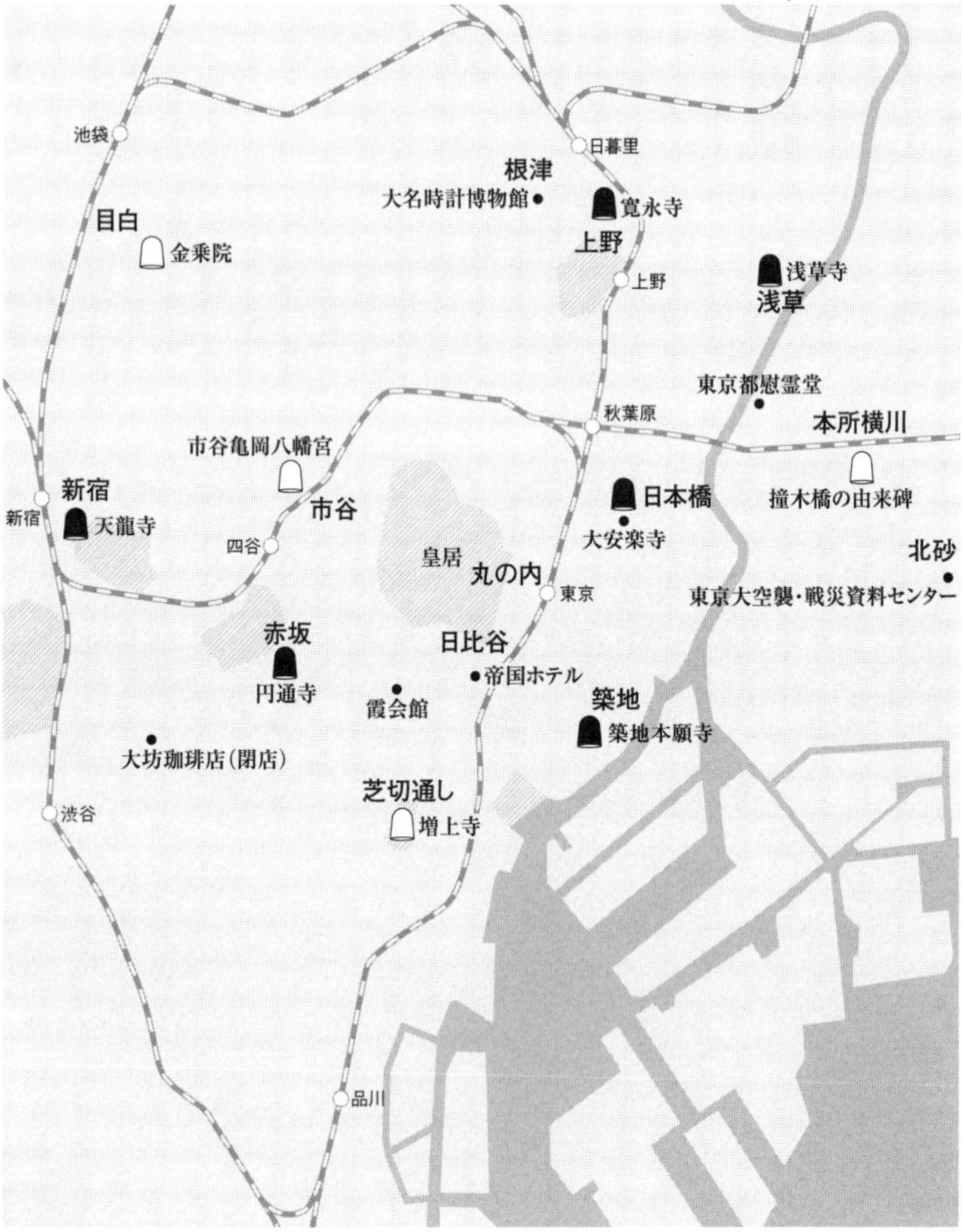

時の鐘

五時の時報《チャイム》が鳴りはじめ、その音が芝公園をただよっていく。夕方、この時間になると〝防災無線〟と呼ばれる放送が東京の街のあちこちにあるスピーカーから流れてくる。災害放送システムの点検を兼ねておこなわれているものだが、聴こえてくるメロディーは、木琴が奏でる子守歌のようだ。日本各地でさまざまな曲が使われているが、都内では〈夕焼け小焼け〉を流すところが多い。[1]

夕焼け小焼けで日が暮れて
山のお寺の鐘がなる
おててつないでみなかえろう
からすといっしょにかえりましょう

子供がかえったあとからは
まあるい大きなお月さま
小鳥が夢を見るころは
空にはきらきら金の星

その夕方、スピーカーから流れてきたのは〈夕焼け小焼け〉ではなかった。なんの曲だろうと思いながら聴いていると、録音された音楽の隙間を縫って、なにかべつの音が聞こえてきた。東京タワーの近くにある古い寺、増上寺《ぞうじょうじ》の鐘の音だ。[2]

一撞《つ》きの鐘の音《ね》がほとんど和音のように響いた——ひとつの高音が深さと広さを増して低音に変わっていく。わたしは音を追っていった。寺の三解脱門をくぐると、巨大な鐘が目にはいった。石檀の上に建つ柱と屋根だけの鐘楼のなかにある。濃紺の作務衣を着て鐘を撞いている人の姿も見えた。とても若い男性だ。紫、赤、白、三色のひもをより合わせた一本の太い綱が水平に吊るされた撞木《しゅもく》から垂れ下がっている。青年は綱をしっかりと握り、撞木を後ろへ軽く勢いをつけて引き、もう一度引くなり、破城槌《はじょうつい》さながらに青銅の鐘に打ちつけた。綱に引っ張られた青年は全体重をうしろにあずけ、敷石の上に尻もちをつく寸前まで身体を倒した。反動でまた引っ張られて起きあがる。ひとつらなりのうごきは、逆再生した映像のようだった——倒れては魔法のようにもとにもどる。

日本はベルの国だ。子どものとき、日本の風鈴をもらったことがあった。仏塔のかたちをしたうすっぺらい品で、三つ重ねの五角形の屋根の端にそれぞれチリチリ鳴る小さな鈴がついていて、下にさがった五本の空洞の筒がぶつかりあうたびに音を立てた。全体をつなげているのは釣り糸だ。糸が透明なせいか、見ていると、いまにも飛んでいってしまいそうに思えた。

その風鈴は、きちんと吊るしておく人がいなかったので、いつのまにか糸が絡まり、ほどけなくなってしまっていた。だから音楽は生まれなかった。

そんな出会いだったが、その風鈴がわたしのはじめての東洋だった。きらめく金属、ゆらめく音、夜の風。

最後の一撞きが終わると、鐘を撞いていた若者は、三色の綱をはずして肩にかけ、長い階段をのぼって増上寺の本堂へ消えていった。

東京が東京になるまえ、この街は江戸と呼ばれていた。日本の首都は、七九四年から一八六八年までずっと京都に置かれていたが、十七世紀のはじめ以降、江戸が事実上の政治の中枢になっていた。最初、江戸には、時を知らせる鐘は三つしかなかった。ひとつは日本橋、江戸の町のまんなかにあった牢屋敷のなかに。もうひとつは北東の観音を祀る寺のそばに、そしてもうひとつは江戸城の北の鬼門に近い上野にあった。江戸の町が大きくなるにつれ——一七二〇年までには、江戸の人口は百万人を超えていた——徳川家の将軍はさらに多くの鐘を時の鐘として公認した。東京湾に近い芝。隅田川の東の本所。四谷の西側にある天龍寺。南西は赤坂の現在ＴＢＳがあるあたりの丘。西は市谷《いちがや》の防衛省の近く。そしてはるか北西、一六五七年に江戸最悪の大火に包まれた目白台。

これらの鐘が時を知らせたおかげで、城下の町は、いつ起きて、いつ眠り、いつ仕事をし、いつ食事をするかを知ることができた。

それぞれ鐘の音の届く範囲が示された地図を見たことがある。静かな池に雨粒が落ちたように、円がつぎつぎ重なりあう。水面を打った瞬間に凍りついた雨粒。


二〇〇三年に亡くなる少しまえ、作曲家の吉村弘は、『大江戸　時の鐘　音歩記《おとあるき》』という本を書いた。

サウンドデザイナーとしても活躍した吉村は、音楽や文章の断片や、丘や井戸や川の名前といったものから一個の宇宙を構築することができた。[3] 最後の著書となったこの本のなかで、吉村は目を閉じて音を聴けば立ちあらわれる街として東京を描いている――上野公園を通り抜けて家路につく仕事帰りの人々の足音、寺や神社の賽銭箱に投げこまれるコインの音、除夜の鐘の撞き方が下手だと野次る声。大晦日の夜、除夜の鐘は百八回鳴らされる。百八は人を惑わす煩悩の数だ。

将軍の町の姿は、いまではもうほとんどのこっていない。吉村によれば、建物や庭園だけでなく、町のサウンドスケープ（音風景）も。『大江戸　時の鐘　音歩記』のなかで、彼は五百年前から変わらない音を求めてこの広い街を歩きまわる。二十一世紀の東京人の耳ではもう聞くことのできない、かすかな音もある。「錦苞初発《きんぽうしょはつ》の声」――夜明けに蓮の蕾がひらく音。毎夏、不忍《しのばずの》池《いけ》の水面を震わせるその音を聴こうと、大勢の人があつまった。当時の人々がいかに繊細な感覚をもっていたか、想像できるだろうか？　一方で、江戸の昔からのこっている音もある——市場で聞こえる商人のかけ声、毎年七月になると台車にのせて通りをはこばれていくガラスの風鈴、そして時の鐘を撞く音。

吉村は、梵鐘《ぼんしょう》の音は、鳴っている音だけでなく、その静寂にもおなじだけの意味があると考えていた。そして、鐘は鳴るたび、周囲にあるすべての生命を飲みつくしてしまうと。

将軍の時代はもう過去となったが、将軍が聞いた音はいまも耳にすることができる、と吉村はいう。鐘の音は複雑な層をなして外へひろがる。昔からいまへと時のなかを動いてきた痕跡が、その音に包みこまれている。

わたしは吉村にならって、彼の書いた失われた町の姿をいまにとどめるものを見つけにいくことにした。ただし、東京の街の上を走る高速道路や、街の中央部をまるくかこむ山手線を使うのでなく、あの地図の上では水面を打つ雨粒のように見えた、かつて鐘の音が響いた圏内を歩いてなぞる。風が吹けば、鐘の音は風に乗ってはるか東京湾のほうまでとどいたかもしれない。雨が降れば、鐘の音などはじめから存在しなかったかのように、雨音にかき消されてしまったかもしれない。

円の起点は無限にある。わたしが歩く方向は変化していくだろう。地図上の円がときに変化するように[4]。

圏線はめぐらされているが、固定されてはいない。

大坊珈琲店

出会って何年もしてから知ったのだが、大坊勝次《だいぼうかつじ》さんは、彼のコーヒーで、とりわけその淹れ方で有名な人物だ。[5]細かく挽いたコーヒー豆の上から、一滴、二滴、三滴と湯を落とし、やがてその湯が一本の輝く鎖となって下に落ちる。

大坊さんは、黒い髪を僧侶のように短く刈りこみ、毎日、輝くばかりに白いシャツと黒いズボン、黒いエプロンを身に着けていた。それは決して変化することのない制服、修行僧の衣のようなものだった。瞳は黒く美しく、下唇に小さなほくろがあった。華奢な体つきだが、カウンターに立つとそうは見えなかった。

大坊珈琲店を偶然見つけてはいってくる客はいなかった。店があるのを知らなければ、だれもせまい階段をわざわざのぼってこない。二十席だけの小さな店は細長く、日本語でいう〝鰻の寝床〟だった。

東京はせわしなくうごく街で、なにもかもが変わりつづけているが、大坊珈琲店はちがう。そこはいつもおなじだった。

その小さな珈琲店は二階にあり、おなじビルの一階はラーメン屋だった。それから、ラーメン屋がなくなってコインロッカーになった。ラーメン屋がはいるまえは、その場所はブティックだった。三階には日本刀を売る店があった。その上の最上階には、根付を売る店があったと思う。それらの店が、ひとつ、またひとつと閉店し、やがてビルのほかの階はすべて空き家になって大坊珈琲店だけがのこった。大坊さんがその場所を離れることはなかった。例外は毎年八月の三日間で、そのときは店を閉め、生まれ故郷である岩手県の北上山地へ帰っていた。

店の端から端まで、粗削りな松材の長いカウンターが流れるようにのびていた。「木場に浮いていた」という材木を手に入れてつくられたものだ。

大坊さんは毎朝コーヒー豆を焙煎した。窓をあけると、煙が青山通りをただよい、表参道の交差点までとどく。夏も冬も、春も秋も。

コーヒー豆は子どものおもちゃのガラガラか福引の抽選器のような音を立てる。その音のむこうから聞こえてくるのは、大坊さんが愛するジャズの音色だった。音楽は、聞こえていたかと思うと、サイレンや車の往来や雨音やセミの声にかき消され、そしてまた、一度も消えてなどいなかったかのように現れた。

大坊さんは一キロ用の焙煎器《ロースター》を片手でまわしながら、もう片方の手には本をもっていた。ときどきその本を下に伏せては、黒くなった竹のテストスプーンでなかの豆をすくいとり、焙煎の具合をたしかめる。それが終わるとまた本を手に取り、つづきを読むのだった。

日比谷

日比谷には、あらゆる時期の記念の品が残ってもいる。樹木の中には、江戸の町そのものと同じくらい齢《よわい》を経たものもあるというし、江戸城の濠の一部や石垣の一部もある。野外音楽堂は開園当時からのものだし、青銅の噴水も開園後間もなくの頃から伝わっているものだ。[1]

エドワード・サイデンステッカー

日比谷

夜と街が部屋に流れこむ。

ホテルの北側の棟は、大手町のオフィス街に面していた。窓のむかい側は、アスファルトの地面から空まで途切れることなくつづくビルの壁。そのむこうにはガラスの壁がさらにつぎつぎとならび、どの垂直面も正方形や長方形のパネルで区切られている。それぞれのコマのなかには人がひとり、ときにはふたりか三人いて、人の姿がない窓は目を光らせている。ホテルの間近に林立するビルはきっとテレビモニターで、しかしドラマを映しだすのではなく、ブラインドに手をやり外を見ているわたしを監視しているとしてもおかしくはなかった。

部屋を変えてもらい、べつの棟へ移った。こんどの部屋は日比谷と和田倉濠《わだくらぼり》に面していた。和田倉濠は皇居周辺の濠のひとつ――かつての城塞をかこむ水の迷路の一部――だ。一万の窓のかわりに、江戸城のために切りだされ、積まれた石垣の巨大な石の数々が見えた。

街は消えていた。

そこは皇居のまわりに螺旋状にめぐらされた水路網のほぼ中心だったが、街は見えなかった。

*

「そうか、時間に興味があるんだね」アーサーが言った。わたしたちは大坊珈琲店の長いカウンターの前にすわり、ボウル形の茶碗でミルクコーヒーを飲んでいた。アーサーは日本語で本も書くアメリカ人の翻訳家だ。「ええと、空間／時間を表わすもともとのことばは〝間《かん》〟だ」わたしはもっていた辞書をめくりながら、訝《いぶか》しげに訊いた。「……じゃあ、〝時空《じくう》〟っていうのは？」

アーサーは笑いながら言った。「そいつは正式なことばっていうだけだ。ぼくは正式なそういうことばを解剖してばらばらにしてやる。うまい表現を思いついて、人より先にそのことばを世に出してしまえば、こっちの勝ちさ」

時を表わす単語が、英語にはひとつしかないのに対して、日本語には無数にある。そのいくつかは中国の故事に起源をたどることができる――〝烏兎《うと》〟、〝星霜《せいそう》〟、〝光陰《こういん》〟。サンスクリットからは、広大なひろがりを表わすことばが日本語に取り入れられた。人の想像を超えて永遠へ向かう無窮の時間――〝劫《こう》〟。サンスクリットからはほかにも、時間のもっとも細かい断片、〝一瞬のかけら〟を表わす刹那《せつな》がはいってきた。[2] 英語からは〝タイム〟を借用した。ストップウォッチで測る時間やレースの用語として使われる。

「ぼくら欧米人は、時間は前に進むものだと思っているよね。知らない、見えない、なんらかの終わりに向かって進んでいく抽象的なもの。でも、日本では時間は十二支、動物になぞらえて表わされていたことを忘れちゃいけない。[3] 昔の日本人は時間を生きものとして見ていたんだ」

「どういうこと？」

「十二支を知らない？　動物たちの大レースの話は聞いたことないかな？　〝むかしむかし、お釈迦さまが涅槃へと旅立たれるまえ、世界中の動物たちに会いにきてくれるよう呼びかけた。ところが、やってきたのは十二匹の動物だけだった――ネズミ、龍、サル、ウシ、ヘビ、ニワトリ、トラ、ウマ、イヌ、ウサギ、ヒツジ、それにイノシシだ。お釈迦さまは、会いにきた動物たちへの感謝のしるしに、十二年で一まわりするように時間を分けて、それぞれの動物を年ごとの守護者にしたそうな〟っていう。いまでも日本の人は、十二支の動物につながりを感じている。自分がどういう人間かは生まれ年で決まるとね。ぼくは一九六七年生まれだから、未《ひつじ》年なんだ」

アーサーはカウンターのむこうにいる大坊さんに向かって、わたしには理解できないことばでなにか言った。大坊さんは笑った。

「この話には十二支の〝なぜ〟への答えも含まれているんだ。なぜ十二支のなかにネコがいないのか？（ネズミはネコを起こさなかったから、ネコはお釈迦さまに会いそこねた。それ以来、ネコとネズミは仲が悪い。）なぜネズミが一番手なのか？（ネズミはこっそり牛のひづめにつかまっていて、ウシがお釈迦さまに挨拶するより先に前に飛びだした。）十二の動物には、それぞれ特徴が決まっていて、そのもとになる現実がある。忘れちゃいけないよ、むかしの日本人にとっては、ネズミはすぐそこ、台所にいるものだった。絵本のなかなんかじゃなくね。むかしの時計では、時を表わす数字もそれぞれが動物と関連づけられていたんだ。怪談が丑《うし》の時間から始まるのは、だれだって知ってた[4]」

「″ウシの時間″……!?」

「そう、丑三つ時、午前三時さ。夜の夜中。お化けの出る時間だ」

アーサーはコーヒーを飲み終えた。カウンターの端まで歩いていくと、電話台の横で立ちどまり、大坊さんに向かってお辞儀をした。ドアが閉まり、ガラス越しに彼の姿が見えた。バックパックをもちあげて背負い、せまい階段を駆け下りていく。

遅刻確定だ。

大坊珈琲店

そのうちに大坊さんはわたしの顔を覚えていてくれるようになった。はじめて会話らしい会話をしたのは、日本へ来て数カ月が過ぎてからのことだった。わたしはベルリッツのテキストに載っている例文をそのまま口にし、ことばが見つからないときには、身振り手振りでなんとかわかってもらおうとした。

ひとつのセンテンスを言い終えるたびに教科書のページをめくって例文をさがすので、次のセンテンスが出るまえにいちいち長い間《ま》があいた。ときにはことばが見つかるまでに一分ほどもかかったが、そのあいだ大坊さんはカウンターのむこうで急かすことなく待っていてくれた。

大坊さんは〝ゆっくり〟を好んだ。以前彼は、自分がコーヒーを淹れているあいだにお客さんは眠ってしまうくらいがいいと書いていた。大坊さんは岩手県に生まれた。本州の北、雪国だ。しかし、ご本人が言うには、東京の生まれではないけれども、いまの自分をつくったのは東京なのだそうだ。

東京オリンピックが開かれた一九六四年当時、東京に住んでいた英国の詩人ジェイムズ・カーカップは、喫茶店《コーヒーバー》とは「東京の学生生活の一部だ。学生たちはそこで勉強し、手紙を書き、人と会い、電話をかけ、そして眠りさえする」と書いている。喫茶店は十八世紀ジョンソン博士の時代のロンドンのクラブのようなものだ。[5]けれども「日本人にも西洋人にもインチキな連中が」いて、みんな自意識たっぷりに詩を書いたり「〝大胆な〟展覧会を計画している」。詩人から聞くにしてはずいぶんありがたい言い方だ。

　大坊さんは、一九六〇年代のジャズ喫茶で大人になった。そのころの喫茶店はしんと静かで薄暗く、お寺のような雰囲気になってきていた。大坊珈琲店には禅寺の静けさと簡素さがそなわっていたものの、そこにはだれでも受けいれてくれる寛容な空気が漂っていた。銀座の有名店〈カフェ・ド・ランブル〉のマスターのような頑固な厳しさは、大坊さんにはなかった。そのマスターは、注文時に言わず、聖なる液体《コーヒー》がはこばれてきてから、ミルクや砂糖もほしいと言うような客は、だれでも店から追いだしてしまうとうわさされていた。[6]

　カーカップは、喫茶店は日本における数少ない民主的な施設のひとつだ、だれにでも開かれている、と書いた。大坊珈琲店では、有名な画家が家出少女のとなりにすわっているかもしれない。指揮者の小澤征爾がフラメンコダンサーのとなりに。広告会社の重役がフリーマーケットの売り子のとなりに。大坊さんはどんな人に対しても接し方を変えることはなかった。

　お客様はこの店を見つけるだけでも一苦労だ。下の青山通りは混沌としている。せまい階段を上がって、店にすわったら、この一週間のうちに、あるいは一生のうちに重ねてきて分厚くなった鎧をすっかり脱ぎ捨てていただく。大坊さんはそう言っていた。

そっとしておいて、その人にぴったり合ったコーヒーを淹れてあげる。そうすれば、ゆっくりと、少しずつ、人はほんとうの自分に返っていく。

日本橋

江戸時代を通じて、日本橋は将軍の支配する全国各地との距離を測る起点、ゼロ地点であり、参勤交代で江戸を訪れ、また国元へ戻る大名行列がすべて渡ったのがこの日本橋であった。[1]

テオドル・C・ベスター

日本橋——ゼロ地点

二百年以上のあいだ、最初の時の鐘は江戸の牢屋敷のなかから時を知らせていた。一度に三回、一日に十二度。

時を告げる鐘と牢獄はひとつだった。

「刑場があったのはそのあたりです」公園の管理人はピンクのTシャツの上に色あせた黒いつなぎを着た男性だった。パイロットふうのサングラスをかけて、髪はJ‐POPのスターのようにジェルで固めて立てていた。「あそこの小学校のところまでずっと全部牢屋敷だったんですよ」

そう言って、その場所を指さした。

かつて小伝馬町牢屋敷があった場所は児童公園になっていて、もとの地面は押し固められた鈍《にび》色《いろ》の舗装材と銀色の砂粒の下に隠されていまはもう見えない。その場所は滅菌されたように清潔で、焼き清められたあとのように感じられた。すべてがモノクロームだった。ただひとつ、すべり台の階段だけがペンキの赤に染まっていた。

鐘そのものは、一九三〇年代の帝冠様式をとりいれた、黄色がかった煉瓦づくりの高い鐘楼にいまも吊り下げられている。青銅の鐘はよそよそしく近寄りがたい。そのてっぺんでは龍がとぐろを巻いている。

公園は、温まったアスファルトと埃と雨の匂いがした。サラリーマンらしき人たちが数人、学校のフェンスのそばに立てられた工事用の囲いの近くにあつまりたばこを喫《す》っている。鐘楼の下でホームレスの男がひとり眠りこんでいる。見ていると、寝返りをうって子どものように膝をあごにつけてまるまった。視線をその先に移すと、松の木が二本あり、花壇ではユッカの木が数本ごろごろした石に支えられて立っている。そのむこうには、文字が刻まれた削りの粗い石がいくつかと、さらに鉄の鎖で仕切られた奥には方尖塔《オベリスク》があった。

あの石にはなんと書いてあるのかと管理人にたずねてみた。

「わからないな。興味ないから」管理人はそう答えて顔をそらし、たばこの吸い殻や落ち葉やゴミを掃いてあつめる作業にもどった。箒の穂先が地面の白い砂利の上にうずまきをのこしていく。反時計まわりにつづく円、ゼロの文字。いくつものうずまきが管理人をとりかこむ。それらは禅でいう円相《えんそう》[2]、万物の虚空《こくう》をあらわす完璧に近い円のようだ。

スーツの上着を脱いだサラリーマンがひとり、鐘楼に近づいていき、さっきのホームレスの男に低い声でなにか言った。男はゆっくりと目をさました。

ジャングルジムの近くには使い古された動物の遊具が三台あった。下にばねのついたパンダ、コアラ、それに正面から見ると見えなくなってしまう赤くて薄っぺらいいきもの。

もう一度、鐘楼のほうを見ると、さっきのホームレスの男は場所を移動していて、急いで持ち物を木のカートに載せて、ブルーシートをかけていた。そしてハンドルにぐいと体重をかけ、大安楽寺のほうへカートを引っぱっていった。大安楽寺は小伝馬町に牢屋敷が設置された一六一〇年代から一八七五年に閉鎖されるまでの期間にそこで亡くなった何万もの人々の「魂を鎮める」ために、一八七〇年代に建てられた寺だ。

さきほどのサラリーマンは、喫っていたたばこを投げ捨てるとそれを足で踏み消し、その場に立ったまま鐘楼の柱にもたれて目を閉じた。

江戸の牢屋敷は、徳川幕府が始まる以前からあり、その歴史は幕府が終わったあともつづいた。[3]二百年以上にわたり、この小伝馬町に牢屋敷はあった。掏摸《すり》も、放火魔も、人殺しも、ごろつきも、博打うちも、思想犯も、とらえられればみなここへ入れられた。いったん判決が下れば不服の申し立てはできず、死刑が決まれば即刻その場で執行された。[4]ある囚人によれば、牢屋敷のなかは、「戦国時代を思わせるもので、破れかぶれになった者が互いに相手を励ましあい、目の前に迫ってくる身の破滅をものともせずに笑い飛ばす」ような雰囲気があったという。[5]

江戸にはそのほかに公開の刑場が二カ所あり、それぞれが北と南の入口のあたりにあった。[6]長い年月のあいだに町が拡大して江戸の境界線が外へと移動していくのにつれて、それらの刑場もまた町の中心部から郊外へと場所を移した。南は芝口から品川、そして鈴ヶ森へ。北は浅草橋から隅田川の東岸の小塚原《こづかっぱら》へ。そのような流れのなかにあっても、小伝馬町牢屋敷は、塀に囲まれたもうひとつの町としてこの場所にとどまっていた。罪人たちはその大門の外で鞭打たれ、塀のなかでは入れ墨を入れられ、判決を待った。判決は南や西の島への流刑、あるいは死だった。

ダニエル・ボツマンによれば、江戸時代の公開処刑は、一種の見世物であったという。「処刑される罪人に苦痛を与えることはもちろん大事だが、身の毛もよだつ光景（絶対に忘れられない見世物）を作ることも、劣らず大切だった」[7]のだと。とはいえ、幕府は慎重で、屋外での公開処刑はごく重い罪を犯したもののみに限定されていた。そうしなければ、軽微な罪を犯したものへの同情から暴動に発展することもありえたからだ。

一八七六年、徳川幕府最後の将軍が江戸を去ってから八年後、牢屋敷は西の市谷へ移された。だが、牢屋敷がなくなったあとも小伝馬町はかわらず不浄の地と考えられていた。そこにある土そのものが穢《けが》れていると信じられていた。穢れ、すなわち血と罪によってもたらされた魂の汚れが染みこんでいると。[8]

作家の長谷《はせ》川《がわ》時雨《しぐれ》は小伝馬町の近くで育った。鍛冶屋が鉄を打つ音や、サザエのつぼ焼きや椿油の匂いがいつもとどくところにいた。長谷川の回想録によると、牢屋敷は不浄な場所だといわれていたが、それは不公平だと思っていた。[9]というのも、「どんなに無辜《むこ》の民が泣いたか知れない」のだから。一八七五年に牢屋敷が閉鎖され、取り壊しになったとき、長谷川の父親はその土地の一部を無償で与えられることになったが、いらないとつっぱねた。「おら不快《いや》だからな」といって。長谷川の記述によれば、この父親は弱い男ではなかった。武士であり、長い刀をたずさえ、最後の将軍が去ったあとの数カ月、ほとんど無法地帯となった新首都で江戸城の守りについていたような人物だ。だが、どれだけ金銭上の得になるとしてもこの土地に対する嫌悪の情はぬぐえなかった。

長谷川の母は、考えなおしてくれるよう父にたのんだ――土地成金になれるっていうのに！　しかし、父は頑としてゆずらなかった。「どんなに無実の罪で死んだものがあるかしれやしない。おれは斬罪《ざんざい》になる者の号泣《なきごえ》を聞いているからいやだ。逃《のが》れよう、逃れようという気が、首を斬られてからも、ヒョイと前へ出るのだ。しでえことをしたもんで、後から縄をひっぱっている。前からは、髷《まげ》をひっぱって、引っぱる。いやでも首を伸す時に、ちょいとやるんだ。まあ、あんな場処はほしくねえな」

「ここへいらしたのはクリスチャンだからですか？」僧侶の中山さんは、わたしにこうたずねた。「クリスチャンのかたがお参りなさったあとは、すぐにわかります。あの牢獄で拷問を受けて処刑されたイエズス会士のためにみなさん白いユリの花をおいていかれますから」

「わたしは時の鐘が見たくて来ました」

「そうですか」中山さんは鐘楼を振りかえり、こうつづけた。「あの鐘は、もとは江戸城のなかにあったものですが、将軍さまのお耳に障《さわ》るということで、牢屋敷に移されたそうです。いまでは年に一度、大晦日にしか鳴らすことがなくなりました。ですから、そんなにいい音はしないのです。もっと頻繁に鳴らしていれば、音もよくなるのでしょうが」

その僧侶、中山弘之住職は、このとき歳は八十前後で、十四歳で家族と京都から移ってきたときからずっとこの大安楽寺に住んでいるのだと言った。

大安楽寺の境内は、よその寺、べつの場所、べつの時間から波に乗ってはこばれてきた、さまざまな物があつまる潮だまりだった。

つるつるした石のかたまりは、アイヌに伝わる神聖な石で、化石化したヘビがなかにはいっている。病人はヘビのひし形の頭とうろこをてのひらで撫でて恢復《かいふく》を祈る。鞭のようにうねる化石のヘビは、未知のアルファベットの文字にも見えた。

八本の腕をもつ弁財天は学問と音楽の女神だ。つややかな目とすすけた顔をもつこの弁財天の木像は、十九世紀の後半、明治維新がはじまり、日本じゅうで寺の略奪と破壊がつづいた時期に大安楽寺にもちこまれた。

「弁財天はたいそう古いもので、北条政子がつくらせたものです」中山住職はほほ笑みながらつづける。「この腕のうち、四本の修理をしたのはつい最近のことです。一本一千二百万円もかかりました！　それに職人が作業をはじめましたら、首がぐらぐらしまして。それで木彫師が頭をはずしましたら、なかから『金光明最勝王経《こんこうみようさいしようおうきよう》』[10]のごく小さな一巻が出てきたのです。のばしてみますと、なんと長さ二十五メートルもありました。そのような経典がさらに九つもこの弁財天像のなかから見つかりました」中山住職は親指を立ててみせた。「大きさはこんなもんでした」

『金光明最勝王経』の名前の由来となった第十巻では、妙幢菩薩《みようどう》が〝日輪の如く輝く〟金の鉦鼓《しようこ》の夢を見る。その夢のなかに聖人があらわれてその楽器を打ち鳴らし、その音を聞いたものに懺悔を求めた。そして、これを写経した王は、その身代の繁栄と、領地の豊穣と平和を確実に手に入れることができるとされた。その治世のあいだ、病気、災害に見舞われることはないであろうと。中世の日本では、『金光明最勝王経』の写本は、雷から、また悪運から家を守るために天井裏に隠された。

弁財天の木像は本堂のすぐとなりにある、赤金二色に塗られた専用の小さなお堂におさめられていた。そしてそのむかい側がちょうど罪人が処刑された場所だ。お堂は中国庭園にある円洞門のようなまるい形で、建物というほど建物の部分がなく、ほとんどが扉だ。なかは暗闇のなかで電気式ろうそくの明かりがゆらめき、履物の金箔と飾りをちりばめた衣、胸あての板に彫りつけられた龍の瞳、そして八本の手のひとつにもった宝珠を照らしだしていた。女神の瞳はすべての光を反射させ、輝きを放っていた。

「その井戸の近くは土の色がちがっていました」中山住職は言った。「黒かったのです」

そこはかつて処刑人たちが斬った首を江戸の南北の門にさらすまえに洗った場所だ。井戸は一九六四年まで使われていた。中山住職はその井戸が封印されるのを見届けたのだという。

わたしたちは寺の奥の間で京都のお茶をいただいていた。コーヒーもあるのだが「豆を煎るところから一時間かかるので」申し訳ない、と言われていたのだった。

室内には赤い漆塗りの座卓と、床の間の掛け軸、それに薄い色目の木の碁盤があるだけで、ほかに物はなかった。障子ごしに淡い光がさしこんでいた。

「一八七五年のことです。僧侶がひとり、小伝馬町の旧牢屋敷のそばを通りがかったのだそうです。ちょうど囚人たちが四谷へ移されたあとで、建物は食料庫として使われていました。その僧侶が、かつて罪人たちが斬首刑に処せられたその場所に来たときに、鬼火が浮きあがってくるのを見たのだそうです」

「オニビ……ですか？」

「亡くなった人の魂から出てくるといわれています」

中山住職は本堂で見た真言《しんごん》宗の開祖、弘法大師の像のようにじっとうごかない。正座をつづけるのが苦にならないのだろう。一方のわたしは、もぞもぞしないようにがんばってみたが無理だった。膝は固まり、ふくらはぎと足首が痛かった。気がつくと、もう二時間も正座のままだったのだ。

「その僧侶には、小伝馬町の牢に入れられたご家族があったのでしょうか？　ここになにかつながりがありましたか？」わたしはたずねた。

「いいえ、ただの通りすがりの僧侶です。麻布、六本木のほうにある寺から来て、たまたまここを通ったときに、いまお話ししたような奇妙な光を見たそうです。ここで処刑されたかたがたとはとくにご縁はありませんでした」

もしかしてそれは僧侶の思いこみではなかったのか、とわたしは訊いた。二百五十年ものあいだ保たれていた秩序が崩れ、牢屋敷のなかで起きていたことについて突然だれもが話せるようになった衝撃のせいで、そのようなものを見た気がしただけだとは思わないか、と。

中山住職は一息おいて言った。「さあ、鬼火とか人魂といっても、いまの人たちはことばの意味すら知りません。それを見るのは手相を読むのに技術がいるのとおなじで、ひとつの技術です。といっても、手相を読める人はまだいるけれども、人魂《ひとだま》が見えるという人はもうほとんどおりません」

百五十年前、まだ電灯のともる少しまえの東京の暗さ――夜が来るたび街は漆黒の闇につつまれたことだろう。二十一世紀のいま、車のヘッドライトに通りの明かり、LEDライトやネオンサインやハロゲン灯のあふれる光のなかで、もし人魂がアスファルトの地面から浮きあがってきたとしても、気づくものはいないだろう。

その僧侶は近くの食事処で出会ったふたりの男に寺院建立のための寄付を依頼したのだと、中山住職は笑いながらつづけた。「そのふたりのうちのひとりが大倉喜八郎《おおくらきはちろう》で、もうひとりが安田《やすだ》善次郎《ぜんじろう》だったのです」

大倉喜八郎も安田善次郎も初期の財閥を築き、戦前の日本の産業界を支配した大実業家だ。大安楽寺の創建者は運がよかったというか、抜け目がなかったというか、あるいは両方だったのか。

「では、このお寺の最初の僧侶は、ほんとうになにかを見たとお思いになりますか？」

中山住職は手首の数珠にふれながら言った。「さあ、わたしはそこにおりませんでしたから、わかりません」

むかいの小学校はもうすぐ取り壊しになるのだと、中山住職は教えてくれた。このあたりは子供の数が少なくなって学級が成り立たなくなり、跡地には福祉施設が建つ予定なのだと。

改修工事がはじまり、現場の作業員が地面を掘りかえしたときに、古い牢屋敷の基礎部分の石が出土した。中山住職はその石を世界遺産に登録したいと思った。

「囚人たちが、どこで飲み水を汲み、どんなせまい場所で寝ていたかがそれを見ればわかるのです。食事をつくった台所、風呂にはいった場所——といっても、風呂にはいらせてもらえたときの話ですが。有罪とされた者が、打ち首の刑に処せられる場所はひとつに決まっていました。その場所が変わることはなかった。わたしはそのつながり、つまりいまこのときとその時代のつながりをこのままとどめておきたいと思ったのです」

牢屋敷跡が発掘されたあとも、工事を請け負っていた建設会社は施設建設の予定を変えないどころか、急いで工事を進めるべきだと主張した。

「牢屋敷跡を保存してもらえないかと都にかけあってみたのですが、それは区が決めることであって、都ではどうしようもできないと言われました。考古学者が遺跡調査に来ましたし、ふたりのノーベル賞受賞者も保存を支援してくれました。しかし、地域の住民集会で討論と投票をおこなった結果、四十対一で高齢者施設建設に軍配があがったのです」

そのたった一票の反対票を投じたのが中山住職だった。

「孤軍奮闘ですね！」そう言いながら、わたしは英語なら〝クラッシング・ロス（惨敗）〟と表現するような負け方を日本語ではなんというのだろうと思った。〝負け〟を表わすことばは、〝時〟ほどではないにしてもたくさんある。負けたときの態度やどんな勝負だったかなどによってさまざまだ。

「まったくです。遺跡に目をやれば、とにかくひと目見れば、当時の人々の生活がわかったのですから！」

「残念です」

「それであちこちに嘆願書を送った結果、出土した石壁の保存を区が決めてくれたのです。床のガラス越しに見ることができます」

「でも、どうやって区を説得しましたか？」わたしはたずねた。四十対一といえば圧倒的に不利な形勢だ。

中山住職は満足げにこう答えてくれた。「区長がですね、自分が退《しりぞ》くのはそれなりの名誉をともない、それなりの地位についているときにしたいと望んでいたのです。ほんとうに、心から。しかし、その区長に対して苦情がひとつでもあったとしたら、それはかなわない」

わたしは座卓のむこうにいる中山住職の顔を見ていた。

「ひとつでも？」

住職はうなずいた。わたしは視線をそらし、部屋の隅に置かれている碁盤のほうを見た。それはこれまで見たなかで、いちばん美しいものに思えた。日本でも、ほかの場所でも――まばゆさのなかに渋みが同居している。囲碁は対戦相手の石を自分の石でかこいこむ戦略の勝負事だ。

「一番お手合わせをお願いしても、勝ち目はありませんね」

「あの碁盤は上等すぎて、実際には使えません」中山住職は目で笑いながら、軽くかわした。なんだか当時の区長が気の毒にさえ思えてきた。

「では、あれは夢のなかでだけ使うものなのですね」

「もとの牢屋敷を保存できなかったのは残念です。それがあれば、一六〇〇年代初期のようすを目で見ることができたでしょうから。牢屋敷は十二回の火事で焼けています。そのたびに、地図にもとづいてもとどおりの姿に建てなおされたのです」

「火事ですか……」見張り役、塀、鉄の錠前。「では、牢屋のなかにいた人々は……？」

中山住職の顔から笑みが消えた。「町が燃えているとき、番人たちが扉をあけて、なかにいた人たちをみんな外へ出したのです。火が消えてから、囚人たちは与えられた三日間のうちに自分で戻ってくることになっていました」

わたしは眉をあげた。

「ああ、もちろん、みんな帰ってきました。いつもみんな帰ってきたんです。もしもどらなければ……追っ手がやってきます。そして見つかれば殺されます。ですから、自分でもどったほうがいいのです[11]」

十九世紀の歌舞伎狂言作者、河竹黙阿弥《かわたけもくあみ》は、日本橋は小伝馬町から徒歩で十分ほどのところで育った。御金蔵破《ごきんぞうやぶ》りをはたらいた浪人を描いたその晩年の作品（『四千両小判梅葉《しせんりょうこばんのうめのは》』）のなかで黙阿弥は、小伝馬町牢屋敷のなかへと観客をいざなう。[12]牢番や罪人として牢屋敷のなかにいた人々の話をもとに、囚人のあいだで使われる隠語や日課、上下関係や人づきあいの作法などについて書いた。牢屋敷のくだりは、まわりのものが空腹を忘れられるように〝ずッてん踊り（はだか踊り）〟を踊らされる、かわいそうな田舎役者の出番からはじまる。黙阿弥はさらにとどめをさすかのように、その男に塀の外から聞こえてくる飴売りの拍子にあわせて踊らせる。小伝馬町は甘味でも知られていた。「跡《あと》からよいのがまいります」男は泣きながら、そう歌う。

二百五十年のあいだ、小伝馬町牢屋敷は恐怖と謎の場所だった。黙阿弥の作品によれば、（〝もっとも悪名高い〟）西の牢に着いた新入りはまず戸口を這い抜け、つぎにそこに立ちはだかっている先輩囚人の股をくぐってなかにはいる。それで、外の世界での身分はどうであれ、ここではもう自分は何者でもないのだと新入りは理解する。黙阿弥はそこで牢名主が、力の弱い囚人からとりあげて積み重ねた畳の塔の上から囚人たちを監視しているようすを描いている。力のないものたちは、まとめて〝向《むこう》通り〟と呼ばれる区画へ追いやられている。病や飢え、強いものからなんとか身を守ろうとする美少年たち、殴ることで解決される古い怨恨、安全料をもちこむことができず虐待を受ける新入りたちを黙阿弥は描いた。「地獄《じごく》の沙汰《さた》も、金次第だ」とはこの歌舞伎のいちばんよく引用される一文だ。「こゝは地獄の一丁目で二丁目のねえ所だ」

黙阿弥が描いた小伝馬町は、江戸の町とそこにある儀式や階層構造や行動規範をゆがんだかたちで映しだす、堀のむこうの鏡[13]だった。囚人たちは身分と地位によって区別された。武士のなかでも将軍に謁見する資格のあるような身分のものは地上の特別室に入れられた。僧侶や神主、それに女性にもまた地上の部屋があてられた。だが、地下の〝向通り〟では、金をもたずにやってきた庶民[14]は畳一枚を六、七人の男たちと共有させられ、食事すら与えられないこともままあった。

『四千両小判梅葉』のなかで黙阿弥が描いた御金蔵破りは、犯した罪の大胆さが称賛され、処刑のときに着るようにと、立派な着物と帯が牢名主から与えられる。「御金蔵《ごきんぞう》を破ったは御代始《ごよ》まってねえ賊《ぞく》だから、お仕置に出るその時は、立派に支度をしてやろうと思っていた」と言って。

「とても静かです」と、中山住職が言った。「ここに住んでいますと、都心にいることを忘れます」

まえを歩く住職のあとについて廊下を進んでいく。影が光と音をくぐもらせ、天井は屋根のむこうの空なのかと思うほどの高さだった。もっとも、天井はすっかり黒ずんで、空はいつも夜なのだと思われた。ぐるりとめぐらされた廊下のすぐ外には小さな石庭があった。石と山茶花の木が池のまわりに配置され、池では鯉が水しぶきをあげながらすいすいと泳いでいる。東京というよりも京都のような風景だ。

「奥の院へはいるまえには、身を清めなければなりません」中山住職はそう言い、手にした漆塗りの小さな円い容器をあけた。そしてひとつまみのお香をわたしのてのひらにぱらぱらと落として、手をこすりあわせるようにと身振りで示した。「それから、これを。どうぞお上がりください」そう言って渡されたのは、丁子のはいった小さな入れ物だった。わたしはなかの丁子をひとつ口に含んで、噛んだ。それは、おどろくほどに飲みこみやすく、後味は甘くほろ苦かった。

仏殿へ足を踏みいれると、そこは美しいというのではないけれども、年月を経た神々しさが感じられる場所だった。一世紀近くも煙にさらされ、梁の金箔が黒ずんでいた。中山住職は大きな

ＬＥＤの懐中電灯をつけ、ご本尊の弘法大師の像を照らした。一千年ものあいだ、お香の煙のなかにいたその顔は、濡れた樹皮のようにくすんだ色をしていた。

「一九二三年の関東大震災のとき、地域の住民がこの木像を荷車にのせて東京駅まで引いていったのです」

叫び声をあげて、押しあいへしあいしながら進む人ごみのなか、信者たちは重い木像を木の荷車にのせ、煙をぬって、捨てられた車や道路の裂け目をよけながらはこんだのだ。

「この念珠は、いつごろのものだと思いますか？」

中山住職は琥珀色の数珠をさしだした。わたしはそれを手にとった。最初それは木のように見えたのだが、手にもってみるとヒノキだとしても軽いと思った。光沢のある玉にかすかな白い点々がはいっている。白い絹の房が灰色っぽく変色しているのを見て、わたしは「明治時代ですか？」と訊いた。「百二十年くらいまえのものですか？」

「なるほど、いいところです」わたしに気を使い、住職はそう言った。「じつはこれ、四百年前のものです。もともとは明るい金色だったのでしょう。時は休みなく流れつづけます。それは一秒たりとも止まることはありません。ときどき、われわれは過去を振りかえり、〝ああすべきだった〟とか、〝こうすべきだった〟などと考えます。そうした後悔、そうした反省があるからこそ、われわれは前に進んでいくのです……」

わたしたちの頭の上には、黄色く変色した書の額が飾られていた――《為囚死《いしゅうし》群霊離《ぐんれいり》苦《く》得脱《どくだつ》》

――囚人として死んだものたちが成仏するように。

「われわれの命はほんのひと瞬きのあいだしかつづかないからこそ、こんなにも大事なのです」

中山住職は言った。

わたしはふたたび小伝馬町の照りつける日差しのなかに出た。目の前には、かつての牢屋敷が姿を消したあともなお、その場所にとどまりつづける鐘の姿があった。中山住職はお辞儀をし、ほほ笑みを浮かべて寺のなかへ帰っていった。その足取りは軽やかだった。

大坊珈琲店

二〇〇二年から二〇〇三年にかけて、表参道にのこっていた自由人たちのたまり場は、開発業者とルイ・ヴィトンなどのブランドショップに場所をゆずり、わたしのお気に入りだったいくつかの喫茶店も、ひとつ、またひとつと閉店していった。表参道にあったカフェ・ド・フロールに原宿のオーバカナルといった店がなくなり、一軒もなかったところに突如スターバックスの店舗が四つも現れた。唯一、大坊珈琲店だけが一九七五年の創業以来の場所にのこっていた。店がはいっていた古びたコンクリート四階建てのビルは、ぴかぴかの鋼とガラスの建物たちのなかの、わずかな生きのこりだった。わたしはそこへ自分の好きな人たちや、印象づけたい人たちを連れていき、薄明かりのなかで大坊さんが豆を焙煎するのを眺めた。そして、コーヒーが、夏には尖った氷のかけらの上に、冬には焼き物の茶碗にそそがれるのを見ていた。

店が静かなとき、わたしはほとんど英語を話さない大坊さんを相手に日本語を練習した。とにかくなにかまとまった語句や単語を口にしてみるのだ。でも、なにを言ったとしても、大坊さんは静かに笑っていた。わたしときたら、「辞典」と言おうとして「自転車」と言ったり、「不都合」程度のことを「修羅場」と言ってしまったりしていたのだが、それを大坊さんはおもしろがって訂正した。わたしの日本語がいつまでたってもものにならないとみれば、「がんばって！」と励ましの声をかけてくれた。ときどきご夫婦で店に立っていることがあり、奥さんのほうは英語で話しかけてくれた。勝次氏とおなじく彼女も雪国の出身で、日本でフランス文化がもてはやされていた一九六〇年代に、ジャン・アヌイ作品を上演した学生演劇がきっかけでふたりは出会ったのだそうだ。彼女の家族は、大坊さんが娘を東京へ連れていくのには反対だった。そこで大坊さんは、奥さんのおばあさんにそば打ちを教えてくれるようたのみ、それをきっかけに気に入ってもらうことができた。おばあさんが認めてくれたことで、大坊さんは花嫁を大都会へ連れてくることを許されたのだ。

奥さんの顔は花を思わせた——菖蒲の花だ。

彼女が店にいないときは、美人だが近寄りがたい雰囲気をもつ助手の丸山さんが注文をとり、会計をしてくれた。大坊さんが外出中のときや、コーヒー豆の選別で手がはなせないときなどは、コーヒーを淹れてくれることもあった。この丸山さんとは結局一度も話さずじまいだった。

東京での生活が長くなるにつれ、わたしにとって大坊珈琲店は、なにかがうまくいかないときにはかならず足をはこぶ場所になっていった。

そして、そんなふうに訪れるのは、わたしひとりではなかった。

あるとき、ようすのおかしい日本人女性がひとり店にはいってきて、わたしのとなりにすわったかと思うと、大きなハンドバッグの中身をカウンターの上にぶちまけた。そして、リップスティックに汚れたティッシュ、未開封のポケットティッシュに鉛筆に紙にヘアブラシと、なにかをさがすような手つきで持ち物をひっかきまわしはじめたのだ。

無垢のカウンターをけがす女を丸山さんはにらみつけた。そのときの顔はまるで能面のような怒れる美女の表情だった。ただ、大坊さんがなにも言わないので、彼女も黙っていた。大坊さんはただ、ほほ笑んでいた。

「なになにいたしましょう?」

「カプチーノ。ある?」

「いいえ、あいにくフォーム・ミルクを使ったものはお出ししていません」

「お出ししていませんて、なんなの、それ!」女性客は息をのみ、さっきばらまいた持ち物――化粧品や文房具やこまごましたもの――を革のハンドバッグにもどしはじめた。「カプチーノがないって! そんなもの世界じゅうのどこにだってあるでしょうが!」

「うちにはないんです」大坊さんは穏やかに言った。「なにかほかのものはいかがですか?」

「じゃあ、コーヒーにミルクのはいってるのでいいわ」

大坊さんは向きを変え、備前焼《びぜんやき》の茶碗をうしろの棚から下におろした。その器のことは、釉薬《ゆうやく》のかかっていない表面がとてもいい、気に入っているのだと教えてくれたことがあった。「……この器は、どんなふうに火がはいったかが見てわかるでしょう。土は嘘をつきません。それそのものです」と。わたしがいつも選ぶ白磁の器は、非の打ちどころのない純白の器で、それについてはこんなことを言っていた。「美しいのはもちろんだけど、釉《うわぐすり》の下がどうなっているかは知りようがありません。だからいまひとつ信用できないんです」

大坊さんはカウンターにおいたコーヒーの器を、押すようにさしだした。女性は、そのコーヒーを飲んでいるうちに気持ちが落ち着いたのか、静かになって、考えにふけっていた。

そしてわたしの番がきた。

大坊さんは、使いこまれたアルミの計量カップでコーヒー豆をすくい、それを挽くと、つぎは太い針金をウイスキーのボトルに巻いて輪にし、無漂白のネルの布をかぶせて手作りしたネルドリップ用のフィルターにその挽いた粉をいれた。ステンレスのポットから輝く糸のように湯をそそぐ。一滴、一滴、コーヒーの粉の上に。その手のほかは、身体のどこもうごかさない。

表面に膜ができないように濾し器をとおした牛乳をコーヒーにそそぐ。ボウル型のカップは白い月のようだった。

――どうぞお飲みください。癒されますよ。

浅草

浅草寺はこちらの世界とあちらの世界の境目――死を生から隔てるもの――。[1]

ホ・ナムリン

浅草──伝説の関東平野

そのバーはガラスの壁にかこまれていた。何階も下には花川戸《はなかわど》と雷門地区がひろがっている。淡く金色に光る車のヘッドライト、金色の街路灯、浅草寺《せんそうじ》の軒下の金色の光、そばにそびえる五重塔の朱と、金色の屋根をひとつひとつ下から照らす金色の光。浅草寺の境内へとつづく雷門は金色の光にまだらに染まっている。アサヒ・スーパードライホールの屋根にあるフィリップ・スタルクのフラムドール（金の炎）は、浅草ではだれもが〝金のうんこ〟と呼んでいる。スカイツリーとカラオケ店のネオンがエレクトリック・ブルーの彩りを添えている。隅田川の水は見えず、ただ暗闇のなかを東へと流れていく。

わたしはバーのカウンターでひとり、『法華経』を読んでいた。

「諸仏がこの妙法を説くのは、優曇華《うどんげ》の花のように、きわめてまれなことです。あなたは、その信において受けとめねばなりません」[2]

優曇華の花とはどんな花なのだろうかと思いをめぐらしていたとき、だれかの指がわたしの肘に軽くふれた。見ると、若い男性だった。整った髪型で、仕立てのいいスーツを着ている。

「すみません。わたしの……コリーグが、英語を練習したいのであなたとお話ししたいと言っているのですが。あちらでご一緒しませんか？」

その人は〝同僚《コリーグ》〟という単語を苦労して発音しながらそう言い、わたしのとなりをさしたので、見ると三つあいた席のむこうにピンストライプのダブルのスーツを着た、頭のはげあがった高齢の男性がすわっていた。特大レンズの眼鏡をかけていて、左目は上下のまぶたを縫いあわせたかのようにきつく閉じている。

「ここで大丈夫です」わたしはそう言い、『法華経』に視線をもどした。

「なんと日本語をお話しになる！」おじいちゃんは眉をあげて、大げさにおどろいてみせた。

「ワンダフル！　それでは、われわれがそちらへ行ってもよろしいですか？」

わたしは肩をすくめた。おじいちゃんが合図を送ると、バーテンダーがカウンターの上にあった彼のワイングラスをこちらへ寄せた。ウェイトレスが、肉とジャガイモの小さなココットを運んできた。

「お食事は？」

「洋食はどうも」

「では失礼して、お先にいただきます」日本語には、なんと言ったらよいかわからないときにも会話の空白を埋める決まり文句がいろいろあるので、そのひとつを使った。

おじいちゃんは派手な身振りで名刺をさしだした。〈会長兼ＣＥＯ〉。

ふたりの若い部下は少年のようにくすくす笑いながら出ていった。大胆な少年が生きたカタツムリだか、カエルだか、クラゲだか、食べられそうにもないものを食べてやると虚勢を張るのを、まわりの子どもたちが愉快がって笑っているみたいに。

「ホェア・アー・ユー・フロム（どちらから）？」

「アイ・リヴ・イン・イングランド、バット（イギリスに住んでいます。ですが）――」

「ピカデリー・サーカス！　アイ・ラブ・イングランド！」おじいちゃんは深呼吸をして、〈ダニーボーイ〉を歌いだした。ほかのお客さんは聞こえないふりをしている。「……あいるびーひあいんさーんしゃーいん・おあ・いん・しゃーどー！　お・だにーぼーい！　あい・らーーーーぶゅう・そー……！」それから、〈ラブ・ミー・テンダー〉をワン・フレーズだけ歌い、最後には悲しげな歌を中国語で歌いはじめた。わたしはその中国語に感心して、歌い終わったときには思わず拍手を送っていた。

「台北にはふたりめの妻がいまして、それから、大きな、大きな……」おじいちゃんは言葉を切って、笑いながら眉をあげた。「……家がここにある。十三階建てです！　ほら、そこの窓から見えますでしょう！」そう言って、展望用のガラス窓を指さした。

「お寺の近くにお住まいですか？」

「ええ、生まれも育ちも吾妻橋です」

「戦争中はイヴァキュエイトさせられなかったのですか？」〝疎開する〟という意味の英語はむずかしいだろうと思ったが、対応する日本語を知らなかったので身振りで伝えようと、バーカウンターから天井にむけて鳥を追い払うみたいに手をうごかした。「安全なところに？」

「いいえ、ずっと東京におりましたよ。爆弾があちこちに落ちてきました」おじいちゃんのほうも語彙が足りず、身振りで会話をつづけた。ひゅうひゅうと降ってくる焼夷弾、衝撃、爆発の方向。「でもアメリカは好きなんですよ。起こったことは戦争です。始まってしまえば、だれにもどうすることもできません……。アメリカ人は悪い国民ではありません」

彼はわたしの指に光る結婚指輪をさした。「ふたりめの男とはつきあえないのですか？」

「ええ、ぜったいに」ワイングラスを口にはこび、わたしは答えた。「シンプルなのが好きなんです」

おじいちゃんはまるで侮辱されたかのように、姿勢を正してバーテンダーに手短になにかを告げた。バーテンダーはまたカウンターの上を、席三つ分の距離だけグラスを西へとすべらせた。おじいちゃんは、そっちも返してほしいと言わんばかりに、さっきくれた名刺をじっと見ている。

わたしは食事を続けた。

おじいちゃんは巨大な拡大鏡をとりだしてiPhoneをチェックしていたが、「びじねす」とそっけなく言うと、のこりのワインを飲みほした。それから自分の勘定を払ってブリーフケースをつかむと、おぼつかない足取りでわたしの後ろを過ぎて、出口へ向かった。「いや、だめだ！　だめだ！　あなたとわたしでは年が離れすぎている！」大声で言ったので、店内の客がいっせいにこちらに視線をむけた。きっと言い寄るわたしを老人のほうが拒んでいるみたいに見えたにちがいなかった。

おじいちゃんは東に目をやり、十三階建ての家のほうを見た。

そしてようやく店から出ていくと、若いバーテンダーが顔をしかめてわたしに言った。「常連さんなんですよ」つぎの晩、夕食をとろうとそのバーにはいっていくと、店主の女性が気を遣って、ひとりで落ちついてすわれそうな席に通してくれた。コーヒーマシンの陰にかくれてほとんど人目につかない場所だった。

川端康成は、浅草に近い言問橋に立つと、どこからともなく関東平野の広々しさが流れてくる、と書いた。その橋の下を「都会の哀愁が流れてゐた」[3]とも。

日本橋と小伝馬町牢屋敷は江戸発祥の地だ。ここで一五九〇年、徳川初代家康が廃墟となっていた江戸城の再建をはじめたのである。だが、浅草は少なくともそれより千年前、草むらと迷路のように流れる川のほかはなにもない景色のなかにある村としてはじまっていた。[4]中世にこの地を旅した京の尼僧は、荻《おぎ》や葦やすすきのほかはなにもない広大な平野を通り抜けたときのようすを描いた。[5]草は高々と生い茂り、馬に乗って通る人の姿も隠れてしまうほどだったという。「三日にや分けゆけども尽きもせず……来《こ》し方《かた》行く末、野原なり」

大河はひとつ方向に流れ、氾濫と枯渇をくりかえしては、ときに進路を変える。土地の目印といえばこの川だけだった。

西の文人のあいだでは東の不毛の地というアイデアがたいそう好まれ、村ができ、畑ができて平野そのものが姿を変えていっても、その土地についての書き方は決まりきっていた。そこはいつも荒れ地であり、荒涼として、人の気配がなかった。
平野独特の風景としてというより、優美な京都の引き立て役として見られていた。最初の呼び名である坂東《ばんどう》は、峠の東を意味した。のちの名前である関東は、関所の東だ。さまざまな物語や歌に登場する東の荒れ地は、盗賊と流罪人の地。望んで訪れるものはおらず、ましてや望んで住むものはいなかった。たとえ盗人や謀反人でも。

美女と殺人鬼。浅草にはふたつの顔がある。

最初に美女があった。それは西暦六二八年のこと。[6] 観音——慈悲の女神——の小さな金の像を、二人の兄弟が釣り船にひきあげた。その物語を描いた版画のなかでは、水中から強い光がひろがり出て、なにかの重みで麻網が下へひっぱられている。それが浅草になるまえの浅草だ——きれぎれに見える筑波山の稜線を北に臨み、葦と槐《えんじゅ》と斜線で陰影をつけた東京湾の波。もちろん東京湾という名もまだなく、たんなる「内海」でしかなかった。[7]
村人たちはその像のために急ごしらえに祠《ほこら》を用意した。あるとき、ひとりの僧がその観音像の顔を見たあと目が見えなくなってしまったので、僧たちは厨子《ずし》をつくって像を納め、その危険な顔を隠した。のちに、だれかがもとの金の観音像に似せた木像を彫り、そちらをべつの厨子に納めて、最初の観音像の前に立てた。観音像は二重に神秘的で、二重に神聖なものになった。
いま、もとの金の観音像を見たことのある人はいない。その大きさについての記録もない。大火の炎が本堂に迫ったときには、二体の像は隅田川に浮かぶ船にはこばれ、厨子に納められたまま駕篭のなかに隠され、守られた。一九四五年の空襲のときも、浅草寺境内の地中深く埋められていたため、焼失をまぬがれた。

殺人鬼は、川ぞいの荒れ地に住んでいた老婆だ。いつごろのことだったのかは定かではない。老婆には美しい娘がいて、不用心な旅人がやってきたとみると、その娘に誘惑させては石の小屋へ誘いこむのだった。旅人が娘とともに石を枕にして横になり、眠りこんだところに老婆がやってきて、頭をかち割る。老婆は旅人の荷物を盗るだけ盗ったら、亡骸は近くの池に投げ捨てる。そうして九百九十九人の男たちが命を落としたのだった。

浅草寺の近くにある寺には、かつてはその石の枕が置かれていて、巡礼者たちはそれにふれていったという。

川端康成は、この伝承を自分なりの物語にした——千人目の旅人は草刈り男の笛を聞いた。[8]「その笛の音は人の物いふごとく、日は暮れて野には臥すとも宿かるな、かの浅草の一つ家のうち」と。翌朝、その旅人は浅草寺で目をさました。観音さまに助けられたのだ。葦笛の音と思った音は、観音さまの声だった。

べつの言い伝えでは、この鬼婆の娘が千人目の旅人と恋仲になる。もしくは、娘がそれまで殺しにかかわってきた自分の罪を贖《あがな》おうとする。それで、娘は千人目の旅人の身代わりとなり、自分の命をさしだすのだ。闇のなかで鬼婆は間違って自分の娘を殺《あや》めてしまう。そして、後悔と悲しみにさいなまれ、多くの旅人たちを沈めたその池にみずからも身を投げる。

さらにべつの伝承では、その老女は女神となり、以前なら殺していたものたちを守ることを選んだ。

完全なる悪から完全なる善へ、一瞬にしてひとっとび。いにしえの語り部たちは、畜生道から悟りの境地への跳躍になんの矛盾をも感じなかった。

浅草では、悪魔悪鬼の世界は神仏の聖なる世界と共存していた。浅草は東京のなかでも独特だった――歴史は人をつかまえて逃がさない罠であるとはかぎらない。脱出は可能だったのだ。

十九世紀のはじめごろには、江戸の人々は自分たちが昔ながらの神や仏に忘れ去られてしまったと感じ、ますますすれっからしになっていった。この時代のある書物ではこんなふうにその不満を表現していた。「もはや神は天に登り仏は浄土に去り給ひて、幽明の道も捨《すた》り、冥利冥罰も尽くる[9]」

そこに〝当世風の〟あたらしい神仏が登場すると、たちまちそれらが信仰のすきまを埋めて、やがて浅草寺の境内にはそうした神仏を祀る祠が所狭しと建てられた。

弁財天は浅草にあった池にすむ水の女神だった。それが、学問と音楽の女神としてふたたび信仰をあつめるようになり、時の鐘のとなりに建てられた小さなお堂に祀られた。この時の鐘は、関東平野でも最古の鐘のひとつだ。その鐘はとても大きく、どっしりとしたものだった。昔話にでてくるお寺の鐘のように、大人の男でもすっぽりはいってしまいそうな大きさだ。この鐘を見てしまうと、ほかの鐘はおもちゃにしか見えない。鐘楼の柱は虫に喰われて筋がはいっている。石にもひび割れができていた。

案内板には〈老女弁財天〉の文字があった。老女弁財天は龍王の三番目の娘。お堂の扉があいていて、裏側の黒金二色が見えていたのでおどろいた。それまでは、赤く塗られたこのお堂が箱のようにぴったり扉をとざしているところしか見たことがなかったからだ。この日は巳《み》の日なので、御開帳されていたのだった。巳《へび》は弁財天の遣いなのだ。

こんなに生き生きとして、注意深げな目をした像は、それまで見たことがなかった。わたしはその顔を拝み、それから視線をそらした。弁財天はじっと外を見ている。肌の色は暗く、すべらかな髪はソメイヨシノの花びらのように白い。供えられた線香の煙がのどにしみた。

わたしのうしろに立った高齢の女性が賽銭箱に小銭を投げいれ、お堂に向かって手をあわせた。銀の色味の夏の着物に、網柄の黒い帯を締めている。見ていると向きをかえ、金属の杖で敷石をこつこつ突きながら本堂のほうへ引きかえしていった。ちょうどむこうから警察官がやってきて、高位の人に敬意を表するように弁財天のほうに向けて深々と頭を下げた。

わたしはゆっくりと石段を降りた。表面が整えられたその石段は、有名な琴奏者が寄進したものだ。ここでわたしの見たものはなんだったのだろうかと、考えをめぐらせた。警察官はなにを拝んでいたのだろう。知恵と音楽の女神である弁財天か、それとも人殺しの老婆か。

四角い石垣のそばに女がひとり、弁天堂を目の前にしてしゃがみこんでいた。年は七十くらいに見えたが、もしかしたらもう少し若くて、戦争のはじめごろの生まれかもしれない。着ている薄手のワンピースは桜のリキュールの色だ。肩までとどく銀髪を少女のようにふんわりとアップにまとめていて、一九六五年ごろのバーバラ・イーデンを思わせた。とてもきれいに、プロの手並みで結いあげられていた。

白髪の弁財天。

大坊珈琲店

わたしのとなりにいた男性客は、両手を握りこぶしにして顎をのせていた。その人は日本人がいうところの〝コーヒーマニア〟もしくは〝コーヒーおたく〟だ。[10] どちらももとは失礼な呼び方で、とくに〝おたく〟のほうは、『現代用語の基礎知識』の一九九〇年版では、「排他的で、マニアックで、細かい部分にこだわり、他者とうまくコミュニケーションできないといったタイプを指す（……）服装に気を使わない」と説明されていた。英語でいうならナード。常識はずれの変人。

文化史研究家のジョナサン・エイベルは、〝おたく〟が二〇〇〇年代にはたんにロールプレイング・ゲームやアニメに夢中になる人たちをさすことばになった進化を追っている。そのことばは、薄気味悪いやつという含みを失い、やがて「マニアックで趣味にこだわるタイプをすべて」をさすようになった。電車おたくもいれば、釣りおたく、ワインおたくもいる。日本は突然、おたくだらけの国になったのだ。[11]

コーヒーおたくの男性は、大坊さんを真剣な目つきで見ていた。細い糸のように湯が一滴一滴とつらなってコットンのフィルターに落ち、その下でマホガニーのビーズに変わり、磁器のカップに落ちて、その四分の三まで満たすのを。

「東京のコーヒーハウスの本を書いているんですが、ここは」ことばを切って、恭《うやうや》しくあたりを見まわした。「くらべるものがありません」

「コーヒーをたくさん飲まなくてはならないのでしょうね。リサーチのために」

「ええ」

「カフェインの効果をサルで研究した人を知っています。[12]その研究によると、カフェインはサルが目を覚ましている時間をふだんより長くするわけではないのですが、時間の感覚を狂わせるのだそうです」

長い木のカウンターのむこうで大坊さんも聞いていた。ぽかんとした顔をしている。わたしはわかってもらいたくて何度もくりかえした。最初は日本語で。それからしまいには、そのコーヒーおたくに向かって英語で。ふたりとも戸惑ったような、心配そうといってもいい顔になった。

「でも、どうやって」大坊さんがついに口をひらいた。「……サルに時間がわかるんですか？」

わたしはコンピューターをそなえた実験室で、サルがレバーを押し、正解・不正解を示すライトがつくところを思いうかべた。ごぼうびはバナナ味の餌粒で、正解すればそれが小さな受け皿にカラカラと出てくる。

サルの時間とは、もしかすると一度目のバナナ粒から二度目のバナナ粒までの隔たりのことだったのかもしれない。

赤坂

鼠山流光人未驚　牛王出世振梵聲
虎狼野干氣縦横　兎角方便誘群情
龍宮高處撃華鯨　蛇室睡破覺心生
馬腹忽變聖胎成　羊鹿牛車休復轟
猿啼霜降月色清　雞人未唱客先行
狗不夜吠王舎城　猪觸金山轉峥嶸[1]

円通寺、時の鐘の銘

鼠山《そざん》の流光に、人はまだ驚かなかった。
牛王《ごおう》が世に出て、仏徳の名声を振った。
虎狼野干《ころうやかん》の横暴《おうぼう》、貪欲《どんよく》の空気が縦横に満ちている。
兎角《とかく》のようなたとえの方便によって群衆の情を誘掖《ゆうえき》する。
竜宮の高い場所で、鐘を打った。
蛇の室の眠りが破れて、正覚の心が生じる。
馬腹がたちまちに変じて、聖胎となる。
羊鹿牛車《ようろくごしゃ》は、また轟《とどろ》くことを止めよ。
猿が鳴き霜が降って、月の光りが清らかである。
鶏人《けいじん》がまだ唱えないうちに、客が先に出て行った。
狗《いぬ》も夜はほえない、王舎城《おうしゃじょう》であることだ。
猪が金山に触れて、ますます高く険しい山となった。

〔現代語訳は『新編　日本古典文学全集82・近世随想集』
（鈴木淳・小高道子校注・訳、小学館）〕

赤坂

——江戸の発明

いちばん小さい時の鐘は赤坂にある。鐘はこれまでに二度、現われては姿を消した。二度目は第二次世界大戦中で、あやうく鋳潰《いつぶ》されてしまうところだった。

吉村弘は亡くなる少しまえに書いた『大江戸　時の鐘　音歩記《おとあるき》[2]』のなかで、古いものとあたらしいものが混じりあい、不思議な混乱を見せる赤坂のようすを描いている。わたしもまた、起伏に富んだ赤坂を歩きながら、吉村とおなじめまいを覚えた。建物の下の坂はぶつかりあい、また離れる。かつての赤坂は「江戸城からもっとも近い地域でありながら、現在の赤坂とは想像もつかないくらいへんぴな所でもあった」と吉村は書く。そして今日の赤坂は「どこか混沌とした広がりをみせている」とも。数学の〝混沌《カオス》〟理論の背後にはルールがあるが、赤坂ではどこからはじめたらよいかわからない。江戸時代、ここはへんぴな所だったと思いをめぐらしても、信じるのはむずかしい。

吉村はＴＢＳ新社屋とその近くにできた、風情のない商業区域を念頭に置いてこれを書いたのではないかと思った。オープンしてまもないころ、ステージ前には十五メートルもある宇宙戦艦ヤマトのレプリカが置かれ、波動砲が轟音を立てていた。ほど近くには合成樹脂でできた二羽の黄色いインコが金属のとまり木にならんで、にらみをきかせていた。

そこから急な坂をあがった先の円通寺に赤坂の時の鐘がある。まわりにはオフィスビルや民家や駐車場、上には電線があり、円通寺はすっかり囲いこまれている。鐘はところどころ薄緑色で、漢詩が彫られているあたりはもっと黒ずんだ緑色だ。十二行の詩の各行頭に十二支の動物がはいっている。ことばは迷宮を、暗号をつくりだす。[3]

詩は鼠山、すなわちネズミの山からはじまる。古代中国の神話上の場所で、鳥とネズミがおなじ穴に棲むという言い伝えでよく知られている。野生の土地、大地の発祥。最後は黄金の山。仏教における知恵の高みの象徴で終わる。はじまりと終わりのあいだには、角の生えた兎――この世にはありえない生きもの――がいる。水底の竜宮の鐘がある。夢からさめ、悟りの境地にはいるヘビがいる。そして、時を知らせる役人（〝雞人《けいじん》〟）が声を立てなくなると、ついに世界は時間そのものを離れる。大地の終焉。

赤坂の鐘とそこに彫りこまれた漢詩についての最初の記述は、十七世紀後半に書かれた戸田茂《とだも》睡《すい》の『紫の一本《ひともと》』のなかに見つかる。戸田の父親は、仕えていた徳川二代将軍の息子忠長の自刃にともなって蟄居《ちっきょ》。家の盛衰を経験した戸田自身は伯父の養子となり、仕官したものの、やがて隠居の道を選んだ。それでもまだよい縁故はのこっていたし、家が裕福だったから、戸田は文学に没頭しつづけることができた。また、江戸の町を「内も外も、もっとも人目につかない隅々まで」知りつくした戸田は、江戸の文学的アイデンティティを生みだすのに最適の人だった。[4]それまでの文人は、京の風景を東にある将軍のあたらしい町に投影したにすぎず、戸田以前に、江戸の町に実際に存在するものを描いたものはいなかった。

『紫の一本』では、仲の良いふたりの男が大通りや小路をぶらぶら歩きながら、言い争いをしたり、遊郭を訪ねたりする。戸田はそのうちのひとり——作者の分身——に〝遺佚《いいつ》〟と名づけ、「なま遁世者《とんせいしゃ》」と表現した。〝遺佚〟とは、「世に見捨てられたが恨みはない」の意味を含む。作家の名前としては悪くない。[5]

戸田は、鐘について語るなかで「鐘は内空《うちくう》にして気を受くる事多し。この故に声大きなり」と中国の古書を引き、また「鐘は陰声《いんせい》にして物をしずむるものなり」と書いた。赤坂の鐘の声はくぐもった影の声。その音は沈む夕陽のように少しずつ薄れ消えていった。

東京は闇の街であり、光の街でもある。[6]一方がもう一方に溶けこんでいく。その中心では光の街が暗転し、橋や交差点や駅のまわりでは闇の街がきらきらと輝く。

そのもうひとつの街にあるのはラブホテルだ。電車の車両のようにデザインされた部屋で、通勤客を装った男が女に体をすりつける。そして、（いまはもうほとんど絶滅した）〝ノーパン喫茶〟。一夜のうちに現われたが、鏡張りの床の上で、ミニスカートの下になにも着けていないウェイトレスがばか高い値段のコーヒーを出すサービスに東京が飽きてしまえば、一夜のうちに消えてなくなった。新風営法の施行によりある種の行きすぎた悪趣味（たとえば、回転ベッドや巨大な鏡）が姿を消すまえの新宿には、客が金網の隙間からつっこんだ指を懸命にのばし、女の肋骨やら腰やら、とどくところならどこでもさわらせてもらえるキャバレーがあった。大人がおしゃぶりをくわえ、おむつをする部屋があった。そして――もっとも悪名高い――〝ラッキーホール〟[7]というバーでは、穴のあいたベニヤ板のまえに男性客が立ち、その穴に局部をいれると、ベニヤ板のむこうにいる姿の見えないだれかが、それをくわえたり撫でたりしてくれた。「あれは未来のセックスだと思った」前出の法が施行されて、ラッキーホールも含めてそういった風俗街のいかがわしい施設がつぎつぎと閉鎖されるまえの時代を思いかえし、ある愛好家は懐かしげに書いた。

そんなふたつの街が、港区のなかではひとつに溶けあっている――リッツカールトンで、安っぽいカラオケバーで。アメリカ大使館とＴＢＳ本社。ガラスの漏斗《じょうご》を思わせる六本木ヒルズの森タワー、ミッドタウンのさまざまなタワービル。国立新美術館のスチールとガラスのさざ波。そして首都高速三号線が都心環状線に合流する付近に密集するホステスのいるナイトクラブ。

それほどまでに美しい女性を見たのは、はじめてだった。身体は魔法の杖のようにしなやかで、シルクのように流れる豊かな金髪が肩にかかっている。

その女《ひと》は、〈ウォールストリート〉というショットバーでひとり踊っていた。六本木ではよくある、せまくて長い地階の片隅にある店だ。あまりに優雅な姿で踊る彼女に近づいていくものはない。そばで踊ればだれでも不格好に見えてしまうから。その脚のまわりに、腕のまわりに、無人の空間がひろがっていた。ほかのみんなは少し離れたところで身体をゆらしている。彼女の動きを意識しすぎて、どこかリズムに乗りきれていない。

「あのひと——光ってる」大音量の音楽が響くなか、わたしはとなりにいた男性に叫ぶほど大きな声でそう言った。彼は無関心そうに肩越しに振りかえり、彼女を見た。

「あれは娼婦だよ。どこか東欧の国から来たんだろ」

　コンクリート打ちっぱなしの店のなかは薄暗く、小さなライトがバーカウンターに置かれたウォッカやウィスキーのボトルと、逆さに立てたいくつものタンブラーや細いシャンパングラスを、下からぼんやりと照らしているだけだ。ガラスのタンブラーが光をあつめるように、踊る彼女もまた光を引き寄せている。その肩へ、手首へ、その腰へ。

　キーロフかボリショイのバレエ団にいたことがあるのかしら、と思った。ヨーロッパのどこかでプリンシパルだったかもしれない、長身の、金色にきらめく少女は、やがて行き着いた何千キロも東の国で、円建てで値段をつけられ、だれかのタイム・シートで管理されていた。

　英語でいうペニスにあたることばは、日本語にたくさんある。[8]〝まめやかもの（強健なやつ）〟。〝珍矛《ちんぽこ》（生命を授ける剣）〟は、混沌のなかから日本列島があらわれたという国産み神話でつかわれる矛にあやかったものだ。アオダイショウに大蛇《おろち》。ウナギにカメにキュウリ。僧侶にとってペニスとは〝魔羅《まら》（煩悩をかきたてる悪魔）〟だった。

　だが、こうした男性器を表わすことばが冗談めいていたり仰々しかったりするのに対して、女性器を表わす日本語は奇抜で大げさで飾りたてるようなものが多い。

ヴァギナを表わすのにいちばんよく使われることばは〝アソコ〟。女性器、スジ、カネバコ。それが大きい場合には〝葬式まんじゅう〟。アメリカ英語からの借用語もある。ローズ、カヌー、ビーバー、クレバス、クレーター。サクラとナデシコは処女のヴァギナをさすことば。セコハンは非処女のそれをさす。江戸の遊郭のことばには、年配のヤクザのあいだでまだつかわれているものもある。お茶碗、お茶入れ、臼、器《うつわ》、箱。墨壺。ゆるいヴァギナをさすのは、たらい、お鉢、風呂桶に大皿。畑はことばの宝庫で（桃、スイカ、栗、イチジク）、同様に海からもたくさんのことばが採取された（夜蛤《よはまぐり》にカニ、それに各種の貝――カラス貝、焼き蛤、真水貝、生き貝、新貝）。江戸のいわゆる花柳界で遊びほうける僧侶はサンスクリットから来た仏教用語を使う。突然の勃起は忽焉発起《こつえんほつき》。ヴァギナは貝蓮。それから、もっと説明しがたいのだが、草鞋《わらじ》というのもあった。

生活の面で古くからの規律にしばられていた一方で、僧侶たちの性的な語彙はひろがり放題だった――独遊行、お手習い。そして撫《な》づといえば鞭打ちを意味した。[9]

パスポートもスーツケースもいらない。

どんなファンタジー、どんな欲望であろうと、東京ではそのために存在するラブホテルがあり、ラブホテルのなかにはそのために存在する部屋がある。テーマは変化する――メリーゴーラウンド、中世の城、はるか遠方の銀河、海底の洞窟――それでも、いくつかの要素は変わらない。[10]ラブホテルの入口はかならず奥深くに隠されている。うしろ向きの場所。旅はここからはじまる。

玄関は目隠しの壁のむこうにあり、センサーが反応して自動ドアがひらく。

受付に人の姿は見えず、声だけがする——「いらっしゃいませ」。明るく照らされた壁のディスプレイ・パネルには、空室の写真。《ご休憩》（数時間）または《ご宿泊》（一晩）を選んで好きな部屋のパネルを押す。磁気カード式がまだなかったころは、ルームキーはエアシューターの透明チューブを通ってはこばれた。ラブホテルの内部は客どうしがぜったいに顔をあわせないよう設計されている。隠れた管理室では防犯カメラのぼうっと光るスクリーンがいくつもかたまって、昆虫の目のようだ。

ラブホテルの中身はさまざまだが、どれも文化史研究家のセアラ・チャプリンが「ur-code（原コード）」と呼ぶ識別コードのような特徴がある。利用客の車のナンバープレートを隠す小さな暖簾。あちらこちらにある巨大な鏡。紫外線ライト。ジャグジー。室内のガラスの壁。たまに檻。貸衣装サービス——ＯＬ、娼婦、女子高生。基本のコスプレセット。

ラブホテルにはいることとは、日常生活から離れること。社会とその期待に押しつぶされそうな、その重みからの逃避。そこは大人のファンタジーランド。たとえつかの間でも、別人に変身し、姿を消すチャンスなのだ。お手軽なセックス以上のもの、光ゆらめくドアはそれを約束している。

うっとうしい空気にただよう、鰻を焼く煙。七福神を祀る神社。その石門のそばに立つザクロと梨の木には熟れかけた実がなっている。

言問通りを西へ、松が谷、北上野を抜け、入谷、下谷を過ぎた。このあたりは、かつて吉原の黒門があった場所だ。[11] 吉原は十九世紀の高級娼婦と歌舞伎の世界。絶頂期の江戸には百万人の男が住んでいた。吉原は唯一の幕府公認の遊郭、夜のない町だった。

手にした東京都地図を調べた。上野と浅草のあいだの地域は空白になっている。地図の製作者は、北は日光までつづく幹線道路の昭和通りを切断し、上野駅を通る線路が織りなす太い線も切断していた。三日月形にできた空白のエリアはラブホテルの密集地、いや、地図がその存在を許したならそうであったはずの場所だ。ガイドブックや地図上からは、ラブホテルは消され、抜け落ちている。歌舞伎町や渋谷、五反田や鶯谷で、ラブホテル密集地は名もない通りに区切られた空白の市街区域として表わされている。美術館や一般のホテル、大使館、神社仏閣、劇場といった、東京の〝高級な街〟山の手にある建物は、かならず地図上に表われる。東京の〝影の街〟の地図はラブホテルは示すが、たとえば美術館はないし、最寄り駅すら載っていない。影の街に属する空間は、そこを訪れ、自分の目的地を知っている人々の頭のなかだけに存在するのだ。

《キサナドゥ》と《ホテル・スティング》の前を通っていった。《ホテル・ネクスト》、《Ｙａ　Ｙａ》。古い糸屋。《ホテル・ラムセス・ジョイ》、《アーバン・キャッスル・ネギシ》、《ペチコート・レーン》。

いったんラブホテルにはいると、客は一方向にしか進めない。カップルは部屋にはいれるが、はいったらあとは出るだけ。一度出たらもどれない。外出してもどることはできないから、なかで必要なもの——食べ物、着替え、おもちゃ——はもってはいらなくてはならない。いったん出てしまったら、もう一度最初からやりなおしになる――パネル、支払い、ルームキー。だから外国人はたいてい入店を断られるのだ。日本人客なら演出を、暗黙の了解事項を理解するが、外国人は苦情を言う――〝部屋にもどれないとはどういうことだ〟。〝ルームサービスがないって、どうして?〟。〝部屋を変えてもらえますか?〟。ラブホテルが沈黙の劇場であることを、日本人客は知っている。雑音はファンタジーを台無しにする。

ラブホテルにはほぼ絶対に窓がない。あればかならず曇りガラスがはまっている。

《ホテル・シャルメ》、《エル・アピオ》、《ホテル・クリスタル》。

おたのしみならこちら。
素晴らしいひとときを。
どうぞごゆっくり。

《ホテル・キャリコ》、《ホテル愛》。

壁にはブルーのフェアリーライト。小さな薬棚には、石鹼、クリーム、ティッシュ、シェービングフォーム、プラスチックの柄つきカミソリ、白い布マスク。

《ル・シエル》の入口の上には、大きな土星の模型がネオンで光っている。《ホテル・ヴォーグ》。

ご休憩　￥４５００
ご宿泊　￥６５００

青い光の環が《営業中》表示のまわりで輝いている。《満室》サインは点灯していない。

《リボン・ハーツ》、《ホテル・シーズ》、《ホテル・ラ・ルナ》。

通りにはほとんどひとけがなかった。高速道路を支える鋼鉄の橋脚と投光器の照明。影とグリーンの塗装に反射する玉虫色の光。

地図の上に見えないのは鶯谷——〝ナイチンゲールの谷〟だ。鶯谷、そこではいくつもの孤独が交差しては、ふたたび向きを変え、離れていく。

大坊珈琲店

わたしの左どなりにすわっていた年配の男性客は福谷さんといった。大柄で、もみあげが白い。イグサ張りのカウンターの椅子が彼には小さすぎて見えた。

大坊珈琲店にはどのくらいまえから来ているのかと訊いてみると、「三十五年です。オープンしたころからですよ」との答えが返ってきた。

「変わりましたか？」

福谷さんは考えをめぐらせた。大きな手にもった小さなカップからコーヒーをひと口飲んでこう答えた。「そうだなあ、このカウンターは平らだったね」

わたしはカウンターの板が反っているのにそのときはじめて気がついた。

「コピーライターをしてるんです。ここにはじめて来たのははたらきはじめてすぐのころ。以前アメリカ系の会社ではたらいていてね。外国人は……」わたしに向かっていたずらっぽく目を光らせた。「みんな大っきらい」

わたしはわざと怒った顔をした。福谷さんは喜んだ。

頭上の棚には、コーヒー豆の焙煎の煙に長年さらされて黄ばんできたハードボイルド小説がずらりとならんでいた。

「あ、個人の問題じゃないからね」彼は言った。「だれでもみんなきらいなんだ」

カウンターのむこうで、大坊さんが笑っていた。

目白

江戸の町は宇宙と一致する螺旋を描くよう設計され、これにより徳川幕府の支配と宇宙の秩序とが等しいことを確立した。[1]

ウィリアム・コールドレイク

目白——幕府転覆ならず

東京という時計の文字盤の上では、目白は北西、ほぼ十時の位置にある。そこは一見どこにでもある街だ。駐車場とせまい道路と片道二車線の明治通り。高台とそこから下っていく道ぞいには、マンションとオフィスビルがごてごてと建ちならぶ。コンクリートの段々畑のように斜面にならぶ建物群と錆びかけた非常階段がつぎつぎにあらわれ、いつか溶けあってしまう。風景は未完成の絵画のようだった。

桜の枝の豊かな緑が神田川に垂れかかる。コンクリートの水路を流れる水は、子どもたちがぱしゃぱしゃと水をかけあっているような音を立てている。

蛍光色のオレンジの帽子をかぶり、一列にならんだ幼稚園の子どもたちが、自転車レースの選手さながらにひとかたまりになって通りすぎる。自転車に乗った警察官がひとり明治通りをゆっくりと走っていく。わたしは片手にｉＰｈｏｎｅ、もう片方の手に東京都の地図をもっていたのだが、目当ての寺の入口を見つけることができなかった。白く高い壁が上り坂にそってつづいているばかりで、門がないのだ。

老人が手を振り、坂の上をさしている。「金乗院《こんじょういん》ですか？　なら、ここを上がって、下りて。ほかに入口はありませんよ」

目白の商店街には、呉服店、イタリア製の靴を売るブティック。目白通りを渡ったところには、かつての貴族学校、天皇陛下も学んだ学習院があった。

神田川と並行して弧を描く道を歩いていくと、ようやく金乗寺の門が上のほうにそびえたっているのが見えてきた。金色の文字で《神霊山》とある。寺の建物はあたらしかったが、そりあがった青銅の屋根のおかげで東京のあたらしい寺のほとんどに欠けている貫禄があった。その屋根は下から支えている壁を押しつぶしてしまいそうに見えた。

門は古く、その手前の石段のそばには不動明王が立っている——五大明王のなかでももっとも力の強い神だ。[2] 薄い唇に高い頬骨。憤怒に燃えているというより、世のなかに失望したような表情だ。右手には無明を破る厚い刀。左の腕は、燃え盛る炎に肘までつつまれた形だったはずだが、すでに欠け落ちてつけ根の部分だけがのこっていた。彫刻師は不動尊の背後に垂直の火炎の壁を配していた。石はうずを巻いてうねる煙となり、大きな羽根のように弧を描きながら外へ流れていく。

寺の境内は閑散として、高齢の巡礼者が三人いるだけだった。三人は関東平野の不動尊を祀る寺をひとつひとつまわっているのだということだった。寺の裏手の斜面には粗削りな石段がうねうねと上へつづいていた。そのわきには妖艶な魅力をたたえる菩薩像とともに、三猿の石像があちこちに置いてあった。見ざる、聞かざる、言わざる。[3] 石は苔むして緑色に変わり、浸食がひどくすすんで顔や小さな手がほとんど見分けられなくなった猿もいた。

金乗院の屋根のむこう、西側の一段高くなったところには墓がある。といっても遺骨は納められていない。ここにある墓石は反逆の士、丸橋忠弥《まるばしちゅうや》のために建てられたものだ。一六五一年、忠弥は浪人の一団を組織して徳川幕府の転覆を企てた。言い伝えによれば、忠弥本人が熱病にかかり、うわごとを口走ったために、陰謀が人に知られてしまったという。

丸橋忠弥のこの事件は、人形浄瑠璃や小説のなかでくりかえし語られているが、忠弥という男の存在がきれいさっぱり忘れ去られることを望んだ幕府の検閲の目をかいくぐるため、状況や人名は少しずつ変えられた。それでもその物語は生きながらえ、二百年の時をへて、江戸幕府が倒れてまもないころに、歌舞伎作家の河竹黙阿弥《かわたけもくあみ》が忠弥の物語、『慶安太平記《けいあんたいへいき》』を書いた。[4] 芝居は大当たりで、何年も続演された。

『慶安太平記』はひとりの子どもの歌で幕をあける。忠弥は大きなことをやりたかった。徳川幕府初代将軍によって処刑された父の仇を討ちたかった。幕引きの場面では、妻の家族に裏切られ数でも圧倒的に不利な立場の忠弥が、幕府派遣の大勢の捕り方を孤軍奮闘で退けるかと思わせる大立ち回りを見せながらも、ついに捕らえられてしまう。これは日本文学におけるもっとも有名な戦闘場面のひとつだ。

忠弥が生きていたころは、江戸城の屋根は遠く離れた目白からも見えていたことだろう。天守は白く輝く鉛の瓦でおおわれていた。それは「繊細な彫刻のような外観で、いくつもの切妻《きりづま》と贅沢な金箔の装飾が軒瓦《のきがわら》と大棟を際立たせていた……」[5]。その他の屋根には、いつか緑色に変色した銅瓦が使われ、金の鯱《しゃち》がついていた。建物全体に黒い漆が塗られたのは――のちに間違いだと判明したが――防火になると信じられていたからだ。

平野の地上八十五メートルの高さにそびえていたその城は、江戸でそれまでに建てられた建造物のなかで随一の高さを誇っていた。本丸御殿には、千畳敷――つまりはかり知れない広さの広間と居住空間があった。白書院。黒書院。そして土圭《とけい》の間と呼ばれる部屋があり、江戸の町全体の公式の時間はそこで決められていた。[6]

城はうずまきを描きながら進化をつづけ、本丸をかこむ区画が東へ、北へ、西へと放射状にひろがっていった。[7] 城塞のまわりには堀が螺旋状にめぐらされた。その周辺部は三十二の大きく厳重なつくりの門で固められ、その内側、壁のなかにもさらに九十九の門が配されていた。そのほとんどは外部からの侵入者をまどわせ、攻めこもうとする敵を封じこめるために、桝形の外側にある第一の門に対して直角につけられた第二の門としてつくられていた。江戸城の歴史をとおして、正面から攻撃をしかけようとしたものはなかった。

城塞のむこう側、江戸の町そのものもまた侵入者をまどわせるようなつくりになっていた。[8] T字路と袋小路は十字路の倍もあった。橋の数から門、そして城の設計にいたるまで、すべてが徳川幕府の権勢の証となっていた。

この江戸城という一群の建造物、江戸の町そのものを、忠弥は焼き討ちにしようとした。彼は、火事につづく混乱に乗じて、浪人たちの力で将軍を倒せると計算したのだ。捕らえられたとき、忠弥は自害しようとしたが果たせなかった。拷問磔刑《たっけい》に処するため、幕府としては彼を生かしておく必要があったのだ。[9]そして死してもなお忠弥への罰は終わらなかった。その変わりはてた骸《むくろ》はさらされ、幕府にたてつこうとするものらへの見せしめとされたのだった。

忠弥の墓が建てられたのは、拷問磔刑のあと百年以上の月日がたってからのことだった。刻まれた銘が雨風にさらされて消えてしまわないように、金乗院はその墓の上に簡単なつくりの青銅の屋根をつけた。

江戸城は忠弥の処刑からわずか五年しかその姿をとどめなかった。一六五七年の明暦の大火で天守が焼け落ちたのだ。そして元の姿が完全に復元されることはなかった。[10]

下の境内ではさっきの三人の巡礼者たちが、ベルを鳴らして金乗院の僧侶を呼びだし、いま、僧侶がその御朱印帳に寺の正式名称を書き入れているところだった。墨で書いた文字がなんとも美しい。僧侶は若く、きれいな顔立ちをしていた。わたしが窓敷居から身を乗りだすと、僧侶は眉をあげた。「ご用でございますか？」

この寺に時の鐘はないかとわたしはたずねた。

僧侶は答えて話しはじめたが、たいそうな重要人物を相手にしているような大仰な敬語をつぎつぎに繰りだすので、耳なれないことばの壁がわたしを阻んだ。[11]話は五分ほどもつづいた。〝戦争〟、それに〝移転〟は聞き取れた。〝近くの寺〟というのも。

「申しわけありません」わたしは言った。「よくわかりませんでした……」
僧侶はこちらを小馬鹿にしているのか、自身が戸惑っているのか、曖昧な笑みを浮かべ、もう一度簡単に、音節ひとつひとつをはっきり発音しながら、早口で説明しなおした。わたしはぽかんとしてその顔を見るばかりだった。話し終えると、僧侶はいやに丁寧に頭を下げるなり、障子をぴしゃりと閉めてしまった。

巡礼者たちがまわりに寄ってきて、なにを探しているのか、僧侶はなんと言ったのかと訊いた。わたしはあちこちにある時の鐘を訪ねあるいているのだと説明した。

「よくわかりませんでしたが……鐘はもうないとおっしゃったみたいでした。たぶん、戦争のときに金属として取られてしまったとか？」

「ああ、戦争ねえ」ひとりがため息をついた。「……あたしもまだ若かったわ。みんな、多くを失いましたよ」

「坊さんが言ってたのはそんなことじゃない」男性がふいに割ってはいった。御朱印をもらおうと待つあいだに僧侶の話を耳にはさんでいたのだ。「こう言ったんだよ。鐘はなくなった——戦争のずっとまえにね。昔、一時はここにあった、それしか知らないってさ」

「じゃ、時の鐘をいろいろ探していらっしゃるの？」女性が言った。「きっと昔はご近所から苦情があったでしょうね。どんなにやかましかったでしょう！　陰気くさい音だし」

「陰気な音だと思いますか？　どうして？」

「だって、鐘の音は死を思わせるし、だれだって死ぬことなんか考えたくないもの！」

「ああいう鐘はだれがつくるんだろう？」三人目の巡礼者が考え深げに言った。「もしいまもつくられているとして」

「時の鐘なんて、もうだれもいりませんよ」女性が言った。「時計があるじゃないの！」

わたしが歩きだすと、三人はわたしを見送り、顔を見あわせながら笑っていた。金乗院のむかいには廃屋があり、野イチゴやシダ植物がその家の石段の隙間に生えている。つるがポーチをつたい、屋根までのびている。表札の名前も消えかかっていて、かすかに読みとれるのみ――《シモダ・カツジロウ》。

明治通りを走る車やバイクやトラックの音が耳にとどいた。音は広い海岸に寄せては砕ける大波のようにわたしを打った。神田川の北の川べりを南に向かう道すがら、金乗院の鐘のことを思った。かつてその鐘の音はこのあたりにもとどいていたのだろう。そして、雑司ヶ谷霊園になるまえの水田地帯を越えてさらに北まで。霊園にはいま、芥川龍之介やラフカディオ・ハーンや永井荷風が眠っている。百年の昔、戦時の総理大臣東条英機の墓がそこに建立されるよりまえのことだ。

そこにないことが、なぜか鐘に重さと質感を与えていた。もしもこの目で見たり、この耳で聴いたり、あるいはこの手でふれることができたなら感じることのなかった存在感だ。もしかすると、その鐘は溶かされて、べつのなにかの一部になってしまったのかもしれない――車のエンジン、ラジオ。ヘアピンか、剪定ばさみに変わったかもしれない。あるいは高射砲弾に。

ふと立ちどまってあたりを見まわした。明治通りの喧騒はもうここまではとどかない。神田川の水音が耳につく。

道のむこう側に高齢の女性がひとりいるのが目にはいった。髪を孔雀のようなあざやかな青色に染めている。それは不動明王の青であり、太古の画家たちが写経に、あるいは極楽を描くときに使った瑠璃色の羊皮紙の青だった。女性はすこし顔をそむけ、川の水に目を落とした。わたしは恋人たちをうたった歌を思いだした。四十年前の流行歌だ。

——窓の下には神田川
三畳一間の小さな下宿
貴方は私の 指先見つめ
悲しいかいってきいたのよ
若かったあの頃
何も怖くなかった
ただ貴方のやさしさが 怖かった[12]

わたしは心のおもむくままに歩いた。どこともわからないのを楽しみながら。

後日、寺の歴史と時の鐘のことを教えてほしいと、金乗院に手紙を書いた。僧侶からの返信は、やはり簡単な単語のきらびやかな親類をちりばめ、堅苦しい日本語で書かれていたから、辞書なしで読むのはむずかしかった。

手紙によると、時の鐘が置かれていた付近の新長谷寺は一九四五年の空襲で全焼し、記録も焼失した。もっとも神聖な本尊である不動明王像は難を逃れ、金乗院に移されたが、そのほかはほぼすべて、墓石さえも、炎に呑まれてしまったのだという。

小野塚幾澄《きちょう》住職は、自身が幼い子どもだった一九三五年ごろにはもう、新長谷寺の鐘はなくなっていたと言っている。「猊下《げいか》が物心ついたころには、すでに新長谷寺には鐘はなかったとのこと」と、手紙には書かれてあった（ゲイカ？　モノゴコロ？）。明治三十年（一八九七年）ごろ発行された《風俗画報》臨時増刊「東京名所図会」のなかには描かれていたという。鐘はそれから四十年のあいだに消えたことになる。

そして、あの丸橋忠弥については、「金乗院に墓碑が建てられましたのは、忠弥の死後百年以上経ったあととされておりますが、記録は一切のこっておりません。私見でございますが、それだけの時間が経過していたとはいえ、時の将軍に反逆した人ですから、墓碑は人目を引かないよう、秘密裡に建立されたのではないでしょうか。現代では忠弥は槍の達人だった英雄と見られがちですが、逆賊という当時の現実も忘れてはいけないであろうかと存じます」。

そして時の鐘は――もし関東大震災と東京大空襲で焼失していないなら、いまものこっているかもしれない。どこかでまたその音が鳴り響くことがあるのかもしれない。

根津

それを見ていたもののなかに、時計のしくみをはっきりと理解できたものはひとりもいなかった。あたかも魔法のはたらきでうごくムーブメントに彼らは驚異の念をおぼえるばかりだった。中身は人知を超えていた。人間の心臓もまたこういうものである。[1]

タイモン・スクリーチ

根津——徳川の時計

将軍が天下を治めていたころ、一日の時間は十二の刻《とき》で数えられていた。そして、それぞれの刻には十二支からとった動物の名前がついていた。夜明けが卯の刻、日没が酉の刻。正午は午の刻で、寅の刻は夜明けまえ、旅人は出発し、恋人たちが別れる時間をさした。

江戸の時間は季節によって変化した——冬の昼は夏の昼よりずっと短く、冬の夜は夏の夜よりずっと長かった。

そして一八七二年、天皇がこの古い時の数え方を廃止し、欧米式の時間管理法と暦を日本にもちこんだ。[2]「これより、昼と夜は等しい長さとする」。このとき以来、時計が季節や天候や潮の満ち引きに合わせて変化することはなくなった。月の満ち欠けと各月のはじまりも無関係になった。新年は真冬にはじまり、初春ではなくなった。「あるべき姿にとどまるものはなにひとつなかった」[3]。時間が自然と切りはなされてしまったのだ。

政府は、寺の鐘により時を告げることは以後禁止と宣言した。代わって、皇居で正午に撃つ空砲が時刻を知らせることとなった。
この変化に反対して、あちこちで暴動が起きたが、すぐに政府によって鎮圧された。[4]

東京の北部、東京大学のすぐ東に古時計の島がある。[5]

根津駅から、石の火鉢でせんべいを焼く木造の店や、昔ふうな喫茶店や、カラオケバーのそばを通り、坂道をのぼっていく。角を曲がって脇道へはいり、建具店の前をすぎて、龍興山臨江寺という寺のなかを通り抜けた。境内は冷えびえとして、庭は雑然としていた。梅の古木があり、ねじまがってごつごつした幹は、三つ股に分かれているのを黒い麻ひもでまとめて縛ってあった。寺のすぐとなりはだだっ広い駐車場で、反対側のとなりは民家がならび、回転するプラスチックの物干しに洗濯物がはためいていた。そのうちの一軒の塀にはある政党の選挙候補者のポスターがべたべたと貼ってあり、むかいの家の壁にはべつの政党のポスターが何枚も重なっていた。一方の候補者は歯を見せた笑みに顔をこわばらせ（〝ペテン師ではないですよ！〟）、もう一方は心配そうな表情（〝どうせ票はあつまらないだろうな！〟）を見せている。貼られたばかりの政治家たちのポスターのむこうには、色あせた金属の広告板がひとつ――〝クラシック・エレキ・ギター〟の教室があると書いてある。

坂道は勾配がきつくなってきた。道の両側には三メートルほども高さのある白漆喰塗りの土塀がつづいている。アスファルトと石と空。それ以外にはなにもない。ドアも、門もない。坂のてっぺんまでのぼりきったところでようやく寺が姿をあらわし、そのすぐ手前に《大名時計博物こんでいた。

館》の看板が見えた。石柱に挟まれた門も、塀すらも、苔やシダ植物や草木のつるの緑色に溶け

門のところにバイクが二台停められている。つやのある赤いヤマハ・コルサと、もう一台は汚れた白のヤマハ・セローでブルーとピンクのストライプがはいっている。ナンバープレートのない日産ラルゴが一台、高温の炎に包まれても焼けのこりそうな昔ふうのレンガ造りの、物置のてっぺんにのっかった粗末なトタン屋根の下に停まっている。丸石と板石敷きの小道が石灯籠《どうろう》と笹の植えこみのそばを曲線を描いてのびていた。

博物館の入口には《OPEN》の表示が出ていたが、ドアには鍵がかかっていた。小さなブザーのそばに貼られていた手書きの札には《応答がなければこのボタンを押してください》と書かれていた。

ブザーを強く押すと、笑顔の女の人が慌てたようすでやってきた。ゆったりとした濃いからし色のキルトの上着を着て紺色のジャージをはいている。足もとは裸足にサンダルばきだ。年は五十代半ばに見えるが、少女のような陽気さが見え隠れしていた。

わたしは工場や列車ができるまえ、時刻表ができるまえの時代に、時間がどのように計られていたのかを知りたいのだと、訪問の目的を伝えた。名刺をもってきていなくて申しわけないとも。

女性はにっこり笑ってこう言った。「あなたのお顔がお名刺ですよ」

鍵をあけ、照明をつけてくれた。建物のなかは冷えきっていて、冬らしい外の庭よりよほど寒く感じられた。蛍光灯がちかちかして緑がかった冷たい光となり、長椅子やガラスケースのなか

に展示された時計を照らしだした。

部屋のなかは、敷き詰められた茶色の絨毯と、時計と向きあう位置に置かれたルビー色の別珍張りの長椅子に音が吸収されて、とても静かだった。それは空港のチャペルのような静けさで、すべてが動きをとめていた。埃さえも。

展示されている時計はすべて義父の持ち物だった、と女性は言った。その義父とはコレクターの上口作次郎《かみぐちさくじろう》氏だ。〝上口愚朗《かみぐちぐろう》〟の通称でよく知られる人物で、〝愚朗〟とは〝グロテスク〟を短くしたものだ。一九一六年、愚朗は《超流行上口中等洋品店》をひらいた。ログハウスを建てて、そこで洋服の採寸や縫製《ほうせい》をおこなったのだが、近所の住民はその建物を〝グロテスク屋敷〟と呼んだ。やがてそう書いておけば郵便物も店にとどけられるようになった。愚朗は金を稼ぎもしたが使いもした。とりわけ古時計に多くをつぎこんだ。メンテナンスがむずかしく、正しい時を刻まないので、ほかのだれもが捨ててしまうそれらを、愚朗は買いあつめたのだ。

ルビー色の長椅子のほかに、彩色が目を引くものがもうひとつだけあった。亡くなる少しまえに、愚朗に送られた絵手紙の額だ。送り主は古くからの友人だった棟方志功《むなかたしこう》。絵のなかで、蒐集家が送り主である画家の肩に腕をまわし、笑っている。紺の作務衣《さむえ》姿のふたりのまわりには黄土色と緑色と黄色の絵の具がたっぷり塗られ、文字を詰めこんだ部分はおどろいて飛び立った鳥の群れのようだ。「ナカヨシ」のひとことに、恢復《かいふく》を祈るメッセージを感じる。その小さな絵手紙のまわりに置かれた時計はどれもうごきを止めていた。

時計を最初に日本にもちこんだのはイエズス会の宣教師たちだった。日本の人々にとってそれは驚異の物体だった。間隔をおいて鳴らされる寺の鐘とはちがって、あたらしくやってきた時計は、途切れなく時を刻みつづける。絶え間なく目のまえでうごきつづける時計の針は、まったくあたらしいなにかだった。時間の概念そのものが変わった——それは機械的なものになった。

愚朗のコレクションのなかでいちばん古いのは、宣教師がもちこんだ時計を模したいくつかの鉄の時計だ。それよりあとの時代の時計は真鍮でできている。それらの時計は金色に塗られたり、真珠貝の螺鈿《らでん》や珊瑚《さんご》の装飾がほどこされたりしている。針は巻貝や三日月や猿をかたどったものもある。滝をのぼる鯉のかたちをしたものも。夜の文字盤の文字には暗く輝く象嵌があしらわれたものもあり、昼の文字盤には銀が使われているものもある。

寺院のためにつくられた時計は、側面板や扉の表面に蓮の模様が、丸天府《ドーム》の上には仏教でいう金剛杵《バジュラ》のモチーフが刻まれていた。貴族のためにつくられた時計なら、露の玉やトケイソウ、文字通り〝時計の花〟で飾られているものもある。

和時計では、時刻は大きい数（九）から小さい数（四）へと数えられるものだった。[6] 九が正午と真夜中にあたり、そこから、八、七、六、五、四とのこりの時間を数え、また九にもどる。[7] 昼の九が示すのは太陽が天頂に達する時刻で、一日のうちそれだけは年間を通して不変だった。

わたしは案内してくれた女性、上口さんに訊いてみた。大名だけが時計の所有を許されていたというのはほんとうか、一般の人々がもつことを禁じる法があったのか、と。

「さあ、わたしにはわかりません」彼女は言った。「夫は……夫でしたら、どんなご質問にもお答えできたのでしょうけれど。子どものころから、ここにある古時計にかこまれて育った人でしたので。でも、わたしはいま展示を管理しているだけで。ほかのことはなにも」上口さんの目には涙が浮かんでいたが、それを拭ったりはしなかった。涙は部屋とおなじくただ凍りついて、こぼれることもできないように見えた。「十年前に亡くなったんです。急なことで。そんなようすはぜんぜんなかったのに。時計のことは、わたしにはそれまでなにも教えてくれていませんでしたし、子どもたちが知っておくべきこともなにも教えていなかったんです」

そう言って、上口さんは夫の等《ひとし》さんのお気に入りだったという時計を見せてくれた。それは一八一六年の春につくられたものだった。文字盤のほうがうごき、針は固定されている。わたしたちはガラス越しにそれを見た。

「将軍さまがいたころは町が静かだったのです。とても静かでしたから、この時計のチャイムが鳴りますと、遠くまで聞こえたのです」

部屋のひとつだけのドアのそばには、この博物館でいちばん古い時計が置かれていた。鉄製で、ちょうちん型の丸天府がのっていて、針は一本だけだ。それぞれの刻を表わしていた十二支の動物はすり減ってしまっていた。針がうごくたび、文字盤をこすり、またこすり、やがて子、牛、寅、卯、辰、巳、午、未、猿、酉、戌、亥の動物は、みんな姿を消してしまったのだ。

「ここにある時計はだれかがねじを巻いているのですか？」

「いえ、だれも。みんなただの、飾りです」

「では、あれは？　あれはどうしてうごいているのでしょうか？」わたしは床に置かれている小さなランタン時計を指さした。ガラスケースにはいっていない唯一の時計だ。シーソーのような天秤がふたつついている。

上口さんは小さな時計をじっと見つめていた。「ちゃんと時を示している時計がひとつは必要だと、夫が考えまして。そうすれば、古い時計も、昔、実際に使われていたときに、どんなふうだったか、感じがみなさんにわかっていただけるのではないかと」

わたしはひざまずいて側面の板をよく見た。そこには草と波打つ水に浮かぶ小舟の繊細な模様が描かれていた。

「ご主人はうごかし方をご存じだったのですか？　だれの手も借りずに？」

「ええ、そうですよ」言葉を切った。「わたしは油をさすだけで」

上口さんは鍵をまわし、時計の天秤のおもりをうごかした。その手のうごきはぎこちなく、はじめの陽気さは鳴りをひそめていた。時計の打鐘《だしよう》装置を調節するための歯車をひねるようすを見ていると、彼女の手がべつの手を、三十年、四十年まえにその仕事を教えてくれた夫の手を覚えているかのように思えてきた。

きっとその人は彼女のうしろに立って、彼女の指に指をかさね、肩に顎がのりそうなくらい、頬が彼女の髪にふれるくらい、近くにいたのだろう。


こうやって巻くんだ。

なにがなんだかわからないわ！

……わかるようになるさ。

時計が命を吹きかえし、ベルが甲高い音で鳴った。池の水面のように空気がかきまわされて部屋がゆらめいた。

ふたりで外へ出ると、なんだかひどく長いあいだ潜水していたあとで、ようやく空気を吸ったような気がした。上口さんはドアに鍵をかけた。

愚朗はこんなことを書いている。「命を削る時計の針に、一日中引き回されている現代人。大名時計――時間などはどうでもよいのだ――を眺めていたら、機械の奴レイから逃れて、命がのびるだろう[8]」

ロンドンで、あるうわさを耳にした。日本全国でたったひとり、いまも昔ながらの方法で時計をつくる職人がいるらしい。数字が固定されて変わらない現代の時計ではなく、日の出と日の入りを基準に時を告げる和時計だ。

わたしは〝万年時計[9]〟を見ようと、日本大使館を訪れていた。それは十九世紀半ば、伝統的な日本式の時計が使われなくなる直前につくられた巨大な金の時計だ。鈴木一義という人物がヨーロッパをまわり、その時計を紹介していた。鈴木さんはきれいにそろえた顎ひげをたくわえていた。縁なしの眼鏡をはずせば、恵比寿さまといっても通りそうだった。

「いまでは日本ではだれもが現代式の時計を使います。残念なことです。われわれはもう江戸の時間に思いをめぐらせることがなくなってしまいました。東京が東京になるまえのころのように、いまでも鐘を撞いて時を知らせているのは寛永寺だけです」鈴木さんはこう話してくれた。

万年時計には時をあらわす面が六つある。現代の二十四時間と江戸時代の十二刻で一日をあらわす文字盤に加えて、月相、二十四節気、曜日をあらわす面がついている。さらにべつの文字盤は古代中国式で、十二支の動物と木、火、土、金、水の要素の組み合わせになっている。この金色の怪物時計はほぼ丸一年巻きなおしをしなくても時を刻みつづける。

鈴木さんは万年時計といっしょにお茶を運ぶ人形をもってきていた。わたしの膝くらいの高さのもので、ぜんまいを巻くとすべるようにまっすぐ前進し、遠慮がちにとまる。つやのある前髪ひと房だけをのこした坊主頭に、俗を離れた、深い憂いをたたえた顔をした少年の人形だ。わたしが鈴木さんと話しているあいだ、人形は行ったり来たりのうごきを繰りかえし、大使館を訪れた人々はシャンパンを飲みながら拍手を送っていた。なかのからくりが見えるようにと白と金の袴と赤い絹の法被《はっぴ》を脱がされたときには、人形がたじろいだかのように見えた。そんなふうに裸にされても、やはりお盆の上にお茶をのせて観客のあいだを行ったり来たりしている。ストイックな人形だ。

「でもですね」沸き起こる拍手のなかで、鈴木さんは大きな声で言った。「西洋の人にくらべたら、われわれはいまもそれほど時計にしばられてはいません。みなさんのように自分の思いをあからさまに表現することもない。あなたがたははっきりと〝アイ・ラブ・ユー〟なんて口に出して言いますが、われわれはちがいます。言うとしたら〝月がきれいですね〟とか。つまり、相手の姿を月のなかに見ているということですね。われわれにとって、なににつけても個人は重要ではない。ですが、われわれは自然とひとつであると信じていますから、〝月日変われば気も変わる〟と言います。つまり、われわれの気持ちもつねに変わっていくということです。

……あるいは、静けさというものをあなたがたはどう考えるか。ほら、あなたがたは、もともと神が自然を支配していると考えていたから、すべてが静かなときに平安を感じる。日本では、それはまったく逆なんです。われわれは騒がしくなにかがうごきを見せているときにいちばん幸せを感じる。しかしものごとがうごかないままだと不安になる。といいますのも、静けさは危険を意味するからです。イギリスでは、静かだと怪物や幽霊が悪さをせずに眠っているということになるでしょう。でもわれわれは、コオロギや鳥の鳴き声が聞こえると落ち着くんです。日本の幽霊は、なにもかもが沈黙したときに出てくるのです」

「そういえば二〇一一年の、震災のまえにこんなことがありました」わたしは言った。「知り合いが公園にいたら、ふいにしーんと静まりかえって鳥たちも鳴くのをやめた。なにもうごかない。それで思わず〝ああ、たいへん！　来るわ！〟と言ったとたん、すべてがゆれはじめたんですって」

「……はい。日本では、沈黙は不吉なものです」わたしたちの脇では、からくり人形がだれかの茶碗を受けとり、厳《おごそ》かに弧を描きながら向きを変え、去っていった。拍手喝采が沸き起こった。

「ですが、旧式の時計をいまもつくっている人がひとりいます」鈴木さんが言った。「成瀬さんという人です。会いにいってみるといい。名古屋に住んでいます」

成瀬《なるせ》拓郎《たくろう》という人は枯れた老人だと勝手に思いこんでいたが、実際には若い男性だった。小柄で立ち居振る舞いが美しく、ロンドンで見た茶運び人形を思い出させた。あるいは、弓曳童子《ゆみひきどうじ》。

「和時計は昔の日本の時計ですが、現代の人が理解してくれないのは、時を計ることは重要ではなかったという点です」成瀬さんは説明をはじめた。「もちろん、こういう時計はどれも正確ではありません。大事なのは愉しみ、メカニズムを愛でること。時計はそういう喜びを与えるのが目的だったんです」

成瀬さんは三百年前につくられた櫓《やぐら》時計の側面をあけてなかの部品を見せてくれた。エスケープメントに打鐘装置にいくつもの歯車。「ちょっと時計をいじくって、お客さんに見せるんですよ。なにか修理するとかではなく。どうやってうごかすかわかっているぞと、相手に見せびらかすわけですね」

ほかの人なら掛け軸や絵画でも飾りそうな広い床の間に、成瀬さんはたくさんの壁時計を掛けていた。それらは全部ちがう時をさしていた。

「日本人は愉しみを極めようとしますからね。和時計のいいところは、時間が正確であることじゃなく、狂っていくことです。だって、だれが時計なんか必要でした？　たいていの人は農民で、太陽が時計だったわけですから」

成瀬さんは学校を出たあと工場に就職し、そこで金属部品を溶接する技術を身につけた。生ゴミ処理機を考案してつくったこともある。

「それは時計に似ているんですか？」分や時間が削られたり潰されたりするのを想像しながらわ

たしはたずねた。

「そうですね、しくみはそれほど大きくちがいません」成瀬さんはまじめな顔で言った。「ですが工場は最悪でしたね。仕事がとにかく退屈で。わたしはオルゴールやおもちゃをつくりたかったのですが、やらせてもらえませんでした。でも、そのころにたまたまはいったジャンクショップでこれを見つけたんですよ──」そう言うと、部屋の反対側へ行って、棚の下段から重そうな一九六〇年代のセイコーのラジオ時計をもってきた。ゴールドのずんぐりしたかたちのもので、短い編み棒のような脚の上に載っている。

わたしはそれを手にもたせてもらい、文字盤を見た。

「これとおなじようなの、祖父母がもっていました！」わたしは思わず声をあげた。「……ナツカシイ！」記憶がよみがえった。祖父母の家のテレビのあった部屋のちらつく明かりのなかで、その時計はあらゆるものを見張っていた。祖母のたばこのにおいが染みついたカーテンとカーペット。わたしたちがやったゲーム。自分のおもちゃを入れていたプラスチックの洗濯かご。全部そろっていない古いトランプ。

「ナツカシイ」成瀬さんは笑って、わたしの日本語をくりかえした。「昔を思いだしますよね。わたしはこの時計を家にもちかえって、分解して組み立てて、また分解しました。うれしくて興奮しましたね。子どものときにおんなじことをして味わった、あの気持ちだった。あのとき父はカンカンになってね。だって、息子が時計をばらばらにしたあげく、うごかなくしてしまったんですから。でも──この古時計を見つけたのが、なにかのお告げだと感じたんです。昔の職人たちからの〝つくりなさい〟というメッセージだと。それで、工場を辞めて自分の会社を立ちあげました。わたしは人生を時計に賭けたんです」

「古い本を読んで勉強したのですか？」

「いいえ、自学自習です。一八七二年以降、和時計をつくった人がいないなんて信じられませんでした。それではいけないと。日本式のやり方で時計をつくるということは、アイデンティティを取りもどすということです。われわれの本来の姿にもどるということです。もしだれかの真似ごとをしていたら、たとえ質はよくてもフィ、ー、リ、ン、グ、がずれてしまう。和時計のおかげで日本がどれほどユニークかがわかりました。たとえば食をとってみても、世界各地の食べものとくらべて日本食はとても手がこんでいる。カラフルです。遊び心があります。あなたがた白人はハンバーガーばっかりでしょう！」

「それはちょっとちがいますけど」

「そうだな、まあポテトもあるか……」成瀬さんはわざとまじめな顔をつくって上機嫌でつづける。「コカ・コーラも……」

「チキンはわたしたちのよりそちらのほうが上等かも」

「名古屋の鳥は最高ですよね！」

「おいしいです」

「われわれのチキンには長い歴史があります。チキンといえば、なんといっても名古屋がベスト」

「……チキンと時計ですね」

成瀬さんは二階の部屋へ案内してくれた。彼が時計を組み立て、宝石職人のようにそのパーツの細かな部分にまで磨きをかける作業場だ。部屋のなかは白い光にあふれ、振り子や歯車やガンギ車が作業机の上に小さな銀河のようにちらばっていた。

わたしは東京で訪れた時計博物館のこと、わからないなりに夫の遺していったものを管理している女性のことを話した。「不思議な場所です。時計たちにとっては、時は止まってしまった。でも奥さんにとっては止まっていない」

「わたしは行ったことがありませんが」成瀬さんは言った。「でも、時計たちはきっと生きるべき道を教えてくれますよ。時計はたんなる機械以上のものですからね」

大坊珈琲店

二〇一一年三月

地震から数時間後の東京は騒然としていた。

鳴くのをやめていた公園の鳥たちが、ふたたびさえずりはじめ、明治神宮のそばの厩舎にいる馬たちも落ち着きをとりもどしていた。風の拷問を受けているかのようにあちらへこちらへとしなっていた木々も、しっかり根を張り、うごかなくなった。風にあおられたシーツのようにゆれていた大地がようやくうごきを止めた。

表参道では人々が悲鳴をあげるのをやめ、店の外の舗道へ出ていた。たばこに火をつけ、笑っている。それは金曜のことで、週末が早く来たような感じだった。電車は止まっていた。一時間後、人の群れが流れだした。北東から南西へ。高価なイタリア製の靴と上等のスーツを身に着けた人々が、都心のビジネス街から住まいのあるベッドタウンへ向かって歩いていった。

東京にいたものは、だれひとりその三十分後に仙台を襲うことになる津波のことを知らなかった。携帯電話は通じなくなっていた。東北でなにが起きていたか、何時間も知らないままだった。

その晩わたしはテレビに流れる録画映像で気仙沼のようすを見ていた。そこは震源に近い小さな町だ。暗闇のなかで燃えさかる火が、太平洋の海面にちらちらと映っていた。わたしは目の前に見えているものが理解できなかった。これはべつの国、どこか遠くの場所だと思った。

翌土曜日の正午までには、パン屋の棚がほとんど空《から》になった。食料品店では即席麵や懐中電灯がすぐになくなった。福島の原子力発電所が被害を受けた原子炉を安定化できずにいるとBBCが報じていた。

その日の午後三時三十六分、福島第一原発一号機は爆発した。

わたしは眠りに落ち、東京の北で薄いシャボン玉のような気泡がふくらんでいく夢を見た。放射能でぎらぎら光る、透明な気泡。

日曜日、友だちが電話をしてきた。「出国のチケットをとったわ。夫は今日も明日もぜんぜんとれなくて……」

ほかの友人に電話をかけた。「ねえ、あなたはどうするの？」開口一番わたしはそう言った。「もう大阪にいる」と彼女は言った。わたしは電話を切った。

日曜日は風聞と世界の終わりのような内容のメールが一日じゅう飛び交っていた。レンタカーもタクシーも予約がとれない。フランスは自国民に即時出国を命じ、窓は目張りをして水は飲まないようにと伝えた。空港までの道が被害を受けている。電車は運行していない。ガソリンスタンドには長い列ができている。食べ物がない。

月曜日、午前十一時十五分、第一原発三号機が爆発した。火曜日、ＢＢＣは使用ずみ燃料プールで火災が起きている可能性があると報じていた。

わたしは香港行きのチケットを買った。片道の。

出発するまえに大坊さんに会いたいと思った。岩手にいるご家族の無事をたしかめるために土曜日に電話で話したところだったが、実際に会いたかった。光はぼんやりと白く濁り、わたしは歯についたざらつきを舌で舐めとった。この風はどこから吹いてきたのだろう。そんな思いがふとよぎった。

大坊さんの店には見たことのない男性客がひとりいるだけだった。佐々木さんというその人は睡眠の研究者だといった。大坊さんとおなじく、津波の被害を受けた地方の出身とのことだった。

店にはいっていくと、佐々木さんはコイーバの葉巻に火をつけようとしていた手を止めて、それを下におろして会釈《えしゃく》した。わたしは信じられないという顔で言った。「こんなときに副流煙の心配なんかしてもしょうがないでしょう！　これだけのことが起こっているというのに！」

佐々木さんと大坊さんはなにかを話していたが、よく聞こえなかった。わたしは所在なく、その辺のものを見ていた。岩手の小さな鉄の鈴。大坊さんが使っている年季の入った手回しロースター。花瓶に生けられた椿の花。もう一度これらを目にすることがあるのだろうか、と思いながら。

「オランダ、ドイツ、フランスは、自国民に避難するよう言いました」わたしはそう言った。ふたりがこちらを向いた。ショックに呆然とした顔をしていた。「……英国大使館は〝気をつけるように〟と言っただけです」

わたしは次の日に香港へ発つと伝えたかった。でもどう言えばいいのかわからず、ことばが出なかった。だからなにも言わなかった。

大坊さんが東京を離れないことはわかっていた。どんなことがあっても。あの人をうごかすくらいなら、下の青山通りに植えられている木を一本、根っこから引き抜いてうごかすほうがたやすいくらいなのだから。

わたしはコーヒー代を払い、頭を下げて、ゆっくりとせまい階段を降りた。そして、走った。

上野

善財問ふ『このもろもろの微妙の荘厳はどこへ去るのでせうか？』
彌《や》勒《すけ》答ふ『來たところへ去る。』

——華厳経[1]

上野——最後の将軍

大きなガラスケースがひとつ、それ以外にほとんどなにも置かれていない部屋。ガラスケースのなかには紫の衣装が一着。一八六七年に、徳川家最後の将軍慶喜《よしのぶ》への贈りものとして、ナポレオン三世の命によりパリで仕立てられたものだ。濃い菫《すみれ》の色をしたシルクに鮮やかな深紅色の糸で将軍家の紋である三つ葉葵の刺繡がほどこされ、袖ぐりと衿と裾には金色の縁取りがめぐらされている。

十七世紀なかば以降の交易制限によって日本の情報がヨーロッパにとどかないなか、フランス王室のデザイナーは、贅沢で、太平で、官能的な場所を思い描いた。ナポレオンの贈り物はそんな夢の国の支配者のためにつくられたものだ。

一八六〇年代、イギリスとフランスは覇権をめぐる〝グレート・ゲーム〟の東アジア版で争っている最中で、フランスは徳川の伝統派（将軍のために戦った）の側に、他方イギリスは倒幕を掲げる南西諸藩の藩主とその改革派（天皇のために戦った）の側についた。クリミア戦争ではともにロシアと戦った両国だったが、この国の短い内戦では、それぞれが敵対する陣営についたのだった。

「陣羽織です」わたしのうしろに立った僧侶がガラスケースへ顎をしゃくって言った。「……戦《いくさ》の装束です」

着る人のないその衣装は、大司教の法衣にも似て、ガラスのむこうにぽつんと浮かんでいた。射撃練習の的に使いたいのならともかく、とても戦場で着るような服には見えない。

「あまり日本的なものではありませんね」僧侶はそう言って笑った。

小林さんという名のその僧侶は、江戸城の鬼門にあたる北東の位置に京都・奈良の鬼門を守る大寺院に負けない寺として、徳川幕府が建てたこの寛永寺への問い合わせにすべて対応しているとのことだった。古代中国では都市がつくられるさいに、北東はもっとも危険な場所、不幸を招く方角とする考え方があった。だから中国の人々はこの方角に霊的防火線として寺を建てた。日本もこの考え方をとりいれたが、江戸にかんしていえば、じっさいに北東は穢《けが》れの方角だった。なぜなら江戸の北東には小塚原の刑場があり、賤民地域であり、洪水のよく起こる方角だったからだ。寛永寺は呪いと邪鬼を江戸によせつけないために建てられた寺だ。

小林さんの透ける黒い法衣は、その細い身体には大きすぎるように見えた。生地がこわばっているので、腕や肩からだらりと垂れさがるのではなく、そのまわりで浮きあがっている。わたしたちは慶喜の謹慎の間を復元した部屋にいた。フランス製の陣羽織が飾られているほかは、いかに質素を旨とする日本の標準からしても、物が少なくがらんとしていた。香炉がひとつと、金色で徳川の紋がはいった漆塗りの卓がひとつ。ほかにはなにもない。

「だれであれ、そう簡単に日本の国を引き継げるものですか。天皇の復権にともない、慶喜公は将軍職を辞することでこの過渡期を助けました。そうでなく拒んでいたとしたら、間違いなく混乱が起きていたことでしょう。

慶喜公は将軍職を退き、それから江戸城を出て寛永寺へ移りました。ここには六十日おられました。たった二間だけの部屋に謹慎し、朝廷への恭順《きょうじゅん》を示したのです。慶喜公の滞在中、幕府方の武士たちが二千人ほども上野にあつまってきました。彼らは将軍を守りたかったのです。そして慶喜公が江戸を追われて去るときに、〝解散、帰国せよ〟と言われても、千人ほどは立ち去ろうとしなかった」

幕府が倒れたとき、武士たちはまず浅草にあつまり、それから徳川家の菩提寺である上野のこの寺の近くに移動して、明治天皇の軍隊を迎え撃つ姿勢を示した。[2]彼らは〝義をあきらかにする隊〟を意味する〈彰義隊《しょうぎたい》〉を名乗った。多くは若者で、社会規範が崩壊した時代の空気に呼応してあつまったものたちだった。そのなかには、すでに朝廷軍の勢力下におさまった藩の出身者たちも多く含まれていた。そしてほとんどは、徳川時代、社会の周辺部にいた下級の武士たちだった。彼らは将軍を守ると血の誓いを立てた。その誓いはこんなふうにはじまる――「昇平三百年の久しき、士氣相弛《ゆる》み候より、盡忠報国《じんちゆうほうこく》は、人口に膾炙《かいしゃ》するのみにして、互いにその實際《じっさい》を見ず……」

上野には七つの門があった。一八六八年五月十五日、彰義隊は、そのなかでも主要な門である黒門の近くに集合し、そこで西郷隆盛の軍隊と対決した。西郷はこの時代のもっとも才覚ある指揮官であったが、彰義隊にとってそれ以上の凶兆となったのは西郷の軍がイギリス製のアームストロング砲五門をもっていたことだった。彰義隊は西郷軍の一斉砲撃に対し、火矢で応戦したが、放たれた矢は朝廷軍の頭上を通り越してそのむこうの木造家屋を直撃した。土砂降りの雨にもかかわらず、それらの家屋につぎつぎと火がついた。あたりを吹く風は、鉄砲と火事の煙に白く色づき、兵士たちの目にはほとんどなにも見えなくなった。炸裂する砲弾から立ちのぼる濃い雲のような煙と炎の壁は木版画のなかに描きとめられている。

寛永寺の僧侶たちは彰義隊の味方についた。朝廷軍攻撃の朝、年若い貫主《かんじゅ》である輪王寺宮《りんのうじのみや》は、本堂の外の叫び声も、銃声も、アームストロング砲の響きわたる砲声もまるで耳にはいらないかのようにただ読経をつづけた。

そして読経を終えると、朝食の場へ歩いていった。茶を飲み、それから箸をとった。寺の僧たち——まだ逃げずにいたものたち——はそのようすを目を見張って見ていた。食事を終えると、宮は側近を呼び、それぞれの門での戦況を報告するよう求めた。

側近はうつむくだけで、なにも言わなかった。僧たちから寛永寺を出るよう懇願されてようやく輪王寺宮は同意した。目立たない着物に着替えて、警護のものらとともに黒門からできるだけ遠くへ離れるように北へ向かった。何日も降りつづいた雨のせいで、赤土の道はぬかるんでいてすべりやすく、輪王寺宮の白い足袋にも泥のよごれが染みこんだ。しかし、上野戦争を題材にしたどの木版画を見ても、寺をあとにする輪王寺宮の足袋は真っ白いままに描かれている。

輪王寺宮らが逃げる途中、弾幕放火が本堂を直撃した。同行者のひとりがのちに記したところによると、〝ことばで表わしようのない轟音〟とともに、なかにあったものすべてに引火し、古い材木はひび割れ、裂けはじめたという。

午後一時、西郷の軍が黒門を破り、そして輪王寺宮が上野のはずれまで逃げたころには、彰義隊は敗走していた。このときのようすを知るものによれば、僧たちの顔は、その知らせを受けた衝撃で真っ青だったという。彰義隊がそれほどまでに早く負けてしまうとは、だれも予想していなかった。それゆえ不測の事態へのそなえはおろか、避難計画すらなかった。

なぜ僧たちが、それほどまで呑気にかまえていられたのかは理解しがたい。彰義隊は現代的な火器をもっていなかっただけでなく、彼らのなかに戦略家はおらず、〝命を賭してご主人さまをお守りする〟以上のビジョンもなかった。その点だけを見れば、彼らの目的は達せられたといえる。一方、朝廷軍はすぐれた指揮官と政治手腕をもった人材をとりそろえており、江戸を支配することはすなわち日本全国の支配につながると知っていた。上野で勝利すれば、明治維新とはたんなる朝廷側のクーデター以上の意味をもつことになると理解していたのだ。

イギリスの新聞が報じたところでは、この戦いのあと、朝廷軍が「完全に状況をおさえているため、人々は軍を恐れ、倒れた徳川の家臣らを葬ることさえできない。放置された彼らの亡骸《なきがら》は野ざらしになり、戦いに敗れた一族にとってのもっとも神聖な場所である寺の境内で、野犬や野鳥の餌食となっている。徳川の家臣たちは文字通り江戸から一掃され、死の処罰を恐れてだれひとりかくまおうとしない」[3]。

寛永寺にはいまでも輪王寺宮が書いた手紙が保管されている。仙台の友人らに宛てたものだ。戦いから数カ月がたっていた。「そちらへ向かいますが、私のためになにもおおげさなことは計画しないでください。もはや貫主ではありませんから」

その手紙には首都のあたらしい名前が記されている。その名が記録されたもっとも古い事例のひとつだ。

江戸はいま、東京になった。[4]

色つきの着物を着た幼子が賢人に手をのばしている図が描かれた板戸を小林さんがあけ、寺の奥の間のひとつに通してくれた。部屋のなかは濡れた畳の匂いがした。ちょうどまえの週に東京をかすめていった台風の名残の湿気のせいだ。

その扉の内側の板には、蓮池のなかに立つ白鷺《しらさぎ》の姿が描かれていた。

「よその寺にあったものです」小林さんは言った。

その部屋を通って進み、さらにもう一枚戸をあけた。そこには牡丹の花と波と岩と、流れる滝のように体をくねらせる緑の龍が描かれていた。

「ここにある戸も、もとは寛永寺にあったものではありません。どこから来たのかは存じません」

毎年、五月十五日になると、寛永寺の高位の僧侶十九人があつまり、彰義隊の霊を慰めるための法要が営まれる。法華経の一節を読経し、式典は三十分ほどつづく。外部のものは立ちいれない。

奥の間では、年長の僧侶が待っていた。紺の法衣と、金糸で菊の刺繡をほどこした袈裟を着ている。かげろうのように華奢な小林さんとはちがって、その僧侶、高橋さんは肩から腕ががっしりとした剣道の達人のような体つきをしていた。僧兵だ。

小林さんは礼をして去っていった。

高橋さんは上野の地図を机にひろげ、昔、寛永寺の境内だった範囲を赤ペンでなぞった。西は、不忍池のずっとむこうまで。彰義隊と衝突した軍の将軍の像があるあたりまで。東は、巨大な駅のまだむこうまで。北は、いまではラブホテル街として栄えている鶯谷の先まで。

わたしはそのあたらしい地図から、高橋さんが出してきた木版画に視線を移した。それは一八六八年以前の寛永寺を俯瞰する絵だった――ふたつの寺のあいだにかかる有名な太鼓橋。時の鐘。大仏と点在する仏塔《パゴダ》。松の古木と山桜。柳の木。木立と庭園と金色の霞。

けれど、どういうわけか寺の中心であるはずの本堂を見つけることができない。

「……本堂はどこにあったのですか？」

高橋さんは、現代の地図に記されている東京国立博物館の場所を指でつついた。「ここにありました。代々貫主は天皇の息子でした。画家が本堂を絵にすることは禁じられていたのです。不敬なおこないになりますから」

「上野戦争はいまも重要ですか？　その戦いは、現代の日本人にとってこれという意味をもっているのでしょうか?」

高橋さんは肩をすくめた。「上野戦争のことを考えるとすれば、大河ドラマにでもなったときくらいでしょう。あれがどういうものだったか、だれもろくに知りません」

「彰義隊の志士たちのひ孫の代ももう生きていません。法要をやめたりすることはないのですか?」

「ありません」

「それは――」わたしは人がほんとうに人であるために必要なことだと大坊さんがいつも言っていた概念はなんだったろうかと考えた――ギム?「義務だからですか?」

「そのことばは近いですが、ちょっとちがいます。わたくしどもが読経をするのは、それが仕事だからです。それに、寛永寺と彰義隊、寛永寺とここに墓所がある歴代将軍、そのあいだにはひじょうにはっきりしたつながりがあるからです。彰義隊のご子孫がいなくても読経はつづけます。寛永寺があるかぎりそれはつづくのです」

高橋さんの頭のうしろの額《がく》には大きな文字でこうあった――〝一微《いちみ》塵《じん》[5]〟

なんと書いてあるのか、とわたしはたずねた。「一」という最初の文字しか読めなかったのだ。

「一微塵――ひとつの原子という意味です」

それは『華厳経』に説かれたことばだった――「一微塵のなかにおいて、あまねく不可説不可説の佛國《ぶっこく》を示現したまふ」。その経典には、全宇宙とそこにある何十億もの世界が、悟りをひらいたあとの仏陀の目を通して描かれる。それは理想の宇宙、完璧な宇宙だ。

「ひとつの原子」とは、いまとなっては過去の姿のほんの一片でしかない寛永寺にふさわしい銘句だ。けれども、この経をあらわしたものたちにとっては、大きく変わったものはなにひとつなかった。「一の金剛園山は上に經たところの世界の微塵《みじん》の佛國にひとしい。その金剛園山——不可説不可説の世界の微塵のかずのもろもろの金剛園山を一の毛孔《けあな》に容れたまふ」「仏教徒にとっては、過去、未来、現在、すべてがおなじ速度で流れるのです」高橋さんは言った。「毎秒どの秒も、それらはすべて等しい。過去と未来といま起こっていること、それらは切り離せないのです。

時間について言えることはたくさんありますが、時間とは起こらないさまざまなことの重なりでもあります。わたしは北海道で育ちました。通学路の途中には交差点があり、交差点には信号がありました。交通量の少ない場所でしたので、いつも弟と一緒に信号など無視して自転車で突っ切っていました。ところがある日、これといったわけもなく信号で一旦停止したんです。するとそのとき、一台の車が角を急に曲がって、交差点を猛スピードで抜けていったのです。ほんの少しまえに止まっていなかったら、わたしは死んでいました。弟の目の前で。

あとで振りかえってみると、すべてがスローモーションで起きたように思えました。弟のほうは、あれはまたたくまの出来事だったと感じた。でも時間の流れはおなじです。どこでも、いつでも。それをどういうふうにとらえるかというのは、たんに個人個人の脳のはたらきによるのでしょう。そういう時間の感覚のちがいは、それぞれが死の恐怖に対処する方法のちがいです。

呼吸が止まったあと、実際どうなってしまうのか、もどってきて教えてくれる人はいませんから、わたしたちは死を恐れるのです。時間というのは、その恐怖を体験する枠組み、足場の構造です。時間のおかげで、わたしたちは恐怖から目をそらすことができる。時間とは、自分にのこされた命、と考えてもいい」

「では、死んでしまったら？　死んだ人はどうなのですか？」

高橋さんは肩をすくめた。「亡くなると、人はその枠組みから静かに離れていくのですね」

＊

小林さんがもどってきて、寺の正門まで送ってくれた。途中、小さな絵馬のわきでわたしが急に足を止めたので、すぐうしろにいた小林さんとぶつかってしまった。

「あの、あれって、いったいなんですか？」

木の札に描かれているのは化け物の姿だった。両生類のような手足に、鹿の角、胸は骸骨のように肋骨が浮いている。目はくるくる回る小さな風車を思わせ、見ていると渦に吸いこまれそうだ。

小林さんはにこやかに答えてくれた。「角大師《つのだいし》さまです。災厄を追い払ってくださいます[6]」

「追い払うのですか？」わたしは問いかえした。悪魔そっくりなのに。

「良源《りょうげん》という僧でしたが、修行中、魔物に負けずに戦えるように、魔物の姿をとったのです」

わたしたちは建物の外へ出た。日差しの下でも角大師の姿が目にちらついた。あのあばら骨、鹿の角、水かきのある手足。

「小林さん」わたしは唐突にたずねた。「小林さんはどんなときに時間のことを考えますか？」

小林さんは悠然と笑みを浮かべた。絵馬を見ても動じないはずだ。毎日見ているのだから。

「目が覚めたときと眠るときです。目を閉じるとすべてが止まる。目をあけると、すべてが生まれる」

わたしたちはだまったまま、いまものこっている将軍家の墓所にはいっていった。かつて、徳川家の人々が亡くなると、上野では三個の鐘――時の鐘のほかに二個――が撞《つ》かれた。ひとつは鎮魂の音、もうひとつは悲嘆の音を、そして、時の鐘そのものは世を超越する音を響かせた。[7]

足元の断崖の下を走る山手線の線路を電車が通りすぎていった。小林さんはごつごつした石垣をさして言った。[8]「ずいぶんでこぼこでしょう？　こんなに雑な造りとは意外ですよね。江戸城の石垣とは大ちがいだ。将軍家の墓が荒らされるのを恐れた勝海舟が大急ぎで築かせたのです」

将軍が大政を奉還したとき、江戸を朝廷に明け渡す交渉をおこなったのが勝海舟だった。将軍を切腹させず、生かしておくよう朝廷軍の参謀らを説得したのも勝だった。江戸の町全体が戦火に呑まれることなく、焼けたのが上野だけですんだのはこの人物のおかげだった。彰義隊の志士たちが勝のいうことを聞いていたなら、おそらく寛永寺は焼け落ちずにすんだろう。「丈夫な柱一本で、崩れかけた家を支えることはできない」勝は苦々しさをにじませながらも諦観をもって日記に綴っている。「奸僧、我が小吏無識輩と妄議し、終に此挙あり。我が尽力今日に及びしもの、瓦解に至らしむ」

徳川家の霊廟のまわりには、いまでは東京のどこの墓地ともおなじように他家の墓もたくさん建っている。卒塔婆《そとうば》と呼ばれるサンスクリットの文字で御守りのことばが書かれた長い板が立てられた、あたらしい御影石《みかげいし》や大理石の墓石のそばを通りすぎた。卒塔婆も墓もなく忘れられてしまった死者は飢えた幽霊になり、鎮められぬ魂はさまよいつづけるのだ。

「徳川家は一九四六年に華族制度が廃止されるまで、この寺の財政を支えていました。その後は区画をいくつか売却して、寺の維持費の一助としてくださいました」

小林さんは目の前の空気をさすようにして、いまは姿を消した建物の話を始めた。「ここに大慈院がありました。五代将軍綱吉公の霊廟にお参りにいらっしゃる大名はみな、そこで着物を着替えました」

視線を追っていくと、雨風にさらされて変色した青銅の屋根つきの、古びた赤い橋が目にはいった。ほかにはなにもない。小林さんは静かに前を見ている。まるでわたしたちとその赤い橋のあいだを、華々しい大名行列が通っていくかのように。そして大きな青銅の門をくぐり、門番に笑いかけると、門番のほうは頭を下げた。わたしたちは真っ赤な手水鉢《ちょうずばち》のそばを通った。参詣者が神聖な場所にはいるまえに、口と右手をすすぐための石の水盤だ。そして高い石塀にはさまれた門を抜けた。

小林さんはここでもてのひらを目の前の空気に向けてひろげ――もちろん、指でさすのは縁起が悪いし行儀も悪い――巨大な石灯籠をさした。石の表面を覆う苔は、雨のあとでぎらつくほどに鮮やかな緑色をしていた。「そして、ここには徳川家が月見をした東屋《あずまや》がありました。将軍の霊廟は——もともとは木造の建物のなかにありました」

わたしもそちらを見たが、小林さんの目に見えているものを見ることはできなかった。

小林さんがつぎに向かっていったのは、十八世紀に建立された〝犬将軍〟綱吉の墓だった。綱吉は、動物、なかでも犬を虐待したものを罰する法令を制定したことで不評を買った。「鳥一羽、動物一匹でも死なせれば、死刑にされた。親類縁者までもが死刑あるいは島流しになった……」と、当時の人が非難のことばを書き記したのは、綱吉の死後、生類憐みの令が廃止されたあとだった。[9]

綱吉の霊廟の色あせた青銅は、やや傷んでいるものの、上野に現存する歴代将軍六人の墓のなかではもっとも保存状態がよい。鳳凰《ほうおう》、麒麟《きりん》、そして雲の装飾がほどこされた仏塔は川石の土台の上に高くそびえている。小林さんの上に、わたしの上に。

「これが建てられたころの徳川幕府は財政状態がよかったのです」小林さんは凝った装飾のほうへ顎をしゃくって説明をつづけた。「この霊廟を建てるのにはたいへんな費用がかかったはずです。裏手の、貫主だけがはいることを許された場所には、西方浄土の画があります。ご覧いただくことはできませんが、そこにあります」

作家のポール・ウェイリーはその著書で、上野は東京じゅうでいちばん魅力的な場所であってしかるべきなのに、そうではないと不満を述べた。[10]「種々雑多な建物があつまって……それらのあいだには歩道があったり、雑草の茂みがあったりして、その裏にはなにか怪しげなものがひそんでいるような気がしてくる」

上野の博物館や美術館のあいだには野球場がはさまれ、また周辺にはパチンコ屋やラブホテルが林立している。動物園とコンサートホールとぱっとしない飲食店というとりあわせにはまとまりがない。いくら組み合わせてもひとつの全体にはならない断片だ。

桜並木の遊歩道がどんなに明るく彩られても、法隆寺宝物館の光と影がどんなに荘厳であろうとも、上野は脱臼した骨のようにどこかちぐはぐな感じがするのだ。上野戦争で、広大だった寛永寺の境内はほとんどが焼けてしまった。その数週間後に撮影された写真には、樹木も草もほとんどなくなった焼け野原が記録されている。礎石と土がむきだしの、ほとんど更地にもどった場所が。

旧体制の完敗が決まると、明治新政府は、もとの将軍の寺の地所を好きなようにつくりかえることができた。彼らはそこをあらゆる最新式のもののショーケースにした――電灯がともり、路面電車が走り、日本最初の動物園ができ、そして不忍池をかこむ競馬場さえつくられた。それは、もとあったものとはまったくの逆を行くものだった。

そして、つねに喪失感があった。石川淳は、第二次世界大戦直後にもっとも凝縮して感じられたその空気をとらえ、短篇「焼跡のイエス」に書きとめた。この作品のなかで石川は、新しい日本が古い日本を打ちのめしながら、罪にも問われなかったようすを描いている。

物語はアメ横闇市場の荒々しいスケッチからはじまる。一九四六年七月三十一日に占領軍によって閉鎖されるまで、上野駅そばの闇市はにぎわっていた。

そうでなくとも鼻息の荒い上野のガード下、さきごろも捕吏を相手に血まぶれさわぎがあったという土地柄だけに、ここの焼跡からしぜんに湧《わ》いて出たような執念の生きものの取引されるのは禁制品ばかりで合法なものはなにひとつなかった。貨幣価値も下がっていた。石川はこの世の醜悪さを書きとどめた。闇市の商売人と彼らが売る傷んだ食べ物の醜悪さを。

終末的な風景のなかに、ひとりの浮浪児があらわれる。あたらしい秩序を具現化する少年だ。その少年は「溝泥《どぶどろ》の色どす黒く、垂れさがったボロと肌とのけじめがなく、肌のうえにはさらに芥《ごみ》と垢《あか》とが鱗形《うろこがた》の隈《くま》をとり」、「臭いもの身知らずの」闇市の物売りでさえ、かさぶたになったデキモノにおおわれたその少年には近寄らなかった。少年は、街が忘れようとしているいやな記憶をはこびもどしてきたのだ。

ことに猛火に焼かれた土地のその跡にはえ出た市場の中にまぎれこむと、前世紀から生き残りの例の君子国の民というつらつきは一人も見あたらず、

のこったのは基準を外れた種子だ。「たれもひょっくりこの土地に芽をふいてとたんに一人前《いちにんまえ》に成り上がった」。少年は「焼跡のイエス」だ。なぜなら彼は「これから焼跡の新開地にはびころうとする人間のはじまり」だから。

少年は闇市を出ていく男のあとを追い、徳川の初代将軍を祀る神社の近くで男に襲いかかる。せまりくる少年の顔は、もはや新種の人間の開祖ではなく、「悪鬼が乗り移った豚の裔《すえ》の、いまだに山のほとり水のふちをさまよっているかのようであった」。

少年は男のもっていた配給のたべものと財布を盗んで姿を消した。

東京が夢を見るころ、上野はいくつもの顔を見せる。

上野駅構内のパン屋の前には、老人がひとりすわりこみ、いやにはっきりした発音の英語で「マンデー、チューズデー、サーズデー、フライデー!……マンデー、チューズデー、サーズデー……」とくりかえしていた。

顎には脱脂綿をテープで貼りつけている。

JRの高架下へ出て、中国製の服や魚の干物を売る洞穴のような店々を横目に、通路を抜けていく。階段をあがるとそこは上野公園だ。チェーンソーが木を切る音がする。日曜の人出でごったがえす坂道では、パントマイマーがレースの傘をさし、曲芸師がスチールの輪にぶらさがり、奇術師がトランプの手品を見せている。大小のパンパイプを鳴らすのはアンデスの楽団だ。そよ風が桜の木をゆらし、葉が石の上を流れる水のような音を立てる。そしてそれらの音のむこうにあるのは、静けさだ。

江戸の面影もいくらかはのこっている。

以前、禅のミュージシャンを見たことがある。虚無僧《こむそう》と呼ばれる人たちで、不忍池で尺八を吹いていた。頭には柳できつく編んだ樽型の巨大な深編笠。自我の死を象徴するかぶりものだ。徳川幕府が倒れたとき、江戸時代に幕府のスパイとしてはたらくことがあったという理由で、天皇の新政府は虚無僧を違法とした。一八六八年以降、虚無僧の寺は焼かれ、彼らの演奏のレパートリーの多くが失われてしまった。尺八の音は、ツルの鳴き声や羽ばたきの音、風の音、花びらが散る音や、鐘の音を再現した。明治新政府は蜂の巣の形をしたその笠を裁判所へ行く途中の囚人に被らせるものとしてとりいれた。かつて行者が究極の高みをめざす道程の象徴だったものは、悪い意味を与えられ、恥辱をあらわすものとなった。

またべつのときには、料金をとって中世から伝わる仏教の説教を朗唱する男性に出会ったこともある。[11]「この世には緑の柳の木があり、その下には門番がいて、そこへやって来たものに、こちらへあるいはあちらへと、行く道を示す」あるいは、「天からの風は西から吹いてくる。冷たい風だが、その風は着物の袖でつかまえることができる」。けれど彼らのやっていることは、どこか作り物のようで、嘘っぽかった。現在の、この二十一世紀の街とのつながりが感じられないのだ。伝統と記憶のつながりは断ち切られ、もとどおりに継ぎ合わせることはできない。

鐘撞きの家は通りからは見えない低木の茂みのうしろにあった。その建物は石の鐘楼に隣接している。山本誠さんは、玄関の外で、たばこを喫いながら待っていた。カルヴァン・クラインのスウェットシャツに淡色のデニムをはいている。ふたりでお辞儀をする。山本さんが名刺をさしだしたので、わたしも名刺をさしだした。そして鐘楼の土台のところにある住まいにつづく玄関からなかへ通された。

そこは木陰の隠れ家だった。ブドウとベリーが描かれたパネル。シルクの薔薇と紫陽花の花。そしてプラスチックのブドウがいっぱいにはいったボウル。緑のシルクでできた葉とプラスチックの実がついたブドウの蔓が天井の照明とケーブルに巻きついている。それらシルクの植物と陶磁器の装飾品のあいだには飛行機の模型がいくつも飾られていた。B-17フライングフォートレスに、それより小さく繊細なつくりのものは、おそらく三菱Ki-67だろう。仏壇には、山本さんのお母さんの白黒の遺影が置かれていた。四十年近くのあいだ、上野の時の鐘を鳴らしていたその人だ[12]。

山本さんに勧められ、テーブルの椅子にすわった。

「飛行機の模型をあつめていらっしゃるのですか？」

「好きなのはつくるほうです」

「鐘を撞くようになってどのくらいになりますか？」

「五十年になります。はじめて鐘を撞いたのは、東京オリンピックのころでした。祖父は一九四七年から撞いていました」山本さんは少し間をおいてつづけた。「戦時中は鐘は鳴らしていなかったんですよ。当時鐘を撞けるような体格の人間がいませんでしたから」

「ご家族はお坊さんだったのですか……？　それでお祖父《じい》さまは選ばれたのですか？」

「いいえ。鐘が鳴らされていたのは時計の役割を果たすためで、宗教儀式のためではありませんでしたから、だれでもよかったんです。うちは昔から上野の町人です。家族のなかではじめて鐘撞きになった祖父は、戦前は花鳥風月を描く画家でした」そして、そのまたお父さんは、女性の顔を水に映る月のように輝かせる〝白塗り〟の粉をつくっていたのだそうだ。山本さんははにかんだ笑みを浮かべた。「お坊さんじゃありませんよ」

お祖父さんの絵を見せてもらえないかとたずねてみた。

すると山本さんは首を振った。「それはできません。祖父は描いたものはひとつのこらず売ってしまいました。それに、年をとってからは病気で手がふるえるようになって、絵はやめざるをえなかった。わたしに鐘の撞き方を教えてくれたのは祖父です。はじめて撞いたのは十歳のときです。〝おれがやるようにやってみな〟って言ってました」

「間違った鳴らし方をするって、ありうるのですか？」

「一回撞き忘れることはあります。それで、〝あ、一回たりない〟と思うわけです」

「でも間違ったからといって、文句を言う人はいませんね」

「ええ、だれも文句は言いません」

「小さいころから鐘を撞く人になりたかったのですか？」

「いいえ、ぜんぜん」山本さんは、大真面目な顔をしていった。「みんながなりたいものになりたかったですよ。ほかのみんながしているような生活がしたかった。鐘撞きになると、休みの日に出かけることができません。病気になっても休むこともできない。毎日、一回、二回、三回、と鳴らさなくてはならない。こういう制約があるから結婚もむずかしくなります」

この人の子どもたちはあとを継いで鐘を鳴らすのだろうかと考えたが、でも質問を口にするまえに気《け》どられたのが表情からわかったので、訊くのはやめておいた。

「それで、奥さまは、鐘を鳴らすことをどう思っていらっしゃるのですか？」

「彼女は……」ためらいながら、「好きではないんですよ。わたしには引退してほしいと望んでいます。でもできないんですよ」と、山本さんは言った。

「どうしてですか？」

「やめるのはよくないでしょう。とにかくつづけられるうちは。うちの家族で鐘を撞くのはわたしが最後になります」

　正午五分前になると、山本さんはそわそわしはじめた。うしろの壁の時計を何度も振りかえって見ている。薄い色の木枠がついた円い時計。文字盤には夜空を背に浮かぶ白い街のシルエット。十一の数字の近くでは、小さな魔女が箒にまたがって星あかりのなかを飛んでいる。

「まだもうすこしあります」

「鐘を鳴らすタイミングはどうやってわかるのですか[13]？」わたしはたずねた。

「携帯電話が教えてくれます」

「……携帯電話がなかったころは――」

「テレビです」

「ではテレビがなかったころは？」

「ラジオです」

山本さんが立ちあがったので、わたしもつづいた。幅のせまいドアをあけ、山本さんのあとについて木の階段をあがり、その先のドアを通って鐘楼にはいった。頭上には、青銅の鐘の緑のドームが太陽の光を反射させて輝いていた。

「それで、ラジオがなかったころは、みなさんどうやって午前六時になったことを知ったのですか？」

「その頃でいい」山本さんはしばらく考えてから答え、上にあがり、大きな鐘の外側をまわっていった。そして八角形の太い棒のわきに立った。それは、もとは寛永寺そのものを支える柱だったが、いまでは水平になり、鐘を撞くのに使われている。二本の金属の鎖でつるされたその太い棒に、山本さんはてのひらをあてた。

「昔は分や秒までうるさく言わなかったんですよ。でもいまはデジタルの時代です。なにもかも変わりました」

大坊珈琲店

日本人のなかには、福島の原発爆発事故のあと、日本を捨てた外国人を絶対にゆるさないひとがいる。聞いた話だが、ある女性はイギリス人のボーイフレンドにこう言ったそうだ。「もう電話してこないで。絶対に。もうあなたには二度と会いたくない」と。このボーイフレンドのほうはたった数日日本を離れていただけだったが、そのままもどってこなくてもおなじだった。

わたしは一ヵ月近く香港でようすを見ていたのだが、そろそろ日本にもどるつもりだと伝えるために、日本にいる日本語の先生に電話をかけた。いかがお過ごしですかとたずねてみたとき、返ってきた答えの意味が理解できなかった。もう一度言ってくださいとお願いすると、先生はこんどは英語で言ってくれた。

「〝変わりありません〟」と言っていたのだとわかった。「わたしは変わりありません。状況はいつもどおりです」

その直前、オーストリアの機関が大気中の放射性物質を計測したところだった。[14] 結果は、ヨウ素‐一三一はすでにチェルノブイリの原発事故後の放出量の七三パーセントに達しており、セシウム‐一三七は六〇パーセントという数字が出ていた。諸外国の新聞各紙はホラーストーリーさながらの記事が満載だった[15]——汚染された米、汚染された茶葉、汚染された水。もやし、キャベツ、ブロッコリー。魚など、ある種のものはだれも絶対に口にしなくなった。

この震災で、日本は北米に五メートル近づいた。仙台沖では海底が十メートルも高くなり、五十メートルも南東に移動した。

変わりありません。状況はいつもどおりです。

「……なにかこちらからお持ちしましょうか？」しばらく沈黙したあとで訊いた。

「必要なものはございません」先生は言った。それまでこんなにあらたまった口調を聞かされたことはなかった。「お気遣い恐れ入ります」

先生とは知りあって十年がたっていた。その彼女でさえそれほど気を悪くしているとしたら、大坊さんはどうだろう？

そう思いながら店にはいり、カウンターの席にすわった。大坊さんは何人かの客と談笑していた。ふと顔をこちらに向けた。なにも言わないまま、わたしを見た。わたしはおみやげの小さな包み——紙にくるんだ中国製の墨——をカウンター越しにさしだした。

大坊さんは棒状の墨を手にとり、じっと見て、それからわたしの顔を見た。「……逃げたの？」

「逃げてしまいました」

大坊さんは笑った。そしておみやげのお礼を言ってくれた。ふたりのあいだでわたしの出国に触れたのはそれが最後だった。大坊さんはそのことを憶えていたとしても、以後一度も口にしなかった。

鹿鳴館

現代の日本人は自分自身の過去については、もう何も知りたくはないのです。それどころか、教養ある人たちはそれを恥じてさえいます。……あるものは、わたしが日本の歴史について質問したとき、きっぱりと「われわれには歴史はありません、われわれの歴史は今からやっと始まるのです」と断言しました。[1]

エルウィン・ベルツ
明治天皇侍医

鹿鳴館——明治維新

ガラスケースに飾られたドールハウス。添えられたごく小さなプレートには《鹿鳴館》の文字。マンサード屋根に白い柱廊、バルコニーに屋根つきの玄関ポーチ。煙突や窓のひとつひとつまで、すべてが完璧に、正確な縮尺でつくられている。太平洋岸にあるルネサンス様式の館。

本物の鹿鳴館が建てられたのは一八八三年。日本政府の出資でできた見せかけばかりの建物だ。フランス人シェフのいる広い晩餐室に、サロン、パーラー、ビリヤード台の置かれた遊戯室、それに〝遊歩〟のための大廊下。館内のバーでは、アメリカのカクテル、ドイツのビール、イギリスのたばこが供された。新聞各紙はここでおこなわれる行事や会合の参加者のために、正しいふるまい方についての注意事項を掲載した。「外国人に笑われるようなことは一切してはなりません[2]」

鹿鳴館は日本の文明開化の代名詞となり、退廃的文化と欧化政策の象徴となった。一八九〇年、外務省はこの建物を民間に払い下げ、鹿鳴館は華族が集うクラブに姿を変えた。

鹿鳴館とは〝鹿の鳴く館〟。その名は中国最古の詩集のひとつ、『詩経』に詠われた、大切な客人をもてなし飲みかわす宴の抒情詩「鹿鳴」からとられたものだ。

呦呦鹿鳴　食野之蒿
我有嘉賓　徳音孔昭
視民不恌　君子是則是傚
我有旨酒　嘉賓式燕以敖[3]

呦呦《ゆうゆう》と鹿《しか》鳴《な》き　野《や》の蒿《こう》を食《は》む
我《われ》に嘉賓《かひん》有《あ》り　徳音《とくいん》孔《はなは》だ昭《あき》らかなり
民《たみ》に視《しめ》すに恌《うす》からざるは　君子《くんし》是《こ》れ則《のっと》り是《こ》れ傚《なら》えばなり
我《われ》に旨酒《ししゅ》有《あ》り　嘉賓《かひん》よ式《もっ》て燕《えん》し以《もっ》て敖《あそ》べ

［訳は、石川忠久『詩経　新書漢文大系15』
福本郁子編（明治書院）］

時の外務大臣井上馨《かおる》は、日本が西洋文化――カナッペやポルカ、ワルツにカードゲーム――をそっくりそのまま模倣すれば、帝国主義の列強も、一八五〇年代に外国船に対してはじめて港を開いたときに押しつけられた厭わしい不平等条約を見直す気になるかもしれないとの希望を抱いていた。この点においては、鹿鳴館は失敗だった。そこを訪れたヨーロッパの人々は、建物のデザインやそこで踊る人々を嘲笑の目で見ていた。鹿鳴館の舞踏会に出席したフランス人作家ピエール・ロティは、鹿鳴館は「美しいものではない。ヨーロッパ風の建築で、出来立てで、眞っ白で、眞新しくて、なんとなくそれはフランスのどこかの温泉町の娯樂場《カジノ》に似てゐる」とまで書いている。

結局、見直しがおこなわれたのは一八九九年、日本軍が清との戦争に勝ち、朝鮮、台湾、そして遼東半島をその成果として手放させたあとのことだった。外交官らとの舞踏会が果たせなかったことを銃の力が成し遂げたのだ。ベルリン、ワシントン、パリ、ロンドンの政府がそろって、東京の帝国政府とのあたらしい条約に調印した。ようやく対等な外交関係が樹立されたのだった。

詩人のアーサー・ウェイリーは、「鹿鳴」の詩の一部をこんなふうに訳している。

人之好我　示我周行
――Here is a man that loves me/ And will teach me the ways of Zhou.
（わたしを好きなお方がここにいる／そしてわたしに周行を教えてくれる）

〝周行〟とは、〝正しい道〟という意味だ。
明治時代の楽観的でうぶな気風がこの二句にこめられている。
一九三〇年以降、鹿鳴館は少しずつ解体されていった。一九四一年には、戦時内閣の命令によって全体が取り壊しになった。明治時代に異国のものを疑いもせずにまるごととりいれてしまったことに対するばつの悪さと怒りがそこにあった。鹿鳴館が姿を消すと、ノスタルジアがその記憶を包み隠してしまった——明治時代の大理石輝く荘麗な館と、短命に終わった大日本帝国のはじまりという記憶を。

三島由紀夫は鹿鳴館について、ノスタルジックなロマンティシズムと怒りを織りまぜたいつもの調子で、「当時の錦繪にも、民衆の見た鹿鳴館の戯畫があつて、齒のつき出た小男の日本人が、似合わない燕尾服を着てペコペコしていたり」と書いている。

三島の戯曲『鹿鳴館』[4]では、外国からの客人をもてなすために大舞踏会が計画される。政府高官の影山とその妻で美しい元芸者の朝子が接待役となり客を迎える。朝子は和服をやめて、襞《ひだ》をとったドレスと、その下にはヴェルチュガタンとコルセットを身に着ける。そして、アイデンティティの喪失と、高くつくばかりで無意味な妥協を思い、屈辱感に泣く。

影山：ごらん。好い歳をした連中が、腹の中では莫迦々々しさを嚙みしめながら、だんだん踊ってこちらへやって来る。鹿鳴館。こういう欺瞞が日本人をだんだん賢くして行くんだからな。

朝子：一寸の我慢でございますね。いつわりの微笑みも、いつわりの夜会も、そんなに永つづきはいたしません。

影山：隠すのだ。たぶらかすのだ。外国人たちを、世界中を。

朝子：世界にもこんないつわりの、恥知らずのワルツはありますまい。
影山：だが私は一生こいつを踊りつづけるつもりだよ。

鹿鳴館のあとを引き継いだのは霞会館、いまわたしの立っている場所だ。内装にも外観にも際立った特徴はどこにもない。会館のことは聞いたことがなかったのだが、フロアの入っている建物の受付の女性にたずねてみると、返ってきた答えには力がこもっていた。「でも素晴らしい場所なんです！　天皇陛下をお迎えすることもあるのですよ！」

わたしは徳川恒孝《つねなり》氏を待っていた。徳川家初代将軍家康とともに十七世紀にはじまった徳川家の第十八代当主だ。会館のロビーはがらんとしていて、まばらに置かれた椅子とローテーブル、そして――当然のことながら――鹿鳴館の縮小模型がガラスケースのなかに飾られているだけだった。

恒孝氏のことは、著書『江戸の遺伝子』を読んで知っているだけだった――本のカバーのそでにある小さな顔写真は少年のような笑顔で、厳めしい肖像ではなかった。そういうこともあって、ほんものの徳川恒孝氏が部屋にはいってきたときにはおどろいてしまった。威風堂々。能役者を思わせる足取りで滑るように近づいてくると、ガラスケースの鹿鳴館のところでぴたりと止まった。

お辞儀をしながら、わたしは徳川初代将軍のことを考えていた。家康は山を崩し、海を埋め立て、川を移動させて江戸をつくった。家康とその後継者らは、四神相応に即したうずまき状に町を築いた。そうすることで、徳川家の支配と宇宙の秩序が直接つながっていると示したのだ。

徳川家の当主は笑顔でこう言った。「いかがですかな、腹具《はらぐ》合《あい》は」

「は？」

「……おなかはすいていませんか？」

いつのまにか給仕長があらわれ、わたしたちは窓際の席に案内された。キッチンに近いむかいの壁際では、レストランのスタッフが首をのばして徳川氏を見ている。テーブルの横をとおりすぎるウェイターも横目で見ていた。

「今年は一年じゅう、徳川家ゆかりの場所を訪れていました。お寺やお墓を。いまも生きている徳川家のかたにお会いできて、いい気分転換になります」

徳川さんは笑った。「お寺や神社もみなたいへん結構です。しかし、残念なのは町の中核が失われてしまったことです。下町です。人々が暮らし、愛し、笑った場所でしたけれども、それがもうみんななくなってしまいました」

「そうすると、現代の東京をごらんになって、下町がいちばん大きな損失だとお感じなのですか？」

徳川さんは虫を追い払うみたいに手を振った。「たんなる郷愁ですよ」そう言って、わたしをまっすぐに見た。「あなたは東京のことを本に書くとおっしゃるが、どうして書けるのかがわからない。この街はどこもすぐに変わってしまいますからね。ロンドンとはちがう。わたしがはじめて会館を訪れた六〇年代のなかば、ここは東京周辺でいちばん背の高い建物でした。でもいまは、ほら——」窓の外に目をやると、スカイラインはのっぺりと灰色のビルがならぶばかりで、地平線は見えない。東西南北どの方角を見てもおなじだ。「いろいろな人にたずねておるのですが、いったいどうしてそんな高いビルがいいんでしょう？　こういうガラス張りの建物は、夏は熱くなってやりきれない！」

「東京については、おっしゃるとおりですね」わたしは言った。「なにかで読んだものをさがしにいって、実際に見つかるとおどろくくらいですから。多くのものが失われてしまいました」

＊

ウェイターが銀のドームをかぶせた皿に盛りつけた鶏肉の赤ワイン煮と銀のソース入れをはこんできた。食事をしながら、徳川さんは一九六〇年代はじめにイギリスに留学したときのこと、孔子の墓を訪ねたときのこと（「映画のセットのようでしたよ——あたらしいのに古く見える」）、環境保護についての考え、正しい蕎麦の食べ方（「すすらないといけません」）、木版画のこと、祖父母の家にあったふたつの振り子時計のことを話してくれた。ひとつはスイス製で、もうひとつはイギリス製。祖父母は昔ながらの和時計はひとつももっていなかった。「西洋の機械時計がはいってきたときに、なくなってしまったのですよ。メンテナンスがとてもむずかしかったのです」

「時間をはじめて意識したのはいつですか？」

「小さいときです。とても小さいとき。おやつの時間のせいですね。昼食と夕食のあいだの三時にちょっとお菓子を食べる。たまに母もお手伝いさんも忙しくて、忘れてしまうことがありました。でも、わたしは忘れたことはなかった。だからおやつをくださいと、こちらから言わないといけなかったのです」

恒孝氏はもともと松平家に生まれ、会津出身の使用人のいる質素倹約を重んじる家庭で育ったという。会津は、一八六〇年代に勤王派と佐幕派が戦った、短いながらに多くの血が流れた戊辰戦争[6]のときに多大な被害をこうむった北部の藩だ。

徳川さんが著した回顧録には、子どものころに書き写した論語、会津方言で習ったという什《じゅう》の掟（「ならぬものはならぬ」）、徳川家を悪役にした漫画本があったことなどがちりばめられている。徳川家にはいったのは子どものときで、母方の祖父である直系の第十七代当主家正《いえまさ》の養子になった。家正のひとり息子が亡くなり、跡取りの男子が必要だったのだ。さもないと、家が絶えてしまう。

「五歳だったか六歳だったか七歳だったかのころ——はっきりとは覚えていないのですが——祖父の友人だという高齢の紳士に会いました。そのとき九十歳くらいだったんじゃないでしょうか。その人は実際に戊辰戦争の時代を生き抜いたんですよ……戊辰戦争というのは明治維新の戦争ですが……」

「あなたがたの内戦ですね……」

「われわれの内戦、そうです。それで、その人はわたしを抱きあげました。祖父と飲んでいたので、ひどく酒のにおいがしましてね——その人だけでなくて、廊下じゅう酒臭かったですよ。わたしもそんなふうに孫を抱きあげてこの話を聞かせてやれば、話と記憶は一本の線になり、ひとつながりのものとして受け継がれていくことになります。

わたしは第二次世界大戦がどういうものだったかを知っています。一九四五年の東京がどんな姿だったかを知っています。この目で見ましたから。わたしは六歳でした。ほとんどの家が焼け落ちて、みんな灰のなかに自分で建てた巣のように小さな家に暮らしていました。なにもかも壊されてしまって、六本木に立てばそこから東京湾まで全部見渡すことができました。あの真っ黒い焼け野原に日がのぼり、また沈むのを見ることができました。そこはわれわれの遊び場でした。大火のあとにのこされたものといったら、おどろくばかりですよ。焼けのこった金属の輪っかがたくさんあった。電球のソケットとか表札とか、それに——なんていうのでしたかね？　ほらドアをあけるときの？」

「ドアノブですか？」

「……子どもたちが灰をかきわけてさがすと、それはそれはいろいろなものが出てくるんです。輪っかだけでも何百となくあって、みんな大きさがちがう。だれの輪っかがいちばん遠くまでころがるかを競って遊んだものです。子どもというのはいろんなところへはいれます。あらゆる場所でかくれんぼをしました。

たとえば、戦後の東京の話を孫に話して聞かせるとしましょう。そうすれば、その子たちはずっと覚えていて、自分たちの孫に話して聞かせることができる。時が飛んで……また飛んで……

こんなふうに――」そう言いながら、徳川さんは図を描いた。人々を円で、時間の動きは矢印で示す。そして物語と記憶は、ひとつの円とつぎの円を結ぶ弧になった。

「酒のにおいをぷんぷんさせながら、あの老紳士がわたしを抱きあげたとき、時間は抽象的なものから現実のものに変わったのです」

「徳川さんのおじいさまがたは、きっととても美しい街を覚えていらっしゃったのでしょうね。一九二三年の関東大震災以前の、そして戦前のこの街を。松平家の当主と徳川家の当主。そのかたたちは戦前の東京について話されたことはあったのでしょうか？　あるいは失われてしまったものについて？」

「なにも言いませんでした」

「いい、なにも？」

「なにを感じていたにせよ、それについて話すことはありませんでした。失われてしまったものはもうありません。追いかけようとするのは間違いです。過去に対して感傷的になっていては、お先真っ暗ですよ」

築地

築地の常連は、この市場のことを《魚市場》または《魚河岸》と呼ぶ。あるいは、たんに《河岸》と。古き良き時代の思い出を胸に《河岸》をそぞろ歩くのは築地の常連（それも昔からの）だけである。いま、築地の《魚市場》を訪れる観光客は、それでも、つぎの角をまがれば昔日の《河岸》が垣間見えるような気がする。[1]

テオドル・C・ベスター『築地』

築地
――帝国日本

ここは劇場密集地。歌舞伎座、新橋演舞場、博品館劇場、東劇――すべて埋め立て地に建っている。空に描かれる輪郭線と隅田川、裏路地と東京湾に浮かぶ人工島、ここはその合間を埋める街だ。

かつて日本最大の生鮮食品市場がここにあった。魚市場として有名ではあったが、野菜や果物も売られていた。築地の朝――大量のイカでずっしり重い台車を引いていく男たち。せわしなく手を動かして入札をうながす競売人。宝石の輝きを放つ氷のかたまり。フグ。黒い容器のなかでのたうつコイ。バケツの水にさざ波を立てるウナギ。ムール貝、ホタテ貝、ナマコ。白い細かな霜に覆われてきらめく巨大なクロマグロ。鳴り響くベルやブザー。冷凍マグロに切りこむ電気のこぎり。アールデコの天窓からさしこみ、濡れた床とその上を小車を引いて飛ぶように行き交う仲卸人の上に降りそそぐ陽の光。

バウハウス様式の優美な曲線をもつ市場の建物がたっているその場所には、以前は江戸じゅうでもっとも豪壮な屋敷のひとつとされた千秋館があった。松平定信、将軍になっていたかもしれない人物の私邸である。松平の庭園[2]は壮麗でありながら、浴恩園《よくおんかん》（恩に浴して賜《たまわ》った場所）という、しゃれっけのかけらもない名まえがつけられていた。江戸にあった素晴らしい数々の庭園とおなじく、浴恩園は旅情をかきたてる――日本各地の名所や、その先の中国、インドを思わせる景観だった。タイモン・スクリーチは著書にこう記している。「小道があって、人を頭の中で遠隔の地へ導くよう設計されていた」そこには滝があり、湖畔の砂浜も崖もあった。秋風池と名づけられた瓢池《ひさごいけ》は、江戸湾とそこに浮かぶ船のマストのほうを向いていた。もうひとつの池は春風池と呼ばれ、富士山のほうを向いていた。ここを訪れる人々は橋をあがると「まるで浮きあがったように桜の花のあいだに迷いこみ、頭上には富士山だけが見える」。

千秋館は一八二九年の火事で焼け落ち、その屋敷と庭はただ一枚の絵図でしのぶしかない。

北西には築地本願寺の青銅の屋根が、まさかと思うような曲線を描きながら空に向かってのびている。[3]日本にある仏教の寺はほとんどが木造だが、築地本願寺は白い大理石造りだ。アーチや卒塔婆は南インドの石窟寺院に見られる祈禱殿の岩の壁にくりかえし刻まれた千の彫刻を模したパターンをとりいれている。伝統的な日本の寺では、彫刻師たちは見たことのない象や麒麟を書物のなかにあるそれらの不完全な描写をたよりに、想像力をはたらかせて描きださねばならなかった。それに対して築地本願寺の動物たちは本物そっくりの姿をしている。もはや空想の産物ではなく、石の象は恩賜《おんし》上野動物園にいた象に似ている。ところがどういうわけか、正しいかたちをした動物たちは、昔のとうてい象には見えない象や、一角獣のいとこ、人面獅身《マンティコア》のような麒麟よりよほど、この世ならぬ世界の生き物に見えるのだ。

築地本願寺は西に隣接する銀座のガラスと鋼鉄でできた建物群にも、東の隅田川にも属していない。そこにあるのは、見るものを時間から、そして東京そのものからゆさぶり落とすような時《ア》代錯誤《ナクロニズム》の物体だ。

築地本願寺の歴史はアイデンティティ探求の歴史でもあった。日本は、西洋文化を十九世紀末に受けいれ、二十世紀半ばにはそれを拒絶した。大日本帝国陸軍が中国北部へ侵攻していたころに再建された築地本願寺は帝国日本をたたえる賛歌だった。

白い大理石は古代インドの仏教初期の建造物を想起させる。仏教は帝国日本とアジアの植民地各地を結び、統一した――大東亜、〝アジアは一つ〟である。しかし、本願寺は古代仏教寺院のたんなる模倣にとどまらず、コスモポリタンでもあった。当時大英帝国がニューデリーの政庁舎からブライトンのロイヤル・パビリオンまで、どこでもつかっていたインド・サラセン様式をまねたデザインで建てられたのである。おなじように、本願寺を築いている石は日本の外交政策を正当化していた。

金の芍薬に金の天女《アプサラス》。金の鳳凰に立葵。金の大太鼓に金の屛風。柱にはフラットスクリーンのモニターがとりつけられ、そばには銀の弁当箱のようなスピーカー。

本堂の北側の壁には、一九九八年に自殺したミュージシャンの松本秀人（ファンのあいだではｈｉｄｅ《ヒデ》[4]として知られる）を祀った祭壇がぽつんとあった。数本のろうそくの燃えのこり、色鮮やかな千羽鶴、萎れかけの薔薇の花。額に入れて飾られた写真のなかのスターは、真っ赤な綿菓子のように染めた豊かな髪に白塗りの顔で、涼しい目をしていた。

ｈｉｄｅの棺が本願寺本堂を離れたときには、何千人ものファンが泣き叫びながら金属のフェンスのすぐ外まで押しよせ、警察はフェンスが倒れないように全体重をかけて内側から押しもどさなくてはならなかった。中年の男たちと押しあいへしあいする十代の女の子たち。オタクの日本と慣習順守の日本がすさまじい勢いで衝突した。

バランスはなんとか保たれた。

*

江戸時代の日本では、梵鐘をつくるための金属配合率は、秘密の伝統として師匠から弟子へと受け継がれ、それ以外に教えられることはなかった。[5] その結果、ときに意図して、またときに意図せずして知識は失われていった。

築地本願寺を設計した伊藤忠太《いとうちゅうた》は古い鐘が好きだった。だが記録らしい記録は皆無で、あったとしても断片的だったから、伊藤は現存する寺の鐘を本格的に調査して失われた知識を取り戻そうとこころみた。最良の鐘の厚みはどのくらいか。開口部から打点までの理想的な距離はどのくらいか。合金の分析もおこない、いちばんいい音を出す鐘の合金の分析もおこなった。銅に対する錫の割合を高くすると甘い音色になるが、脆くなってひびがはいる可能性が出てくる。バランスがすべてだ。

伊藤がもとめていたのはベルベットのような音色の鐘だった。そして、ついに銅一貫目に対して錫一七〇匁《もんめ》という理想的比率を発見した。*

このあたらしく建てた寺のために伊藤が見つけてきたのは、江戸の古い時の鐘のひとつ、市谷八幡宮で時を告げていた鐘だった。かつては一本の弓のように湾曲した線を描き、いまではジグソーパズルのピースのように分割された海岸の上に鳴り響いている。


「鐘はどこにありますか？」

「鐘楼のなかです」

「見せていただけますか？」

「だめです。大晦日に撞くときに来てください」

「でも、そのころはもう日本にいません」

「残念ですね」

「鐘にはなにか彫りこまれていますか？」

女性はその場を立ち去り、コピー用紙に印刷した写真を三枚もってもどってきた。「なにか書かれているようには見えないですね」

一枚目の写真は鐘を下から写したものだった。鐘らしく見えない。醜い。レンズとアングルがなにもかもをゆがめていた。内側から見た鐘楼はサウナのようにニスを塗った板張りだ。窓は遊園地のマジックハウスの鏡のように縦にのびている。下から写した鐘は緑色のドームではなく暗い空洞でしかなかった。

ためしに薄暗い光の下でその写真をいろいろな角度に傾けてみた。

「でも、ほら見てください！　文字があります。なんと書いてありますか？」

その文字の列を一本一本なぞってみたが、判読できる文字はほとんどなかった。

「携帯電話で撮った写真で、いいカメラで撮ったのではないんですね。読めないです」女性はわたしの顔を見あげた。「ごめんなさい」

外に出て、北の塔のほうを見た。かたちは卒塔婆のようで、英国統治下のインドの建築に好んでつかわれた玉ねぎ形の窓がついている。

鐘はなかに吊られている。姿は見えず、音はしない。

わたしは境内を離れた。本願寺の緑の銅屋根と塔が見えなくなるまで、何度も振りかえりながら。

高架道路のわきにあるスチール製の案内板には、いまはもうそこにはない橋の姿を描いた絵とその大きさの数値が彫りこまれていた。[6] 亀井橋。橋長三十六・二メートル、有効幅員十五メート

＊メートル法では、銅約三・七五キログラムに対して錫約六三七・五グラム。

ル（うち歩道三・五平方メートル）。

《橋名は架設した亀井氏に由来するものと思われます。／現橋は、昭和3年（……）改築されましたが、右下図は、昭和32年頃の亀井橋の姿です。亀井橋の下には、かつて築地川が流れていましたが、昭和39年（……）高速道路となりました。》

案内板に刻まれた図のなかでは、ぱらぱらと数人が亀井橋を渡っている。歩いている最中に凍結された人々。一九五〇年代後半の自動車。川面に映る木の影と渦。そして取り壊された橋そのものの、笠石とずんぐりしたスパンドレルのついた三つの太いアーチ。

亀井橋を渡ったところには、映画監督の黒澤明の家族が古民家を改装してはじめた鉄板焼きの店がある。木の鏡板と格子戸、曲線を描く瓦屋根に彫りのはいった欄間。燃えやすく壊れやすいその家はコンクリートの箱にかこまれている。ぽつんとひとつ、親のない子のように。

空にかかるはかなげな橋が聖路加病院のふたつのタワーをむすんでいる。

マミーズパウ・ドッグ・アンド・カフェ――《リラクゼーションと魔法の手をどうぞ》。マミーズパウはペットの歯石除去（ただし〝無麻酔〟）を提供している。網入りの黄色いガラスに、紫のステンシルで描かれた犬とコーヒーカップ、きらきらマークは散っていても歯はない。

新大橋通りから少しはずれた入船の裏通りには古いせんべい屋があった。翁の能面、赤い漆塗りの水桶。焼きあがったせんべいは、ぱりっとした白い包み紙に銀のリボンがかけられ売りに出ている。窓には今場所の相撲の番付表がテープで貼りつけられていた。

ピアノを売る店。リボンを売る店。バーもある。〈ザ・ブラックドッグ〉、〈ジャック・リブ

ズ・ヒア〉。ある食堂の入口近くには、半分まで氷をいれたガラスのタンブラーがトレーになら
べて載せておかれていた。タンブラーのひとつひとつの底のまわりには溶けた氷の水が輝くレン
ズのようにたまっていた。

通りにこぼれでる音楽。発光する水槽のなかには、ごつごつした貝殻に包まれたやわらかな貝。
新富、八丁堀、箱崎町をすぎて北へ向かう。一瞬、見覚えのある風景が目の前に現われた。江
戸幕府の牢屋敷、中山住職のいる大安楽寺の近くに来ていたのだ。さらに北東へ、二、三分も行
くとまた知らない風景に変わっていた。

あたりが暗くなっていく。水天宮前、人形町。夜はふけゆき、飲食店の窓々がこの世に存在す
る色という色を映しだす。大人の男ひとりが立ってはいれるほど大きな赤提灯の数々。

街灯の光に浮かびあがる一軒の家のまわりには石桶が配され、そのなかでは鮮やかな緑の蓮の
葉の下を睫毛ほどの小さな魚が泳いでいた。家の外周におかれた木の桶に植えられた古い柚子の
古木の枝には、まだ熟していない実が房になってついていた。果樹園《オーチャード》と海《オーシャン》。

浅草橋まで来るころには、商店のシャッターがみんな降りていた。

ひとつの東京が眠りにつくころ、べつの東京が目をさます。ふたつの街はおなじ空間を共有し
つつも、けっして出会うことはない。

大坊珈琲店

イギリスへ帰ることになった年、大坊さんがご自宅でのランチに招待してくれた。マンションの部屋のなかは店とおなじくらい飾り気のない場所だった。書斎の壁の書棚には床から天井まで本が隙間なくならべられ、一方の壁には中折れ帽が六個、二個ずつ対《つい》にして飾られていた。

大坊さんの自宅は建物の一階にあり、庭にはシダ植物に紫陽花、敷石の上の苔。その海の青にも近い緑の光が部屋を満たしていた。真夏の暑さはこれからだ。五月。暖かい雨の季節。まだなにも焼け焦げてはいなかった。

大坊さんの奥さんが、お抹茶を点《た》ててくれた。器はわたしのお気に入りだと大坊さんが知っている、あの象牙色のボウルだった。エスプレッソ・カップ一杯分ほどの湯と、ほんのひとつまみの抹茶をかき混ぜると、鮮やかな緑の泡が器の半分ほどにふくらんだ。

そのお茶は軽くて濃くて苦くて、飲みほしたあとには器の底に小さな円がのこった。その茶碗は芍薬の花に似ていた。白い花びらとまんなかに緑の円。

あとで大坊さんへの感謝を伝えようと、わたしはこんな詩を書いた——

緑の縁
しゃくやくちゃわんを
ふきけさない

The circle of green
From the peony bowl
Will never be erased

半分は冗談だったけれども（〝お茶のあとがきれいだから茶碗を洗わないで〟）、半分は約束だった（〝あなたがたのことはいつまでも忘れません〟）。縁《えん》ということばを使ったのは、同音の〝円〟にかけて、人と人とのつながりをあらわす〝縁〟を表わしたかったからだった。

そうは書いたものの、そのとおりほんとうに円が消えずにいるとはまったく思っていなかった。

いつまでも円のままでいる円など、どこにある？

本所横川

此《これ》、江都第一の勝地、四時《しいじ》景を異にし、早晩観《かん》を改む[1]

寺門静軒「墨水の桜花」(『江戸繁昌記』)

[日野龍夫校注『新日本古典文学大系100　江戸繁昌記　柳橋新誌』(岩波書店、一九八九年)]

本所横川——川の東

わたしは江東橋近くの交番にはいった。いちばん東の時の鐘があった場所を知っている人はいないようだった。

「聞いたことないですね」カウンターのむこうで警察官は言った。小さなピンク色の花の刺繍がついた制帽をかぶり、ごく小さい警棒とホルスターにはいったトランシーバーを身につけている。

「この人、写真をもっているから、この近くにあるはずですよね」もうひとりの警察官が周辺の地図をひらきながら言った。指は亀戸《かめいど》北あたりにとどまった。上下逆さまのこちら側からも、なんとか地図を読もうとした。鉄道線路は細いピアノ線のようだ。横十間川《よこじゅつけんがわ》はありえないくらいにまっすぐ流れている。

「川の土手にあったとなにかで読みました。三本の川が合流するところなんです」わたしは言った。

「ずっとずっと昔には、たしかにここに川がありましたけどねえ」警察官はぼそぼそとつづけた。

「なんという川ですか？」

「わかりません。話のなかに名前は書かれていなくて。ただ〝鐘は三本の川が出合うところにあった〟というだけなんです」

警官は指をすべらせて地図から離し、顔をあげて言った。「お探しの場所は存在しませんね。この地図の上には」

＊

土は記憶をもたない。

「〝東京〟と呼ばれる街は、つねに自己破壊をくりかえしています」そう言ったのは土屋公雄だ。「みずからを破壊し、そして建て直す。それが〝東京〟をロンドンのような場所とはちがうものにしています」

わたしたちは隅田川の東岸、横網《よこあみ》にいた。目には見えないがわたしたちのまわりには川が流れていた。水にゆらめく淡い陽の光のなかに、湿り気をおびたコンクリートと石の匂いのなかに、地下を通る暗渠《あんきょ》のなかに。

横網は東京の悲しみを抱えている。一九二三年の関東大震災と一九四五年の東京大空襲で亡くなった人々の慰霊碑がどちらもここにある。

土屋さんとわたしは、白い御影石《みかげいし》で縁取られた細長い長方形を眺めていた。土屋さんは東京大空襲犠牲者を追悼し平和を祈念するモニュメントをデザインした人物だ。

ふだんは記念碑の前につくられた浅い池に水が張られていて、そこから先へは近づけなくなっている。毎年二日間だけ水が抜かれて、扉の奥の暗い三日月形のホールへ歩いて渡ることができる。なかには東京大空襲で亡くなった人々の記録が何冊も収められている。名前。享年。住んでいた場所。

「東京は地上の見えるところに記念碑があまりにたくさんありますから、これは地中の奥深いところに設置したかったのですが、できませんでした」土屋さんは言った。「河底よりも低いところを掘ると壁に水が浸みでてくるんですよ」

土屋さんは背が高く、テノールの声で話し、金縁の眼鏡をかけていた。はじめて会ったときは領地を検分する英国紳士を思わせる服装だった。カナリアイエローのベストと白いオックスフォードのシャツにジーンズ。そして履き古されてはいるが上等の革靴《ブローグ》。ツイードのジャケットにはアイロンのきいたポケットチーフまでさしていた。そんな恰好をしていても、元溶接工の力強さが見てとれた。

「工事がはじまったころ、現場のポラロイド写真を撮ったんです」土屋さんが言った。「――そうしたらですね、見えたんですよ……顔が」

「顔ですか?」冗談を言っているのだろうかと思ったが、その顔は笑ってはいなかった。それどころか真剣そのものだった。

「……亡くなった方々のね。名前が知られていない方たちの顔が見えたんです。その方たちは待っていました。慰霊碑を望んでいたのです。自分たちがこの世界にいたことを、人々に覚えていてほしかったのですね」

小雨が降りはじめた。スタッカートで打ちつけるハンマーの音も聞こえていた。線香の匂いが慰霊堂からただよいでては消えていった。たったひと息のあいだに、そこに存在し、消えていく。線香の匂いがまたただよってきた。十一月だった。風は銀杏の葉を枝からむしりとり、その金色のうずまきが宙を舞った。

土屋さんとわたしは水のない池を渡って、慰霊碑のなかへはいっていった。

記録にのこっているその千年の歴史のなかで、隅田川はときに水を抜かれ、ひとつの河床からべつの河床へ進路を変えられ、移動や合流をくりかえしてきた。[2] 水は頻繁に流れを変えられては運河や放水路に流しこまれ、いまとなってはもともとどこをどう流れていたかを知るものはいない。

その川にはいくつもの名前があった。名前は場所によって決まる。浅草近辺では浅草川と呼ばれ、墨田村の近くでは墨田川と呼ばれた。歴代の徳川将軍は荒川と呼び、明治天皇もそれを受け継いだ。彼の時代には〝東京〟をはじめ、あらゆるものが名前をつけなおされたのにこの川だけは変わらなかったのだ。東京湾の近くに住む人々は単純に大川、文字通り大きな川と呼んでいた。

いまの隅田川は、千年前の隅田川ではないし、徳川家の初代将軍が江戸の漁村を大都市につくりかえたころのそれでもない。第二次世界大戦前の隅田川でもない。英語で〝ウォーター〟という単語ひとつが雨粒でも湖でも大海でも表わせるように、隅田川には時代ごとにそれぞれの隅田川があった。そのときどきの時代に合った姿をしていた。いまの隅田川はコンクリートの堤防にはさまれて、川ぞいの建物はまるでそこに川などないと言わんばかりにそっぽを向いている。

〝すみだ〟という名前の意味を知る人はいない。ある十九世紀の地名辞典によれば、[3] そのことばは関東平野に最初の日本人が住みはじめたときよりも古くからあり、アイヌ語と関係があるという。意味は〝荒波〟。〝溺れそうになる〟。

もしくは〝洗い去る〟。

川の東側の町は昔から一種独特の領域だった。江戸の風情をとどめる町がどこよりも長く生きながらえ、一九二三年の関東大震災でとうとう死んだ。

徳川幕府の時代、隅田川の東岸は「グリニッジヴィレッジやモンマルトルとおなじで、……レストランや茶店や庭園や史跡がぶらぶら歩く人たちの目を何時間も魅了した」[4]。春になると人々は江戸の町から隅田川の東岸へ花見に出かけた。桜や桃や柳の木がならぶ堤は川ぞいの低湿地から三、四メートル上に位置していた。[5] 花が満開になるころは立錐《りっすい》の余地もない人出で、江戸の風俗を風刺的に描いた寺門静軒《てらかどせいけん》はこれを「遊人織《お》るが如し」と表現した。

かつて川の東側は秋ごとに水害に見舞われた。十七世紀には、大洪水が起きるのは一世代に一度程度だったのが、その後しだいに頻度を増し、十九世紀には四年に一度になっていた。洪水が起きると、町の長たちは東の土手を守っていた堤防を崩し、三ノ輪（箕輪）や亀戸周辺の田畑を浸水させた。川の東側の農民たちは土を盛って高くしたところに家を建てた。「舟を軒下にそなえ、洪水があれば、堤防が決壊するかどうかではなく、床上浸水の水位を災害の尺度にしていた」このころの『武江年表』には、千住、箕輪あたりの洪水のようすが簡潔ながら鮮明に描かれている。「小柄原の石地蔵尊、肩より上のみあらはる。……日本堤より見るに蒼海の如し」

　徳川幕府倒壊後、川の東の地区には憂《うれ》わしい崩壊の名残、消失の名残が漂っていた。永井荷風は、関東大震災以前の隅田川東岸では、小径《こみち》がまだ田圃《たんぼ》や雑木林や「蓮《はす》の花の見事に咲き乱れ」る池のあいだを通っていたのを憶えていた。[6] このあたりの土は黒く湿っていて、道幅はせまく、あたりに見えるのは「苔の生えた鱗葺きの屋根、腐った土台、傾いた柱、汚れた羽目」だった。瓦屋根の高く聳《そび》えているのは古寺であったが、大概荒れ果てていて、「青苔の斑点に蔽《おお》われた墓石は、岸という限界さえ崩れてしまった水溜りのような古池の中へ、幾個となくのめり込んでいる」のだと。地価が安くて川の荷揚場にも近くて便利だったので、向島《むこうじま》と本所はやがて工業地域になっていった。古い民家が取り壊されて、あとには工場が建っていった。

　一九二三年の大地震のあとで東京の街を呑みこむ大火災が起きたとき、本所のすぐ西の横網地区だけで三万人以上が亡くなった。区内でも数少ない空地があるという理由で、火災がひろがっている川の西側からの避難場所として警察がこの地区へ人々を誘導したのだが、それが壊滅的なまちがいだった。人々は書類や衣類や屏風までもって逃げようとしていた。東京の中心部から風がはこんできた火花と燃えのこりの火が移り、人々の家財道具が燃えだした。そして巻き起こった火の旋風が公園を包みこみ、逃げてきた人々を閉じこめてしまった。横網地区に足を踏みいれて、出られた人はほとんどいなかった。

東京大空襲で亡くなった人々のための慰霊碑は、当初の計画では、関東大震災の犠牲者を追悼する施設とはべつの場所に、立派な平和祈念館とならんで設置されることになっていた。生存者の一部からは、日本の〝アジア大陸各地への侵略、植民地化、併合……そして政府の是認のもとにおこなわれた日本の軍隊による数々の残虐行為〟があったことを祈念館で認め、それを表明すべきとのはたらきかけがあった。館の創設に取り組んでいた人々には、そうすることで、一九四五年の空襲で失われた命だけでなく〝戦争の犠牲になった世界中の人々〟に哀悼の意をあらわしたいとの思いがあった。

東京都議会の右派議員は、その計画は〝反日〟であり、〝自虐的〟であるとして、祈念館の設置そのものに反対した。そして、空襲の慰霊碑は、東京大空襲の犠牲者以外の第二次世界大戦の犠牲者には言及せず、関東大震災の犠牲者の慰霊碑とならべて横網に設置するよう求めた。ちょうど日本は不動産バブルがはじけたところで、議会は財政難を理由に、館の建設計画を白紙にもどした。それは右派の官僚たちをのぞいては、だれにも喜ばれない妥協策だった。

土屋の設計による簡素な慰霊碑は、当初の総計画の残滓《ざんし》にすぎない。[7]長崎、広島よりも多くが亡くなった東京に、第二次世界大戦の記憶をとどめる焦点となるモニュメントがないのもおなじ理由による。長崎の原爆死没者追悼平和祈念館や広島の平和記念資料館に相当するようなものが、東京にはないのだ。

「いまは国民総忘れの時代です。ニュースの洪水のなかで過ごしているから、現実を忘れてしまう」土屋さんは言った。「たった一日のうちに十年分のニュースがはいってくる。生きのびるためには忘れなきゃならない。嫌なことを忘れる。大好きなことを忘れる。自分がだれであるかを忘れてしまう」


東京大空襲の犠牲者のための慰霊碑の設計者として土屋が選ばれたのは、当然の流れというわけではなかった。彼は東京生まれではなく、北陸の福井出身のいわばアウトサイダーだった。それに彼の初期の作品は生者にささげられた哀歌であり、死者のためのものではなかった。

最初の作品は〝サラリーマン〟[8]、すなわち、もっとも豊かで自信満々だった時代の日本を象徴するストイックな会社員を記念するためのものだった。彼がはじめてインスタレーションの制作をはじめた一九八〇年代は日本経済がバブルに沸いていたころで、あり余るカネが破壊の炎に油を注いだ。古いもの、ファッショナブルでないものはなんでも捨てられていった。家具も新品同様の服も。まだ使えるミキサーやアイロンやプリンターも。

だから土屋は作品で、人間をモノに変えたのだろう。星印《アステリスク》のかたちに配置された蛍光灯の管、螺旋状に積みあげられた本、オフィスチェアさえも、みんな人間の像の代わりに置かれたものだ。われわれがもっているものと、われわれがだれであるかを分かつ線はとてもぼんやりしていて、いつか消えてしまう。東京大空襲の犠牲者のための慰霊碑では、人々は花になった。毎年春には十万本の花が植え替えられている。

この慰霊碑の建設と同時に、土屋は灰から大きな薔薇の花をつくるというべつの仕事にも取り組んでいた。二十軒分の家の廃材を燃やした灰でつくった一輪の灰色のバラ、その花びらはスピログラフでくるくると線を引いた絵のように輪転曲線を描きながら外へ向かってひろがっている。

「あのバラはサラリーマン向けに建てられた家からつくられたものです。どの家も三十年しかもたないようにできていた。消耗品。だからあの灰は思い出なんです」土屋さんは言った。「それが日本の建て方です。建物といえば建て替えるものと昔から決まっていた。伊勢神宮を考えてみてください、二十年おきに建て替えられている。京都の有名な桂離宮だってそうです。ごらんになったことはありますか？　あれは三百年前に建てられたものですが、建物はもともとのものではありません。人間の身体みたいですね。身体はつねにあたらしくなっているでしょう。われわれが生きていけるのは、細胞が長もちしないからこそ。永遠にもちこたえるものなどないのです」

　灰の扱いはむずかしい。灰は固まっていない。硬さがない。きまったかたちがない。だが土屋はその灰を自身の代表的な素材にした。

「灰を見ているとき、わたしは時間を見ています。父のことを考えています。父はあたらしい時計をつくり、壊れた時計を直した。ひとつ出来上がるたびに、うちの壁にかけるんです。あっちでもこっちでもカチ、カチ、カチ、カチ……」

「わたしたちは、〝チクタク、チクタク〟っていいますね」

「……子どものころはその音から逃げられなかった。聞いているだけでおかしくなりそうだった！」

土屋さんの作品のひとつに、金属でできた閉ざされた部屋の壁に三百個の時計がかけられたインスタレーションがある。「あれは時計の洪水でした……父が亡くなったあと、あれを父の肖像だと思っていたんです。ずいぶん長いこと寝込んで弱っていたのですが、火葬を終えたら、父だったものが全部、粉になっていた。それで、わたしは……わたしはその遺骨をひとつまみ食べました。父が生きつづけられるように。わたしの心のなかで」

八紘一宇[1]

第三十四、三十八、三十九代内閣総理大臣　近衛文麿

丸の内

丸の内——あらたな起源

江戸は何度も焼け、そして生まれ変わった。東京もまたしかり。

この街のもっとも美しく生まれ変わった姿はもっとも短命でもあった。[2] それは昭和初期の帝国の首都、一九二三年の震災の火に焼かれたあとから一九四五年の戦火に包まれるまでのあいだに存在した首都の姿だった。

それはアールデコの街。古い運河にかかるあたらしい橋とゆらめく街灯の光。シャーベットカラーのネオンに際立つビル群。シルエットとシンメトリー、光と影が織りなす幾何学模様の街。

一九三〇年三月二十六日、若き天皇裕仁は震災後の東京の復興完成を祝賀する勅語を発布した。

帝都復興ノ事業ハ、官民協同ノ努力ニ頼《よ》リ、歳月の短キ、克《よ》ク此ノ偉績ヲ效《いた》セリ。朕深ク之ヲ懌《よろこ》フ。朕、今親シク市容ノ完備大ニ舊觀ヲ改ムルヲ覽《み》テ、専ラ衆心ヲ一ニシ、更ニ市政ノ伸展ヲ致サムコトヲ望ム。[3]

震災の混乱に乗じて起きた、六千人以上の朝鮮人と八百人の中国人に対する暴行への言及はない。[4] このとき、警察は見て見ぬふりどころか、殺人に加担した。川端康成は地震直後の火災につづいて筋書きどおりに起こった無政府状態を目撃していた。日本の植民地に属する市民たちが罪を理不尽になすりつけられたのだ。「どこもかしこも焼け崩れた壁土や瓦と、焼け切れた電線と、（……）灰まじりの砂煙と――人間が鉄棒で叩き殺されるのを見たつて、（……）あたりまへのやうな気がしていた」[5] 東京の警察や市の当局らが率先して根も葉もないうわさをひろめた――扇動的な朝鮮人らが井戸に毒をいれ、爆弾をしかけている。それから何日にもわたり、自警団を名乗るものらが〝よそ者〟と見られる人々をかたっぱしから殺害した。歴史家のジェニファー・ワイゼンフェルドが指摘したように、当時の虐殺のようすを記録した映像は没収・破壊され、それらの死の記憶は、東京で起きた大地震の物語を復活と団結、罪のなさの物語として「市が語れる」ように消されてしまった。

公の見解と異なる歴史は存在する。一九三〇年代であれ、いまであれ、それは裏も表も知り抜いた目にしか見えない歴史である。

日本では時の数え方は天皇の肉体と結びついている。[6]

千年以上にわたり、天皇の在位期間ごとにとくべつな名前がつけられてきた。年号と呼ばれるものがそれで、ひとつひとつに〝長きにわたる幸福〟とか〝長らえる富〟とか〝大いなる平和〟

といった願いを表わすような意味がこめられている。

近代以前には、年号は、あたらしい天皇が即位したときだけでなく、地震や洪水、飢饉、疫病などの災厄が起きたあとにもあらためられた。彗星の接近や戦での大敗も改元の理由となった。災厄は時間を汚し、汚された時間はあたらしい名前によって清められると信じられていたのだ。

しかし、明治天皇の即位以降、年号があらためられるのは天皇即位のときだけに変わった。明治（〝開化した治世〟一八六八－一九一二）のあとには、大正（〝大いなる公正〟、一九一二－二六）、昭和（〝啓蒙された平和〟一九二六－八九）とつづく。一九八九年の昭和天皇崩御のさいには、「国が文字どおり元年にもどるとともに、何千万部ものカレンダーが廃棄され、あたらしいものに取り換えられた。時が改新されたのだ」[7]。

現在でも出生、死亡、結婚の登録には西暦でなく和暦の年号が使用される。十九世紀末以降、日本では西欧にならって太陽暦が採用されてきたが、キリスト生誕から起算する西暦のみの使用に切り替えられることはなかった。だから、第二次世界大戦は昭和二十年に終わった、という言い方をする。ベルリンの壁が崩壊したのは昭和天皇崩御の十カ月後だ。新天皇明仁が即位して、あたらしい年号は平成（〝あまねき平和〟）となっていた。それからまもなく、冷戦は終結し、ソビエト連邦は解体した。九・一一のアメリカ同時多発テロが起きたのは平成十三年のことだ。旧来の年号制度であれば、一九九一年のバブル崩壊のあとや二〇一一年の東日本大震災のあと、天皇陛下お抱えの天文学者が改元を進言して、時代を改めていたかもしれない。けれども、〝あまねき平和〟の平成はつづき、そのあいだに北朝鮮はミサイルを日本海へ飛ばし、アメリカはアル

＝カイダと戦った。

そして昭和はいつも昭和だった。[8]それは一九二三年の関東大震災の余波と第二次世界大戦（太平洋戦争）を経て、経済発展も、また日本国民が「国権の発動たる戦争と、武力による威嚇又は武力の行使は、国際紛争を解決する手段としては、永久にこれを放棄する」と宣言した戦後の平和憲法をも包みこんだ時代であった。


一九四〇年、日本帝国は、神話の上の初代天皇、神武天皇[9]の九州から本州への〝東征〟と即位二千六百周年を祝った。その祝賀行事は〝紀元〟と呼ばれた。紀元とは時のはじまりである――


最初の天皇、神武天皇の母は海神《わたつみ》の娘だった。[10]

神武天皇曰く、「神々がこの葦原を我が祖先に与え、我が祖先らは天の門を押しひらき、雲を押しわけ道をひらいた」と。

そのころ世界は荒れた場所だった。闇と無秩序の時代だった。民の心は純朴で、巣に棲み穴に棲んでいた。遠隔の地方には天皇の支配の恵みはとどかず、村にはそれぞれ首長がいて、たがいに抗争して鎬《しのぎ》を削っていた。

塩土老翁《しおつちのおじ》が神武天皇にこう言った。「東方に、四方を青山に囲まれた美しい国がある。そこが世界の中心だ。そこへ行って、都をさだめなさい」

神武天皇はこう言った。「我は日神《ひのかみ》の子孫であるから、日に向かって敵を撃つならば、それは天の道に悖《もと》ることになる。しかし、日神の神威を背に受けて進むならば、我が前に日影ができるのにしたがって襲いかかり、敵を倒すことができよう」

東征から六年が経過し、中央の国ではもはや風塵《ちり》も立たないほどに平静である。まことここに広大な都をひらくべきであろう。偉大にして頑強なる都である。

その都は拡張し、森羅万象を包みこむであろう。

この物語は日本がアジア征服に乗りだす手本として、またそれを正当化するものとしてはたらいた。一九四〇年に出版された数多くの日本史関連書の一冊のなかで、アマチュア歴史家の藤谷みさをは、日本帝国が建国された二千六百年前、「現今世界に覇を競いつつある欧米諸国の一《ひとつ》と雖《いえど》も、未《いま》だ胎動の時期にすら達したものはなかった」と嘲笑的に書いている。ドイツ、イギリス、アメリカは、みな成り上がりの文明国でしかなかった。対照的に、日本は「興隆の一途のみを辿《たど》って来た(……)歴史とは興亡の跡を伝えるものではなくて何処《どこ》までも興隆史であった。盛衰の跡ではなくて成長の歩みであった。／然《しか》もその成長たるや、徒《いたずら》に国土の膨大を望んで他民族を虐《しいた》げ、強者の我意《がい》に任せた圧迫の上に打立《うちた》てられたものではなかった」。

一九四〇年、北は千島列島から朝鮮、満州、南はフィリピン列島まで、日本の支配権が及ぶ東アジアの各地で、紀元二六〇〇年を祝う一万二千以上の国粋主義的行事がおこなわれた。[11] その開始となる奉祝式典は十一月十日日曜日に丸の内の皇居外苑でおこなわれ、そのようすはラジオをとおして帝国の津々浦々に伝えられた。

いまや東京そのものが、天皇とその家族が住まう神聖な場所だった。準備は酷暑のさなか、三カ月前からはじめられていた——金色と紫の菊が植えられ、天皇のために壇が据えつけられた。そして五万人の参加者のために観覧席が建設された。

式典がおこなわれているあいだ、丸の内周辺地区に多く建ちならぶオフィスビルはからっぽになったと、当時の駐日アメリカ大使は本国に伝えている。「天皇を見下してはいけないので、これは許されなかった。私はこれらの屋上や窓が完全に無人だったのに気がついた」それまで何週間にもわたり電力使用を抑えてきたが、記念式典のために街はライトアップされ、ひとけのなくなったビルの窓には電灯がともり、明るく輝いた。


十一月十日午前八時半、皇居前広場には多くの人々があつまっていた。

午前九時、東京じゅうのスピーカーからアナウンスが流れた——すべての臣民は祝うべし！すべての臣民は祝うべし！　すべての臣民は祝うべし！

午前十一時、天皇裕仁と皇后が到着した。国歌奉唱——〝君が代は千代に八千代にさざれ石の巌となりて苔のむすまで〟

内閣総理大臣が起立し、三語か四語ごとに区切りを入れながら神武天皇即位二千六百年記念の寿詞《よごと》を読みあげた——

國體の尊厳《そんごん》万邦固《もと》より比類なし。皇謨《こうぼ》の宏遠四海豈匹儔《あにひっちゅう》あらんや。臣文麿誠懽誠慶頓首《せいかんせいけいとんしゅ》頓首　恭《うやうや》しく惟《おも》みるに、天皇陛下聡明聖哲允《まこと》に文、允に武、夙《つと》に祖宗の丕《ひ》績《せき》を紹《つ》ぎたまひ、宵《しょう》旰《かん》治を図り、文教を弘め、武備を整へ、威烈の光被する所、昭明の化、普率に洽《あまね》く億兆臣民皆雨露の恵沢に浴す。

方今世局の変急なるに臨み、或《あるい》は六師を異域に出し、或は盟約を友邦に結び、以て東亜の安定を確立し、以て世界の平和を促進したまはんとす。

洵に絶代の盛徳曠古の大業にして、皇祖肇國の宸意と神武天皇創業の皇謨とに契合せざるはなし。

紀元二千六百年を記念して頌歌がうたわれた。首相は天に向けて両手を振りあげ、大声で、「天皇陛下万歳！」を三回くりかえした。聴衆もこれにこたえ、声をそろえて万歳三唱し、いっせいに頭を下げた。

午前十一時三十五分、天皇、皇后が退出し、式典は終了した。

アジア大陸部は泥沼状態だった。中国では、日本の支配下にあるのは国土の五分の一にも満たなかったのに、一九四〇年十一月十日までに十万人の日本兵が亡くなっていた。紀元二千六百年祝賀記念式典の六週間まえ、日本はドイツ、イタリアとの三国同盟を結んだ。外務省によれば、「同盟は世界の無秩序の拡散を食いとめ、世界平和に寄与する」との期待からだった。

ヒトラーとムッソリーニとの三国同盟はアメリカを怒らせ、アメリカは屑鉄と石油の輸出停止という報復措置をとるにいたった。さらに自国民にアジアから引き上げるよう勧告をはじめ、こんどはそれが日本を怒らせた。駐日アメリカ大使は親欧米派の日本人に対し、政府が政策を転換しなければ、いくらワシントンへ親善使節を送っても「無駄に終わる」と助言した。日本はアメリカに対し、中国の蔣介石軍への資金提供をやめること、東アジアにおける日本の勢力範囲を尊重することを強く求めた。日米どちらの政府にも妥協の意向はなかった。

だが、紀元二千六百年奉祝会では両国ともに表面的には愛想よくふるまい、アメリカ大使は外交団を代表して祝辞を述べた。そして「日本が人類の一般文化と福祉に貢献されんこと」を願いつつ、祝いのことばを結んだ。フランス大使ののちの回想によると、行事のあいだじゅう微動だにしなかった天皇裕仁は、ここで「力強く」うなずいたという。

慶祝は約一週間つづいた。東京市民は日の丸の旗をふり、歌をうたい、そして天皇ゆかりの聖地を訪れた。市電とバスは明るい提灯と色鮮やかな花で飾りたてられた。天皇の御製《ぎょせい》のひとつに楽曲がつけられ、[12]「浦安の舞」[13]として全国の神社で奉奏された——

天地《あめつち》の
神にぞいのる
朝なぎの
海のごとくに
波たたぬ世を——

北砂

走っている
その一本道の炎のうえを[1]

宗左近『炎える母』

北砂——一九四五年の焼夷弾

障子をあけると、便座の蓋がゆっくり空中浮揚を始めた。

そのトイレには寺院のように厳粛で清らかな雰囲気があった。天井と壁はヒノキの板張りで、継ぎ目はいぶしのきいた竹で目隠しされている。壁にかかった骨董品の籠には一輪の百合の花。磨かれたコンクリートのシンクの水はセンサーで制御されているので、入口のドアをはいったあとは、どこにも手をふれることなく用を足して外に出ることができた。

席にもどると、畳敷きの座席にあがり、膝を折って低いテーブルの前にすわって待った。テーブルは彫りのはいったニレ材で、これもまた蕎麦屋の座卓というよりはお寺の調度品のような趣があった。

ウェイトレスが来たので、わたしは緑茶をたのんだ。

「緑茶はございません」

「では、麦茶はありますか？」

「水ならございます」しかたがないのでそれをたのみ、はこばれてきた水を飲みながら、わたしは思いをめぐらせた。この日はランチをすませたあとで、東京大空襲・戦災資料センターへ行くことにしていた。そこは太平洋戦争末期の東京大空襲の記憶をとどめるために建てられた資料館だ。東京に平和記念館を設置する計画が、都議会右派の反対によって白紙にもどされたとき、個人から寄贈された土地に、有志の市民らが自分たちで建てたものだ。

一九四五年三月九日から十日にかけて、B－29戦闘機の部隊が、その晩だけで七十万発以上の爆弾を東京の街に落とした。真夜中から朝までのあいだに、長崎、あるいは広島で犠牲になったよりも多くの人々が亡くなった。正確な数を知ることはもうできないが、推定ではその数は八万人から十万人以上にものぼる。

資料館は北砂にあった。隅田川の東岸の住宅地だ。そこを訪れるまえに食事をすませておきたかったので、浅草で蕎麦屋にはいったのだった。展示を見たらきっと食欲がなくなるだろうと思ったのだ。北砂でなにを知ることになるのか、なにを見ることになるのか。それが怖かった。

長崎や広島へ行ったことを、富士山にのぼったとか築地の市場で生魚を食べたとかいうのとおなじ調子で話す人たちを、わたしはたくさん知っていた。彼らが原爆記念館を訪れるのはそれが日本にしかないからだ。なかには、まるで聖地をめぐるかのように原爆ドームや長崎の浦上天主《うらかみてんしゅ》堂《どう》の遺壁をめぐった人もいる。この世とは思えぬものを目にし、世界に存在する美ととなりあわせの恐怖をたしかめるための巡礼行脚。

わたしの心には相反するふたつの感情が交錯していた。長崎や広島を訪れていいのだろうか。

祖父はジョージ・パットン率いるアメリカ陸軍第三軍の衛生兵としてヨーロッパに派遣されていたときに、地雷原に足を踏みいれたために膝から下を失っていた。負傷兵を搬送している途中の出来事だった。散弾地雷のひとつを祖父が爆発させてしまったがために、助けるつもりだった兵士は死んだ。そのときの爆発で飛び散った黒い粒子は祖父の皮膚の深いところまではいりこみ、時間がたっても出てくることはなかった。その黒い粒子は入れ墨のように、祖父のこめかみに、耳に、首にのこり、黒い星の天の川を描いていた。小さかったわたしは、祖父の左の耳たぶをさわっては、なにがあったのかとたずね、膝から下はどこにあるのかと訊くのが好きだった。「ドイツだろうなあ」祖父はおだやかにそう答え、わたしが耳たぶの粉をじっと見て、こすって出そうとまでしても、いやな顔ひとつしなかった。わたしはきっと取りだしてあげられると思っていた。

祖父の友人たちも、シチリアやノルマンディーで見たことを少しだけ話してくれることはあった。けれど、兵士として太平洋で戦っていた人々は沈黙をつづけていた。なにか話してくれることがあるとすれば、それはずっとずっと年をとって、死ぬ直前になったときだった。そしていったん口をひらくと、七十年前の戦争のことをつい昨日の出来事のように話すのだった。沖縄にいた親戚のひとりは、すぐとなりにいた友だちが殺されたときのことをよく憶えていた。壁ぎわでいっしょにしゃがんでいたのだが、振りむくと、その友人の頭の上半分が、まるで半熟卵の上の部分をナイフで切り取ったように、ざっくり切れてなくなっていた。老人になったその人は、ほとんど驚嘆の念をこめて話してくれた。

またべつの人は、日本を爆撃した空軍部隊にいた人で、退役後はわたしの故郷の町で暮らしていたのだが、燃えあがる街からたちのぼる異臭を忘れることができないのだと言った。「まるで生きものみたいに勝手にじわじわはいりこんでくるんだ。われわれが乗っている飛行機のどこからでも――肉の焼ける臭いだよ。爆弾を落とすとすぐに高射砲にねらわれた。だから急いで射程圏から出ようと高度をあげた。それから針路を変えて、暗闇のなかへ逃げこもうとした。相手に見えなければ撃たれることはないからね。そのあいだじゅう、死の臭いが追いかけてきた」[2]

子どものころ、わたしはそうした年老いた兵士たちがいう〝われわれ〟の一部だった。わたしは〝われわれ〟が〝彼ら〟になにをしたかについて考えたことがなかったし、〝彼ら〟とはだれなのかも考えたことがなかった。たとえもう子どもとはいえない年齢になってからも、それは変わるものではなかった。

*

第二次世界大戦の時期を東京ですごしたフランス人ジャーナリスト、ロベール・ギランは、東京の消防隊の不十分な装備や公共の防空壕がないこと、それに浅すぎて人々を守るには充分といえない地下鉄網のことなどを描写している。「その辺の庭に急いで掘られた急ごしらえの穴以外には私設の防空壕もつくられなかった。人々は面目を失うことを恐れるあまり、予防策を講じられなかったのだ」さらにこうも書いている。東京は「自分が木の板でできた巨大な村落であることを知っていたのだ。街頭に出ると、木でおおわれていることを実感させられ、ぞっとする。これらの乾燥した梁、いつでも燃え出そうとしている木材が、火花の一閃を待っているのだった。これら木や板の内では、数百万の人間が畳の上で眠っているのである」そして、一九四四年九月

──

東京の大地に突如として数百万の穴が掘られた。爆撃に先立って、爆撃から身を守るために、空地、庭、街頭にいたるまで、歩道上にまで十メートル間隔で、あらゆるところに爆撃の跡のような穴が掘られた。穴とは、これらの避難所にふさわしい唯一の呼び方だ。というのは、九月のある日、上からの命令で、全市のいたるところで一斉に熱心に掘られることになったこれらのお粗末な塹壕、これこそ、政府が間近い空襲に対して、七百万の住民を保護するためにとった措置のすべてだったのである。穴の長さはせいぜい三メートル、深さは八十センチだった。少なくとも当面のところは、覆いすらなかった。……もんぺ姿の主婦たちは自分たちの穴の居心地を試そうと、穴の底に日本式に、つまり膝と鎖骨が触れ合うようにうずくまり、満足げに微笑を浮べて空を見上げていた──敵の爆撃機よ、いつでも来い、といわんばかりに。

蕎麦屋を出て、言問橋でタクシーを拾った。運転手に行先の住所を告げると、車は東へ向けて走りだした。「聞いたことがないねえ」運転手は言った。

タクシーは江東区を走っていた。そこは、東京二十三区のなかでもいちばんおかしなかたちをしている。衛星写真を見ると、マンガの怪獣みたいだ。東京湾を突き刺すいくつもの幾何学的な長方形からなる埋め立て地、それが怪獣の巨大な顎をなしている。江東区はミニチュア版の東京だ。ゴルフコース、ヘリポート、野球場、ごみ焼却所、運河、埠頭、変電所。お台場には、江戸時代の温泉をテーマにした海の上のリゾート施設があり、足を浸すと角質を食べてくれる魚までいる。

スカイツリーの太い根元をまわり、亀戸天神のそばを突っ切っていく。ここの太鼓橋と藤の花は、数多くの版画の題材となり、有名になった。広重はこの神社を雪のあとのまばゆいばかりの風景のなかに描き、親しみのあるものにしたが、晩年の有名な作品である『亀戸天神境内』では、遠近法をゆがめた結果、太鼓橋のきらめく弧、川の水面、松の古木、それに空にまで遠景に追いやられ、ただひと房の紫色の藤の花が画面を支配している。神社の花見客は藤の花びらとおなじサイズで描かれている。広重がこの太鼓橋と藤を描いてから十年ののちに、徳川幕府は終焉を迎えることになるのだが、広重の世界は時間の外側にある。彼の藤がしおれることはない。しかし神社そのものは一九四五年の空襲で焼け、再建された建物は、鉄筋コンクリート造りになった。以前の建物とおなじ規模でつくられたものだが、どこか汚れて小さく見える。

「聞いたことないですねえ」タクシーの運転手は、手渡した住所の紙を見ながらまたそう言った。「だいたいの場所はわかりますか?」

「いえ」わたしは言いよどんだ。「近くで降ろしてください。あとは自分でさがします」

わたしは閉店して板でふさがれた中華料理店のそばでタクシーを降りた。車が行ってしまったあとは、しばらくその場に立ったまま、通りの静けさに耳を傾けた。それから、持参した地図を見て歩きはじめた。資料館とは逆の方向へ。目的地へ足を踏みいれるのを少しでも先のばしにしたかった。昔ながらの瓦ぶきの家が一、二軒あり、紅葉や竹の木立やこぶのある松の木が目にはいったが、多く建っているのはコンクリートかタイル張りのアパートだ。ある家の古びた庭の前で立ちどまり、数羽のスズメが柿の木の枝にとまって、よく色づいて自分の体よりも大きく育った実をついばんでいるのを眺めた。

通りにひとけはなかったが、近くの脇道にでも人がいるらしく、トタン板をハンマーで叩くような平板な音が聞こえていた。どこかで引き戸が閉まったのか、あいたのか、そんな音がした。わたしは庭に視線をもどし、スズメの枝のむこう側にわずかにのこる黄金色の扇のようなイチョウの葉を見やった。だれかがベビーカーを押してうしろを通りかかり、そのタイヤとアスファルトにはさまれた砂利の音にわたしは耳をそば立てた。乗っている子どもはきっと眠っていたのだろう。もう少し遠くから、ポケットのなかでこすれあう鍵の音がくぐもった音楽のように聞こえてくる。それから、あたりはふたたび静かになった。振りかえると、通りは無人だった。わたしはもと来た道をもどった。

東京大空襲・戦災資料センターは、外観からはそのような施設だとは想像がつかない。それはいくつも建ちならぶタイル張りのコンクリートの建物の海のなかにある、おなじように特徴のないタイル張りのコンクリートの建物だ。その建物はほかのなにかであってもまるで不思議はない。

診療所とか、小さな会社の事務所とか。

資料館のなかには人がおらず、ふたりのガイド――どちらも高齢の女性――が一階の部屋でおしゃべりをしていた。わたしは入場券を求め、だれか質問に答えてくれる人はいるかとたずねてみた。二《に》瓶《へい》治代《はるよ》さんという、軽やかな黒髪の女性が館内を案内してくれることになった。二瓶さんは小さな鳥を思わせた。背丈はわたしの肩までとどかないくらいに小柄で、とてもそんな年には見えなかったが、一九三七年の五月生まれで八十歳に近かった。

もうひとりの女性が、東京が火の海になった夜のことを書いたという二瓶さんの手記を印刷したものをもってきて、手渡してくれた。

> その時私は（……）八歳の女の子でした。私の家は五人家族で城東区（現・江東区）亀戸に住んでいました。（……）
>
> 毎晩がそうであるように、三月九日の夜も暗い電灯の下で、粗末ではありましたが家族で夕食をすませ、ラジオのニュースを聴いたあと床につきました。ラジオからは「お山の杉の子」が流れていたように思います。服は脱いだ順に枕元に置き、その脇にリュックサックと防空頭巾、それに靴を置いて眠ります。こうしておくとどんな真暗闇でも順序さえ間違えなければチャンと服を着て、リュックを背負い頭巾を被ることができます。（……）
>
> 何時ごろだったのか、「今日はいつもと違う！　起きろ！」という父の声にバネ仕掛けの人形のようにハネ起きた私は（……）外に出ました。（……）空はまだ暗く炎もありません

でしたがとても寒く、風が非常に強く不気味な夜でした。（……）南の方（……）は真っ赤にみえました。下の方から「火の雲」のようなものがもくもく、もくもくと生きもののように湧き上がってくるように見えました。（……）

歩道にはお隣と共有する防空壕がありました。母と妹と私はその防空壕に駆け込みました。父は防空壕の外でまわりの様子を見ながら、ふりかかる火を消したりしていたようです。中学生の兄は勤労動員先に行ってしまい居ませんでした。お隣の家族と一緒に震えながら固まっていました。頭の上を人がガヤガヤ走る音や、物が弾け散るようなバシン、バシンという音、（……）ギャアギャアと子どもたちの泣きわめく声にまじって「カーチャン!! カーチャン!!」と親を呼ぶ声が聞こえてきます。（……）そのうち外で周りの様子を見ていた父の声がしました。「そこにいると蒸し焼きになるぞッ、みんな早く出ろッ！」母と妹に続いて私も出ようとすると、お隣のおばさんが「ここに居なさい、外に出ると焼け死んじゃうよ」といって私の服をつかんで引き留めてくれましたが、私はその手を振り切るようにして母にしがみつき防空壕を出ました。そして家族四人で向かい側の土手に登り、自分の家や町並みが燃えてゆくのをじっと見ていました。（……）空も、まわりも、あたり一面ゴーゴーと唸る炎に包まれていました。火の粉は横なぐりに容赦なく吹きつけ追いかけてきます。（……）

燃えさかる炎はゴーゴーと音をたて家々を呑みこんでゆきました。人は燃えながら走っていました。背負われた子どもが背中で燃えていました。お母さんはそのまま走り続けていました。お母さんに手を引かれた小さな子どもたちも燃えながら走っていました。転んだ子どもはその場で火の塊りとなって燃え尽きてゆきました。

消防車が何台も出て放水していましたが火は一向にきえません。水もでません。やがて消防士にも火が着き、消防士たちは水の出ないホースを持ったままその場で生きたまま焼かれてゆきました。

どこからか逃れてきたのでしょうか、荷台にいっぱい荷物を積んだ一頭の馬が四本の足を広げて、突っ張るようにして炎の中にじっと立っていました。その荷物に火がつきゴーゴーと燃え上がり、その火は馬に燃え移りましたが、馬は四本の足を広げて、踏んばるようにして立ったまま焼かれてゆきました。手綱を持った馬の飼い主のおじさんも馬にピタリと寄り添って、馬と一緒に燃えてゆきました。

やがて土手にも火がまわり、枯れ草がいっせいに燃えあがったので私たち家族は土手を降り、両親と妹と私の四人も炎の渦巻く「火の海」の中を駅のほうに向かって逃げていました。その途中で私の防空頭巾に火がつきました。父が「頭巾をとれッ!」と云《い》ったので父とつないでいた手を離し、あごの下で結んでいるヒモをほどこうとした時、火の強風にあおられ、私一人が炎に吸い込まれるように吹き飛ばされてしまいました。(……)

あたり一面炎に包まれどこをどう逃げたのか判りませんが、突然真っ暗な場所に出ました。そこだけ火がありません。高い大きな石の建物のような物がありました。その建物の陰に人が一人、立ったまま燃えていました。その炎は赤くみえませんでした。緑色にみえました。

燃え上がる緑色の炎はきれいな振袖がヒラヒラゆれているように見えました。その人が私をじっと見つめ、手をだしました。「消してあげよう！」と思いフラフラとその人に近寄り私も手を出しました。でも私には火を払いのける頭巾もなければリュックもありません。着ていたはずのオーバーも靴もありませんでした。私は自分の手で炎を払い除けようとして両手を出しました。すると後ろから女の人の声がしました。「あんた、そんなところに行くと死んじゃうよッ！」、私は弾かれたようにその場を離れたような気がします。そして何かにぶつかりました。その熱かったこと・・・それは真っ赤になって空に向かって曲がりくねった電柱でした。（……）「熱さ」を感じたのはそれが初めてでした。（……）走りながらも「お父さん？　お父さん？」とまた何度も何度も叫びましたが返事は聞こえませんでした。そのうち私はどうしたのか急に動けなくなり、その場にうずくまるように、倒れてしまいました。次第に遠のいてゆく意識の中で身体がじんわりと重くなり、熱くて、苦しくて、眠たくなってゆきました。（……）ふっと気がつくと遠く近くカーン、カーンという音がしていました。また人の声が聴こえます。二人ぐらいで掛け合うような、また身体の奥深くからしぼり出すような男の人の声でした。

「俺たちは日本人だッ！　俺たちは日本人だッ！」

「こんな所で死ぬなッ」

「生きるんだッ！　生きるんだッ！」（……）

「ヤマトダマシイ[3]・・・ニッポンジン・・・・」（……）

ようやく火も下火になり周囲も仄《ほの》明るくなってきた頃、私は重なり合う人の一番下から引きずり出されました。（……）父は私を見つけ（……）一晩中声をかけ続けていたのでした。「お父さん」と云う間もなく父は「ここを動くな」と一言言うと、煙の中に消えてしまいました。

一体ここはどこなのだろう・・・？　なにがあったんだろう・・・？　と思いました。見渡す限り何もありません。ただ白濁色の煙のような、霞《かすみ》のようなものがゆらゆらとただよっている芒漠《ぼうばく》とした世界が広がっているだけでした。音も無く、動くものもありません。ところどころで青白い炎がゆれていました。ふと足元を見たとき、私の上に折り重なるようなっていた人の殆《ほとん》どは真っ黒な炭のようになって死んでいました。（……）

私はこの日、生きたまま焼き殺された多くの死者たちに守られて助けていただきました。

わたしは四ページにわたるその手記を手にとり、最初の一行を読んだ。「炎の夜　またあした、あそぼうね」というタイトルがついていた。けれどわたしは日本語を読むのは遅いし、辞書がいるので、手渡してくれたその人にはお礼を言って、そのままバッグにしまった。

そのあと二瓶さんに案内してもらい、階段をあがって展示スペースへはいっていった。ここは二瓶さんのご自宅だとしてもおかしくない。二階にはさまざまなアート作品が置かれていた。油絵、水彩画、映画の上映室、空襲の生存者にインタビューしたテープ。

アップライトピアノと、そこに立てかけられた一九四三年版のすすけたシューベルトの『即興曲、楽興の時』の楽譜。ピアノの横には大きな書のパネルがあった。肉屋の包み紙のように長方形に切った紙に文字がぎっしり書かれている。幅広の紙一面に灰色の墨が飛び散り、筋をつくり、なすりつけられていた。それを書いた書家の井上有一は、たまたまこの大空襲を生きのびることができた若い教師だった。[4] 三月九日の晩、彼は当直で学校にいたのだ。真夜中、避難のために彼の学校に来た人々は、そこから出られなくなってしまった——

　舎内火のため昼の如く／……／一千　難民逃げるに所なく　金庫の中の如し／……／夜明け
　火焼け尽き　静寂虚脱　余燼瓦礫のみ／一千難民悉く焼殺　一塊炭素如猿黒焼

井上の文字は、パニックに陥って押しあいへしあいしながら、われ先に進もうとする人々の姿のようにも見えた。墨のにじみが光の環のように文字のひとつひとつをとりかこんでいる——小さなしずく、黒い雨、粒々。固体でもなければ液体でもない。肉屋の包み紙のようなその紙の上には、たくさんのしるしが埋めこまれている。〝アメリカ〟という最初のことばとその下につづく空白。そして最終行には〝生〟の文字。

「生残者虚脱　声涙不湧」——生きのこったものはなにも感じることもすることもできなかった。声も涙も出ず、ただ立ち尽くしていた、と井上は綴っていた。

この作品を写真に撮ってもよいか訊くと、二瓶さんは「どうぞ」と言い、「写真に撮ってはいけないのは、亡くなった方々の写真です。上階《うえ》にあります」と教えてくれた。

三階へあがると、ここでも二瓶さんは自分の家にいるみたいにくつろいで見えた。指さしたガラスケースを見ると、なかにはM-69焼夷弾の外殻が二本、立てて置かれていた。その片方は筒状の厚い金属がまるで紙のように破れていた。点火した白リン剤の熱で、プレゼントの包みにかけて、螺旋状にくるくるカールさせた細いリボンのように、鋼が切り裂かれたのだ。ぼろぼろの金属は、曇りのないガラスケースのなかできたならしく見えた。

二瓶さんはクラスター爆弾のほうへ首をかしげた。「あの晩、ああいうのが雨のように降ってきたんです。とても濃い煙がたって、息もできなくて。なにもかも焼けました。なにもかも火に呑まれてしまいました」

そして、戦時中の家の内部を再現した模型を指さした。窓ガラスにはクロスさせたテープが貼られて黒いカーテンが引かれ、電球のまわりも黒い布でおおわれていた。

わたしはきちんと整えられた小さな家の内部を目にしながら、子どものころの二瓶さんがこんな部屋のなかで耳を澄まし、空襲警報と頭上を飛ぶ戦闘機の音を聞いていた姿を思いうかべようとしてみた。「……これからどうなるのか、わかっていらっしゃいましたか?」

「いいえ、まったく。自分たちは安全なんだと思っていましたから」

つぎに案内してくれたガラスケースには、空襲で亡くなった人の数と爆撃された建物の数を記したお寺の記録が保管されていた。〝南無阿弥陀仏〟と僧侶の手で書かれている。ひとりの命、一軒の家族、数家族の住んでいた通り、地区、町、そのひとつひとつが名簿上のしるしとしてのこっているばかりだった。

空襲のあと、焼け跡から回収されたものはほかにもあった。炭と化したホースの先についたまま完璧なかたちでのこっている真鍮のノズルには奇妙な優雅さがあり、人の手の骨か、あるいはジャコメッティの彫刻を思い起こさせた。亡くなった消防士の妻から資料館に寄付されたものだ。子ども用の小さな着物は、花柄が黒く焦げていた。赤い毛糸で編まれた子ども用のチョッキもあった。

それらの展示物の上には額入りの写真がいくつもかけられていた。灰の海のなか、リヤカーを引いていく人々。壁のように積みあげられた黒焦げの死体の山。そしてなかでもよく知られた、どの写真よりも恐ろしい一枚がそこにあった。それは母親と赤ん坊の写真で、母親は身体がむきだしになっているけれども、もはや輪郭をとどめておらず、全身が黒く焼けている——背中だけを白くのこして。そこに子どもを背負ったままの状態で母子ともに焼けてしまったのだ。

わたしは二瓶さんから顔をそらし、小さな着物をもう一度見た。

「それで、いったいどうして……どうしてあの夜をくりかえし再体験することができるのですか？　どうしてここではたらくなどということができるのですか？　どうしてここにある写真を何度も見ることができるのですか……？」

「もちろん、ここにある写真を見るのはつらいですよ……みなさんにお見せするたびに全身に震えが走ります」

あとで読んだ二瓶さんの手記にはこう書いてあった——「腕の中にしっかりと子どもをかかえたまま仰向けにひっくり返っている母と子・・・それらが棒切れのようにちらばって歩くこと

さえできません。（……）その人たちを踏まないように除《よ》けながら、またぎながら、爪先立って歩きました。

小さな小さな赤ちゃんが手足をバタバタさせて、路上にころがってミィーミィーとか細い声で泣いていました。思わず立ち止まると父が『こんな時、ダメだ』と云って私の手を強く引っぱりました。私は振り返りながらその場を離れました。『赤ちゃんを見捨ててしまった』、この思いは今も私の心に重く残り、消えることはありません」

青白の陶器の皿のようにくっついてしまった屋根瓦があった。いくつかの硬貨が火で泡立つ溶岩のようにいったん溶けたのが、冷えかたまって、黒い石化した珊瑚のような、海綿のような一個の塊になっていた。瓶も左右対称のかたちがすっかり崩れて光る物体に姿を変えていた。

またべつのケースには焼けずにのこったものが展示されていた。傷ついたものばかりを展示したその部屋のなかでは、なんとも奇妙に見えた。完全なかたちをとどめていることが、むしろほとんど邪悪に思えるのだ。そのなかにはひとそろい全部のこっているひな人形のセットもあった。空襲のほんの数日まえのひなまつりのために飾られていたものだ。

小さな男雛は完全なかたちでのこっていて、その金の烏帽子、金の束帯、紫の袴には少しの汚れも焦げあともついていなかった。女雛と三人官女は清らかで、小さくつくられたお菓子は新鮮そうで、七十年がたったいまでも食べられそうに見えた。

「わたしの人形はみんな焼けてしまったんですよ」二瓶さんは静かにそう言った。彼女はわたしの後ろに立っていた。「それから、友だちも死んでしまいましたし、ご近所の人たちもみんな。

でも、わたしの家族は生きのこったのです。五人全員が」

何もなくなった焼け跡は、どこが私の家だったのかわかりません。（……）

水道管だけが一本ぽつんと残っていました。蛇口をひねると水が少しでました。私たちはその水を手で受けてのみましたが口の中はジャリジャリでした。でも冷たくてとてもおいしかったです。

「どこか安全な場所は見つけられたのですか？」わたしはたずねた。

「安全な場所なんてどこにもなかったの！」激しい言い方だった。「安全なところへなんていけないのですよ」

「でも――ご家族は全員生きてらしたのでしょう？」わたしは東京の地図を見ながら訊いた。地図の上には赤い丸がたくさん描かれている。その円が大きければ大きいほど、死傷者の数が多かったということだ。向島、本所、浅草――これらの地区は、白い背景の上に広がる大きな染みだった。「ご家族全員でしょう？　いったいどうやって？」

二瓶さんは八十近いお年だったが、そのときの姿は、東京大空襲があった夜の二瓶さんよりもいくつか幼いだけのわたしの娘の姿とかさなって見えた。焼け野原となった街を縫うように歩きまわるわが娘。わたしをさがし、父親をさがしている。迷子になった娘。

「どうやって？」二瓶さんは顔にしわを寄せて質問をくりかえした。「……どうやって？――さあ、わからない。わからないわね」

いちばん東にあった時の鐘はもうそこにはなく、三本の川はコンクリートの下に埋もれている。隅田川の東岸にある茶店と渡し舟、神社と鯉料理の店。三十三間堂の弓術場。提灯職人の住む地区。運河網と運河をいく御座船。そして古くからある桜の木立。吉村弘は『大江戸　時の鐘音歩記』に、「これ［時の鐘の記念碑］を見ても昔の面影といったものはまったくと言っていいほど感じられない。……橋の名前が江戸時代そのままに残されているのがせめてもである。物語の入口としては、ほんのわずかな痕跡こそが大切なのである」[5]と書いた。

現在の隅田河畔には、一九八〇年代のバブル期とその後のいわゆる失われた十年に建てられたその時々の流行を反映した建築物が点在している。《風の卵》は巨大な輝く金属のカプセルで、液晶のスクリーンに映しだされるイメージが、風が吹くたびに変化する。東京江戸博物館は、〈スター・ウォーズ〉に出てくるジャイアントウォーカーのような姿だ。そして北にはスカイツリーがそびえている。

わたしは川ぞいのせまく細長い公園を歩いていった。そこはかつて時の鐘が、職人や木場ではたらく人々や酔っ払いのために、隅田川の東の遊女や楽曲師のために、時を知らせていた場所だ。タイル敷きの低い段々を数段のぼると、とつぜん目の前に本所横川の時の鐘の記念碑が姿をあらわした。なかに鐘の模型がはいった小さな鐘楼だ。鐘はわたしの頭くらいの大きさで、固定されている。うごかないし、まして鳴ることもない。御影石の鐘楼はわたしの背丈よりも低く、幅もわたしとそれほど変わらない。
たしかに鐘はそこにあったが、しかし当時の鐘はもうそこにはなかった。かつての本所横川が、
いまはもうそこにはないように。

大坊珈琲店

イギリスにもどったあとのある日、うちの郵便受けに一通の葉書がとどいた。《大坊珈琲店は三十八年間おなじ場所で営業をつづけてまいりましたが、閉店いたします》と葉書には書いてあった。《店主は脱毛に悩まされ……》。そして、《今後のことはいまのところ未定です》。わたしはそこに書かれている文字を何度も何度も読みかえし、最後にはこれはなにかの間違いだ、きっとわたしの読みちがいだと判断した。

友人のひとりが大坊珈琲店を訪れ、電話をかけてきてくれた。「きみの言ったとおりだ。大坊さんはほんとうに髪の毛がない。一本もない。それから、そう、残念だけど、店を閉めるそうだ。それにしても、どうしてそんなに動揺しているの？　この街ではなんでもかんでも、しょっちゅう壊されていくじゃないか。あのビルだってもう表参道には似合わないわけだし。十年以上前からある建物なんて、もうほとんどあそこだけだ」

大坊さんは病気なのだろうか。いったいなにがあったのだろう。大坊珈琲店は二〇一四年の元日に閉店するという。

あの人は世界有数の大都市のなかにひとつの村をつくった。その村は海際の崖っぷちに築かれたようなものだった。それがいま、波に浸食され、なくなろうとしている。

わたしは東京行きのチケットを買い、飛行機に乗るまえに電話をかけた。

「大坊です」

「大坊さん？　アンナです。おはようございます！」日本は夜だ。

「手紙、とどきましたよ」

「なにかお持ちしましょうか？」

「あなた自身を持ってきてくれるだけでいいですよ。それから、アンナさん……」長い間があいたので、電話が切れてしまったのかと思った。「おわかりですよね……？」

大坊さんはわたしの知らない言葉を使った。それとも、まえに聞いたことがあっただろうか。最後のひとことは〝死んだ〟とか〝存在しなかった〟という意味？

「……いつですか？」わたしはおそるおそる、漠然とした表現をつかってたずねた。

「四ヵ月か、五ヵ月くらいまえです。それから、アンナさん……」また長い沈黙。回線のエコー音だけが聞こえる。

「はい？」

「おどろかないでね」

「おどろきません」

「おどろかないでね」

電話を切ってから、大坊さんがなんと言ったのか気がついた。「閉店します」と言ったのだ。〝閉店〟という言葉が、すぐには理解できなかった。でも、どうして閉店と聞いてわたしがおどろくと思ったのだろう？　すでに葉書で知らせてくれたことなのに。


店にはいるとアシスタントの男性がコーヒーを淹れていた。集中していて顔をあげない。わたしの知らないスタッフだ。大坊さんの姿は見えなかった。アシスタントの男性がようやくこちらへとうながしたので、わたしはカウンターの端の席についた。空港からまっすぐここへやってきていた。目が乾いていて、眼球のうしろに砂がはいっているみたいに感じられた。

「ミルクコーヒーを」

トイレのドアがかちりとひらいて高齢の男性が出てきた。常連のお客さんだろうか。わたしが生まれたころから、コーヒーを飲みに表参道交差点に通いつづけていた人。すると、その人はわたしを見て、はっとおどろいた顔をした。大坊さんではないか。過度に露光させた写真のような大坊さん。髪は生えていたが、真っ白に変わり、やわらかな毛がふわふわと光の環をなしていた。

大坊さんはゆっくりとカウンターをまわって、わたしの椅子のわきに立った。

「たいへんご無沙汰しておりました」わたしは決まり文句を使った。日本語では、なにを言ったらよいかわからないときに使える常套句がいろいろあって、たいていどんな隙間でも埋められる。

大坊さんはそんな決まり文句を無視した。「時差ボケはないですか？」

「だいじょうぶです」

大坊さんは後光のように輝く自分の髪を指さしながら、顔をしかめてみせた。「髪がね。これは……」

「いつ見ても素敵です」

「この眼鏡にしたんですよ……」べっこう縁の眼鏡をはずしたその顔は、写真に写した星のようにぼんやりとした光を反射しているかに思えた。大坊さんはまた眼鏡をかけて言った。「顔のアクセントになるでしょう」

「そのメグミ、いいですね」

「めがね」

「……大正時代の知識人みたいに見えます」わたしがそう言うと、大坊さんはまた顔をしかめた。一九二〇年代はわたしには魅力的な時代だが、大坊さんにとっては古いだけだ。先鋭的でかっこいいと言いたかったのだが、それを伝える日本語が出てこなかったのだ。

「今日はもう帰ります」大坊さんは言った。「カゼなので……」

「風が強いから?」風邪と風は、日本語ではおなじ読み方をする。もちろん字はちがうのだけれど。ちょうど台風が東京に近づいていたときだったので、お天気の話をしているのかと思ったのだ。

「いいえ、体調が悪いのですよ」大坊さんはちょっと間をおいて言った。「明日また寄ってもらえますか?」

「大坊さんがまたお店に出てくるときまで、何度でも来ます」

大坊さんは立ちあがり、お辞儀をすると、壁のフックから中折れ帽をとって輝く髪の上にぴしっとかぶせた。そして出ていった。


その店でいただく最後のミルクコーヒーのために、大坊さんは暗い色のボウルをえらんでくれた。それまでわたしがつかったことのない器だった。艶のない黒は、碁石の黒に似ていた。弱いほうの対戦者が取る色だ。

五十日後、大坊珈琲店は閉店した。そして翌年にはブルドーザーがその壁を壊し、天井を押しつぶした。

大坊珈琲店の閉店は、あたらしい場所とめずらしいものがあふれるこの街では、おどろくような出来事ではなかった。そもそもその店が存在した事実のほうが、むしろおどろくべきことだった。

芝切通し

芝公園の増上寺には、首都東京で最大の鐘がある。一六七八年に鋳造されたこの鐘は、もともとは〝一里鐘〟と呼ばれていた。ひと撞きの鐘の音が響いているあいだに、旅人は一里、すなわち二マイル半の距離を行くことができると信じられていたからだ。[1]

S. Katsumata, *Gleams from Japan*（『和光集』）

芝切通し——東京タワー

朱塗りの門。雨に濡れる枝張りの見事な松。蓮の葉と花の大波が石橋を埋めるばかりにとりかこみ、天も地も見えず、花だけが顔をのぞかせている。

川瀬巴《は》水《すい》[2]は、六百点もの木版画で近代日本の風景美を生みだした芸術家だが、その経歴は異色だ。近眼で、商家の跡取りとして育てられ、本格的な修行をはじめたのは二十五歳になってからのことだった。その作品は、大火が二度も首都を焼き尽くした時代には似つかわしくない夢想的なものでもあった。巴水の東京は、桜の花びら、柳の木、水面に映る石垣の街だ。二十世紀の焼け跡となった街の残骸は、彼の作品からは完全に抜けおちている。

巴水は、一八八三年、徳川家の将軍のうち六人の墓がある増上寺に近い芝の門前町に暮らす一家に生まれ、もともとは家業の組紐《くみひも》屋を継ぐことを期待されて育った。父親は巴水が絵を習いにいくことを認めず、かわりに簿記と英語を勉強させた。有名な画家に弟子入りするわけにはいかなかったから、新聞の錦絵を模写したり、古い版画をなぞったりして、絵を自学していった。

妹の夫が組紐屋を継いでくれたので、ようやく自由に絵が描けるようになった巴水は、雑誌の口絵や広告図案で生計を立て、それと並行して『東京十二題』や『日本風景選集』と題した木版画の制作にも取り組んだ。一九二三年の関東大震災が起きたときには、スケッチブック一八八冊に描きためた絵があったが、それらはすべて地震のあとの火事で焼失した。巴水の描いた芝もまた、いまはもうない。かつて緑にかこまれた寺社があった場所は、プリンスホテルとゴルフの練習場とボウリング場と、そして〝エッフェル塔〟を模した鉄塔に置きかわった。いまでは感傷を誘う巴水の版画だけが、昔の名残をとどめている。

六本木で、青くペイントされた木の切り株と、テトリスのブロックを重ねてビルの隙間に埋めこんだような建物群の前を通る。頭に青いタオルを巻いたホームレスの男が、身のまわりの荷物を引きずって、バーやクラブのあつまる六本木交差点のほうへ向かっていく。看板には〈中華そば〉、〈ハードロックカフェ〉、〈ロア・ビルディング〉の文字。〈グラスダンス〉という名のバーに、〈ナチュラル・アメリカン・スピリット〉を詰めこんだたばこの自動販売機。パックのロゴは鷲《わし》の羽根の頭飾りをつけたネイティブ・アメリカンだ。

道路と歩道のあいだの手入れの行き届いていない草地は小便の臭いがした。花屋には店じゅうを埋めつくすほどたくさんの白い胡蝶蘭がならんでいる。

タクシーを止めると、運転手は女性だった。とても長くのばした髪をうしろできちんとまとめている。増上寺まで、とわたしは行き先を告げた。

「わたしのボイストレーニングの先生の歌、聴いてみます？」運転手は訊き、ぐいとアクセルを踏んだ。タクシーはスピードをあげ、鳥居坂を下っていく。

「先生は古賀久士という人です……ほんとにすごいんですよ」言いながらｉＰｏｄをとりだすと、男性のカウンターテナーの声が車内を満たした。〝アーヴェーマリーィアー！〟ベルカント唱法でトリルをきかせて高らかにうたう古賀氏の声は、タクシーの窓ガラスを割れそうなくらいに振るわせた。その曲は技巧を凝らした、しかしわざとらしいまがいもので、一九七〇年代にソヴィエトのギタリスト、ウラジーミル・ヴァヴィロフが作曲したものだ。ヴァヴィロフは、現代ロシアの作曲家よりも忘れられたルネッサンスの作曲家のほうが聴衆に受けると考えて、自作の《アヴェ・マリア》を十六世紀の、そこまで知られてはいなかった作曲家ジュリオ・カッチーニの作品ということにして発表したのだ。

「この曲、大好きなんです」運転手は言った。「オリンピックにそなえて英語を練習してるんですよ」

「これはラテン語ですよ」

「ほんとですか！」ショックを受けていた。「ラテン語！　それ、どこのことばですか？」

皇室の菊の紋を金色で側面に描いた白いバンが四台、タクシーの横を追い抜いていった。四台とも屋根にとりつけたスピーカーから戦時中の歌を流している。《暁に祈る》。《露営の歌》――〝馬のたてがみなでながら　明日の命を誰《たれ》か知る　弾丸《たま》もタンクも銃剣も　しばし露営の草まくら　夢に出てきた父上に　死んで還れと励まされ――〟　戦争の歌と似非《えせ》ルネッサンスのメロディーが、雄を争って鳴り響いていた。

増上寺の朱塗りの三解脱門（三門）前でわたしはタクシーを降りた。この門の三つの戸口は、ここを訪れるものから、人の心に巣食い、悟りをひらく妨げとなる三毒の煩悩、すなわち、おろかさ（愚痴）、いかり（瞋恚《しんに》）、むさぼり（貪欲《とんよく》）を取り除くとされている。この三門は、幻影の世界を消し去るために建てられた。この門をくぐって、知るがよい――この世には際立った特徴をもつものはない。際立ったかたちをもつものはない。さがし求めるべきものはない。

京と江戸を結んだ東海道は、当初増上寺の近くがその始点であり、終点だった。[3] この寺は、精神的に果たした役割や徳川家とのかかわりだけでなく、鈴ヶ森の刑場や、品川の岡場所や木賃宿のあつまる地区に近かったことでも特徴づけられる。鐘楼からつづく参道には居酒屋がならび、浄瑠璃の語りと三味線に大道芸人や女郎の呼び声が重なる。寺から、茶店から、流れてくる焼きおにぎりや線香のにおいが混じりあってあたりに満ちていた。このもろく儚げな芝の情景は、暮れ六つと呼ばれる夕暮れ時にひとつになり、夜明けにはまた散っていった。

増上寺は繁華街がもたらす社会悪と穢れを浄化し、消し去る場所であった。

大殿前のコンクリートの石段では、なにかの撮影クルーが、金色の薄紙に包まれたミッキーマウスの耳のような帽子をかぶったマネキンにカメラを向けていた。マネキンは金色の胸当てをつけ、赤いケープを羽織っている。周囲にあつまってきた人々は、撮影禁止と言われてもおかまいなしに、マネキンの無表情な白い顔に携帯電話のカメラを向けていた。

ピンクの線香が青銅の香炉のなかで威勢よく燃えていた。わたしは安国殿にはいった。壁には初代から末代にいたる徳川将軍の系譜が書かれている。最後の将軍が江戸を離れたあと、徳川家の菩提寺にあった仏像や仏具は一時、ここにあつめられた。涅槃に到達したものたちを表わす十六羅漢像《じゅうろくらかんぞう》。鷹の絵。幾重もの花びらのある、大きな金の蓮の花に鎮座する青銅の阿弥陀如来像は十八世紀のものだ。

僧侶たちがお守りを売っている。学業成就、無病息災、合格祈願。いちばん値段が高いのは交通安全のお守りで、七〇〇円。学業成就のお守りは安くてたったの三〇〇円だ。それらは白い絹のひもで口をゆわえた、紫と金の錦の小袋に収められていた。

本堂である大殿の外にはとても小さな地蔵堂がある。地蔵は阿弥陀仏の従者であり、慈悲の菩薩だ。人生のさまざまな変わり目や、生と死のあいだの区域を見守ってくれる。[4] この世からあの世へと旅をするものにとって、地蔵菩薩は地獄への案内役であるだけでなく、引きかえす可能性をあたえてくれるものでもある。お堂の扉が閉まっていたので、なかを見ることはできなかった。お堂の軒から鎖樋《くさりどい》が地面へと垂れていて、鎖の輪のそれぞれに小さな風車《かざぐるま》が一本一本さしてあった。型抜きしたピンクの花を飾りにつけた黄色と赤の風車が、風に吹かれてカラカラと音を立てながら勢いよくまわっていた。

東京タワーの赤い鉄塔が、木立と寺と徳川家の墓を見下ろしている。かつては広大な面積を占めていた墓所のごく一部でしかない、静かな一角だ。墓は一九五〇年代にここにひとまとめにされた。券売所で高齢の女性が拝観チケットを売っていた――おひとり様五〇〇円。すぐうしろの、装飾入りの古びた青銅と木の門は十九世紀に建てられたもので、うずまく雲のあいだを縫ってのぼる中国ふうの龍の図柄がはいっている。女性はチケットといっしょに十枚入りの白黒の絵葉書を手渡してくれた――鐘楼と柱廊、金の牡丹と鳳凰。写真は古く、光がはいりすぎていて、モノクロで立体感がなく、輝きがない。石段も掃きととのえられた砂利も瓦屋根も漂白されたように白く写り、影にも奥行きがなかった。

十九世紀なかばの芝近辺のようすを知るには、そのころ江戸に住んでいた外国人の書簡と日記が貴重な手がかりとなる。彼らは建物やそれらを建てた将軍家を再建しようとか、建物を壊そうとかいう気持ちはもたず、そこにあるものをありのままに書きとめている。欧米からはじめてやってきた人々の目には、古い江戸の町は神秘的で、その廃墟は絵画のように映ったかもしれないが、城や寺社を見たところで、開国と明治維新に先立つ動乱を生きた武士や町人たちがそれらに対して抱いたような思いいれを、彼らがもつことはなかった。また、それまで出入りが制限されていた場所が、このころはじめて開放された場所もあった。明治になるまでは、増上寺の大殿にはいることが許されていたのは将軍ただひとりだった。だが、最後の将軍が江戸を追放されたあとは、拝観料さえ払えばだれでもはいることができるようになった。もっとも外国人は〝入口で靴を脱いでください〟と、注意される必要はあったが。[5]

外国人が書いた最初の日本のガイドブックは、英国領事のアーネスト・メイスン・サトウによるもので、一八七〇年代の東京が紹介されている。[6]サトウはまず条約によって制定された、外国人が旅行を許された範囲を示している――東京については、「新利根川（江戸川）の河口から金町の検問所まで。金町から水戸街道沿いの千住《せんじゅ》まで。千住から隅田川に沿って古谷《ふるや》の上郷《かみごう》まで。

〝以下、次にあげる村をつないだ線から……〟」

サトウは内国旅券《パスポート》取得が必要な場合を詳述し、狩猟免許について忠告を与えた（「規則によれば免許取得者は遊歩規定区域を超えて撃ってはならないことを明確に示している」）。必要な服装については、「軽いフランネルのコート一着。ホックで留め、ボタン付きポケットのあるもの。コートを脱いで人に運んでもらっても中身が脱落する心配がない」として推奨することからはじめ、アンダーシャツに長靴下、ハンカチにスリッパ、空気枕まで、事細かにならべあげた。加えて、旅行者の必需品としてノートと筆記用具、鉛筆、葉巻、携帯用酒瓶《フラスコ》、常備薬、ナイフ、靴べら、予備の靴紐（「カバの革が一番良い」）、コンパス、旅行用温度計、日本語の辞書などの本と地図、それからペルシャ製防虫パウダーをあげている。

サトウの記述によれば、内陸のほとんどの地域では、外国の食べ物を手に入れることはほぼ不可能であると心得ておくべきであり、また「現地の食物を摂れない人は自分用の糧食を持参しなければならない。……一般に旅宿の主人は彼らの台所用品を外国の食物を調理すべく使用されることに異議を唱える。従ってフライパンやおそらく焼き網も携帯すればとても役立つことが分かるであろう」としている。だから、好みのうるさい外国人は充分な量のリービッヒの牛肉エキス、ドイツ製ソーセージ入り豆スープ、シカゴ・コンビーフ、缶ミルク、ビスケット、ジャム、チーズ、塩とマスタード、ベーコン、紅茶と砂糖、それからウスターソースを荷物に入れておくべきである。コルク栓抜きと缶切りも忘れてはならない、と。

日本全国にある電信局の一覧に、最良の防虫パウダー（「キーティングの防虫パウダーは欠かすことができない」）の詳細と入浴のしかたを説明（「外国人は三十九度以上のお湯に五分以上浸かってはいけない」）したあと、東京そのものを「地形が複雑で都市部が広範囲にひろがっているため、主だった名所だけでも一度に全部まわることは不可能である」と説明している。吹上御《ふきあげぎょ》苑《えん》と靖国神社――戊辰戦争で天皇のために戦死した人々のためにあたらしく建立されたものであった――について通り一遍の説明をして、それから官公庁についての概観（「様々な部署を視察して回るだけでも優に丸一日を要する」）を述べている。それからサトウは芝のことを描く。その描写は、本ののこりの章すべてを合わせた量の半分近い。ガイドブックの書き出しを、最近転覆された旧体制への賛辞で始めては現行政府に対して失礼だ。サトウはそこで、外交官らしい礼儀で、皇居と官公庁から始めたのだ。しかし、そのあとはこの街の真の誉れに目を向けている。御霊屋《ごれいや》、すなわち霊廟は、日本美術の粋であると彼は書いている。東京を訪れたからにはこれは必見であると。またべつのヨーロッパの外交官の妻は、「芝の寺々を見にいきます。目がくらむことも、我を忘れることもなければいいですが、そのあとはもうたくさん、ほかの名所を見物したいとは思わないでしょう」ということばをのこしている。

そのあとはもうたくさん、ほかの名所を見物したいとは思わないだろう。東京のどこをさがしても、これ以上に見て美しいものはないのだから。

サトウがこのガイドブックを書いたのは、最後の将軍が江戸を離れてからわずか十五年後のことで、増上寺のまわりは黒い板張りがされていたが、それは「東京中の仏閣の金属外装品を窃取し、さらには銅製の灯籠を欠損させるようになってきつつ」あった盗賊を防ぐためだった。

増上寺は徳川家との関係から格好の標的になった。そのつながりは、初代将軍家康が天下統一への転機を手にした関ヶ原の戦いに際して、家康が増上寺の法王であった存応上人《ぞんのうしょうにん》に帰依して念をさずかったときにさかのぼる。徳川家はこの寺を歴代の墓所と定めただけでなく、江戸幕府の創設と隆盛はこの寺の支援あってのこととした。そのようなわけで、新政府はこの寺を見せしめにして旧体制の敗北を世に知らしめたのだった。

増上寺のあらゆる仏具は撤去され、祭壇は作り直された。造化三神と「皇祖天照大神」が本堂に祀られた。大教院の敷地内に鳥居が建てられ、注連縄が張られた。教導職はみな、新しい国家コスモロジーの中心の前では神式の衣装をまとい、祝詞を学んで奏上し神道儀礼を行うことが求められた。[7]

一八七四年の元日には放火されて本堂が焼け落ちた。[8] 歴代将軍の御霊屋と境内は焼けのこり、焼け跡にはあたらしい本堂が建てられたのだが、もとの建物より小ぶりで、美しさにも欠け、荘厳な三解脱門のうしろにあっては不釣り合いに見えた。

明治天皇が最後の将軍を追放したのち、徳川家の墓所の大部分は公園につくりかえられた。二十五銭――当時、米一キロほどが買えた値段――を僧侶に渡せば、朱と黒の回廊を通って、第七代、第九代将軍の霊廟とその木像が安置されている霊廟拝殿へと案内してもらうことができた（ただしそれらの木像自体を見ることは許されなかった）。訪問者はそこで、晴れた日には目が眩んで直視できないほどの金の唐草模様に目を泳がせるのだった。

祭壇のそばには竹製の御簾《みす》が垂れさがり、朱と金粉塗りのさまざまな花鳥を彫りこんだ柱廊のまばゆさをやわらげている。その先の天人御門をくぐると二百の青銅の灯籠が所狭しとならんだ中庭に出る。勅額門《ちょくがくもん》の柱には有名なべんがらの昇り龍の彫り模様がほどこされている。じっと見ていると、それらの龍は目の前で変身する。あるいはいったんべつのほうを見てまた視線をもどすと、龍は向きを変えている。その龍のむこうは外庭で、二百の巨大な石灯籠が配されている。御仕切門《おしきりもん》は美しい境界の門であり、その先はもうひとつの庭に通じていて、ここにもたくさんの灯籠があり、それをかこむ柱廊の「淡い朱色と周囲の深い緑とが、魅力的な調和を醸し出している……」。墓所の上部の宝塔はそれぞれ簡素な石で、拝殿の豪華絢爛な様相とは対照的だった。

サトウの記述によれば、ここから来た道をもどって、第十二代、第六代、第十四代将軍の墓所を見るとよい。格《ごう》天井には濃い青の空に飛翔する金色の龍が描かれ、その下の欄間の模様は、孔雀と松、水面に浮かぶ野鴨と菊に、純白の百合と牡丹。そして七色の鳳凰の下には、第二代、第七代、第十一代、第十三代将軍の墓所がある。金の門に金の壁、金の鏡板、大きな金の柱。すべてが金色に輝いていた。

二代将軍の霊廟へつづく手前の庭には「かつては芝の町中に鳴り響いて時を告げた梵鐘があるが、一八七四年元日に起きた火災でその音色は失われてしまった」。真鍮黄金の蓮の花があり、青銅の香炉は一六三五年に鋳造された。裏手の林には八角堂があり、「この金泥の漆塗りは日本で見られる最も素晴らしいものなので、是非訪れたいところだ」と、サトウは書いている。その墓には中国の瀟水《しょうすい》・湘江《しょうこう》と日本の琵琶湖のそれぞれの八景が描かれている。獅子と牡丹も。その地下には二代将軍秀忠が、腐食を防ぐために朱と木炭を混ぜた粉に覆われて埋葬されている。

墓の外側には一六四四年に建てられた石がふたつ。ひとつには、二十五体の菩薩が死者の霊魂を迎えにきている図、もうひとつには、釈迦の入滅の情景が刻まれている。

一九四五年五月二十四日から二十五日にかけて、アメリカ軍の爆撃機B-29が、増上寺に近い品川、五反田、浜松町にM-69焼夷弾を投下した。焼夷弾は三十八個を「照準可能」クラスターに収めたものか、または十四個の束で落とされ、パイプの一本一本に、のちに〝ナパーム〟と呼ばれるようになったゼリー状のガソリンが仕込まれていた。フィンをもたないこれらの油脂爆弾は、着地後、時限信管が四、五秒燃焼したのちに爆発した。一九四五年のアメリカのタイム誌の記事は、この爆弾が爆発したあと、なにが起きるかを描いている。


M-69はミニチュア火炎放射器となって、目の粗い布でできた筒状の袋に詰められた粘着性の油脂を燃やしながら火炎を吹いて、百メートル先までも飛んでいく。その布袋が当たったものはすべてへばりつく炎のパンケーキに包まれ、そのひとつひとつが直径一メートル以上にひろがる。それらは、ひとつひとつならばマグネシウム爆弾とおなじくらい簡単に消すことができる。だが、油脂爆弾を内蔵したクラスター爆弾はそれひとつからあまりにたくさんの炎のパンケーキができるため、それが消防士たちを困らせた。ジャムのびんに手をつっこんでところかまわずべたべたと塗りつける子どもの母親のように、どこから手をつけてよいのか途方に暮れたのだ。[9]

その晩、八千五百トンの焼夷弾が落とされた。爆弾の数にして二百五十万発以上になる。増上寺の壁と瓦屋根に火がついた。御影石の基礎の上に建っていた本堂は焼け落ちた。柱廊、龍、赤と金の唐門。第二代将軍の金泥漆塗りの霊廟。八角堂。弁天堂は蓮池のまんなかで炎につつまれた。

戦後、川瀬巴水はあたらしい版画をほとんど制作しなかった。発表した作品はたいてい一九二〇年代から三〇年代に描きためたスケッチブックの絵を再利用したもので、批評家からは「情緒面で生気に欠け、創造性の面でのびやかさに欠ける」と酷評された。巴水の版画は占領軍にまとめて買い取られ、のちにアメリカ陸軍駐屯地の購買部《PX》でほんの数ドルの値でバラ売りされた。巴水は日本の政治的に問題のある場所を、魅力的な観光名所につくりかえたのだった。米軍兵士らは彼の版画を故国に持ち帰り、こうして明治末期の日本は、当時の代表的名所が実際には姿を消してしまったあとも、外国人の想像のなかで生きつづけることになった。

一九五三年、スケッチの題材を求めて東京じゅうを一日まわったあとで、巴水は自身が育ち、父親が組紐屋を営んでいた界隈を訪れている。二軒あった家は焼けてしまっていた。日記によると、巴水は増上寺前の市電の停車場を写生するつもりだったのだが、雨が大降りになったので、あきらめて昔のノートと記憶をたよりに門を描いたという。雨は雪になった。

『増上寺の雪』は吹雪のなかの三解脱門を描いた作品で、巴水は過去の作品に限界をあたえていた凡庸な小ぎれいさを超えた美を表現した。自分の親しんだ町と、そこで暮らし、はたらき、亡くなった人々への哀悼の歌をこの絵のなかに生みだしたのだ。数えきれぬほどの人の死を追悼するだけではない。そのむこうにあるのは時代への哀悼歌だ。版画のなかの三解脱門は〝やってきそうにない市電〟を待つ三人の上にぬうと大きな姿をあらわしている。横にのびる電線と市電の線路が全体を上下非対称に切っている。日比谷通り、市電のプラットホーム、三解脱門の半切妻の屋根、木立。空だけが黒い電線の外にある。斜めに降る雪が静のなかの動をあらわし、構図に奥行きをあたえている。怒りと愚かさと貪欲からの解放を約束する大きな朱塗りの門が、通勤者らの頭上にそびえ立つ。一九五三年の東京人がこの絵を見れば、この門のむこうには瓦礫と空虚しかないとわかったはずだ。

絵のなかの人たちは目をそらす。

大坊珈琲店

大坊さんの奥さんは夫を心配していた。なにかがない。彼女は辞書を引き、わたしはｉＰｈｏｎｅの日本語辞書アプリで検索した。そうしてなんとか言葉は見つかった。〝泰然（セレニティ）〟——と言いたかったのだ。夫には泰然としたところがなくなった。若いころですら彼の一部だったというのに、店がなくなったら——それがなんであれ——消えてしまったのだと。

「ご主人が苦しんでいるのなら、あなたもつらいでしょう」と、わたしは言った。「〝When one weeps, the other tastes salt（ひとりが泣くとき、もうひとりは口に塩味を感じる）〟。これはアラビアのことわざです」

「ここに書いてもらえますか？」

英語の単語の意味は理解してもらえた。だいたいのところを日本語にして伝えたのだが、あとでもっとうまい、芸術的な訳にすると約束した。プロの翻訳家の友だちがいるので、その人にたのめばきっと素晴らしい文になると。

浅草のクラウン・カフェでアーサーと会い、この短文を日本語にしてもらえないかとたのんだ。『源氏物語』のような古典まで読める人だから、一行を訳すくらいそんなにむずかしいことではないだろうと思ったのだ。

でも、それは間違っていた。アーサーはその文を見て顔をしかめた。眼鏡がないと見えないかのようにメモを顔から引きはなし、こう言った。「このことわざは日本語にしても成り立たない。これが意味をなすのはとても乾いた土地で……」

「……水が貴重なところ」わたしはことばを継いだ。「〝涙をなめる〟なんて、日本語では想像もつかない。日本の人ならきっと不衛生だって思うんじゃないかしら」言いながら、わたしも顔をしかめたが、それはコーヒーが苦くて飲めた代物ではなかったからだ。これならスターバックスに行けばよかったと心底思った。そうしたらエスプレッソが飲めたのに。

「古い日本語には〝袖を濡らす〟という言い方があるね」

「それって、泣いているのを人に見られないように頭を下げて顔を隠すっていうこと?」

アーサーはわたしの言っていることなどおかまいなしに、赤ペンでなにか文を書いては消している。つぎに、さっきより短い文を書いてはまた消した。わたしは笑った。

「日本語ってむずかしい」わたしは言った。「東京へ来たばかりのころは、マスターできると思っていた。その気になってがんばれば不可能ではないって。でも、ほんとにがんばったけど、結局、いつまでたっても教科書どおり、それより上達できないと、今はわかる。ほら、子どものころ、一九七〇年代に、〈ネオンブライト〉っていうおもちゃがはやったでしょう。表はプラスチックの格子、中に電球が入った箱があって、格子のあちこちに透き通ったプラスチックのカラーピンを差しこんで絵をつくったら、電気をつけるとその絵がカラフルに光って見えるの。わたしにとって、日本語はそんな感じ。言葉を嵌めこんでいくことはできても、自由がない。でも、あなたは違う。日本語を生きているじゃない」

「いずれそうなるよ」

「ううん、わたしはそこまでは行けない。わたしは英語で考えるもの。夢をみるのも。それに日本語だと、なんていうか、海岸で遊んでいると、ふいにガクン！　って陸地が足元から消えてしまう。大陸棚から落っこちて、深い海のなかへ沈んでいく――」

「それで海の底は真っ暗で――」

「――ぜんぜん光はなくて――」

「――そして、魚はずっと大きい――」

「魚、ですって？　なんにもないのよ。ただ海の底があるだけ」

アーサーはようやく書いた――

相手が涙
を流すと
その塩味が
こちらのしたに
伝わる[10]

アーサーはそれを声に出して読んでくれた。わたしは首を横に振った。「音節が多すぎる――単語が多すぎる」

「わかってる」彼はテーブルの上のメモ帳を引き寄せ、苦いコーヒーを飲みほした。「降参だ」

日《ひ》は方《なら》びに中《ちゅう》して方びに睨《かたむ》き[1]

恵施「歴物十事」

サマータイム

サマータイム——占領下の東京

日本が連合軍の占領下に置かれていた七年のあいだに、東京はアメリカの都市としてつくり直された。[2] 徳川幕府は江戸の町を、そこに住む人々も侵入者も分け隔てなくまどわせる迷宮として建設した。アメリカはその町にあった名前のない通りや袋小路に秩序をあたえようとし、そのため、空襲を生きのびたものに、かたっぱしからあたらしい名前をつけることでその目的を果たそうとした。

皇居を中心に放射状にのびる道路は、時計回りにAアベニューからZアベニューとなり、波紋のようにひろがる環状道路には、内側から外側へ向かって順に一から六十までの数字がつけられた。灰の海のなかにあたらしいランドマークもできた。アーニー・パイル劇場、ナイル・キニック・スタジアム、そしてワシントンハイツ団地。アメリカ陸軍第八軍の地図製作者らは、占領軍の兵士たちのために、この街での暮らしに必要な場所を詳しく載せた地図を作成した——タイプライターの販売店、配車センター、製氷工場。連合国軍最高司令官総司令部（GHQ）。

あたらしい秩序は言語にも反映された。[3] 改革主義者たちは、日本語の複雑な五十音と漢字を廃止してローマ字に置き換えようとした。焼け野原となった東京をさして、ある作家は「この大惨事が起こったのは日本人が軍事政権を批判することばを持っていなかったからだ」と指摘した。これからは民主主義を支える言語が必要だ――あたらしい憲法はもちろんのこと、すべての法は、古典的日本語の古めかしい文法と語彙ではなく、一般市民が読み理解できる平明な口語で書かれるのだ。難解で当時もうあまり使われなくなっていた漢字は子どもたちが学校で習う漢字の一覧表からはずされた。駕籠《かご》や硯《すずり》や慾《よく》といったことばをあらわすための漢字は、時代遅れでもはや必要のないものとみなされたのだ。[4] そして連合軍による占領とともに、あたらしい語彙、カタカナであらわされる英語からの借用語がはいってきた――クイズ。ボディービル。レジャー。オッケー。[5]

だが、もちこまれはしたものの、まったく拒絶された考え方もあった。一九四八年、敗戦と、何年もつづいた飢えと絶望からくる疲弊からまだろくに立ち直ってもいなかった日本人が、アメリカ式サマータイム（夏時間）制度に反対してやかましく抵抗したから、占領軍当局者はおどろいた。時計の針を一時間進めるくらい、小さな変革ではないか。もっと抜本的な改革――女性参政権承認、華族制度廃止――にたいしては、それほど激しい不平は出ていないというのに。

英語でいう〝デイライト・セイビング・タイム（日光節約時間）〟は、歴史学者のジョン・ダワーによれば、「日本語風」[6]に「サンマー・タイム」と呼ばれ、日本の人々はサマータイムによって毎日の生活の苦労が引きのばされると感じていたから、占領時代が終わったとき、これはまず最初に廃止されたもののひとつになった。

人々は夜の闇が早くやってくることを望んだ。

真夏の東京では、午前三時に空が白みはじめる。午前四時になるころには、まるで夜というものが存在しないかのように、明るい昼間がもう始まっている。闇と影はほんの小さな子どもでさえ信じないおとぎ話でもあるかのように。窓を黒いゴミ袋で覆っている人もいるし、みんな〝遮光カーテン〟なるものを買ってとりつけてはいるが、そんなものはおかまいなしに光はさしこんでくる。

夏の早朝は時計がすでに正午を打ったかのような明るさだ。うごきを止めた正午。進んでいかない。永遠の正午。

大坊珈琲店

大坊珈琲店はいまもある。ただし、それはてのひらほどの小さなスクリーンのなかにある。わたしたちは、大坊さんが自宅マンションの一部を改装してつくったコーヒールームにいた。以前店でつかっていた松材のカウンターをちょうどいい長さに切っておさめた、壁沿いの一角だ。わたしたちはそこで、ドキュメンタリー映画（『A Film About Coffee（ア・フィルム・アバウト・コーヒー）』）を大坊さんのポータブルDVDプレイヤーで観ていた。

「日本の東京に　コーヒー界で伝説の男がいる」

バックには琴の楽曲が流れている。弦をはじく音がひとつ、またひとつ。画面のなかで、大坊さんは焙煎された豆をはかりに流しいれる。重さを確認し、考えなおす。何粒かをびんにもどす。大坊さんが湯を一滴一滴、挽いたコーヒーの粉の上に落としていくのにあわせて、琴の調べは勢いを増し、狂ったように鳴り響く。

「……こういう音楽はお好きですか？」大坊さんに訊いてみた。

「いえ、そうでもないです」

「きっとプロデューサーは、外国人にもここは東京なのだとわかるような音楽を使いたかったのでしょうね」

大坊さんの髪はすっかり生えかわり、いまでは銀色だ。頭の上で輝いている。顔からは陽気さがほとんど消えていた。無関心なようすで画面を見やり、同時にもうひとりの自分がコーヒーを淹れている。

「この映画はいつ撮影したのですか?」小さなスクリーンのなかでは、大坊さんの髪は禅僧のように短く刈りこまれ、まだ黒々としていた。

「五年くらいまえです」

DVDプレイヤーを見ていると、大坊さんの店を思いだした。店内の光、竹のすだれ、たばこの煙、愚痴っている福谷さん。旧式の電球がはいった黄色い球形ガラスのランプシェード。そのランプシェードがひとつ割れてしまったとき、大坊さんは代わりを見つけることができなかった。

大坊さんは画面から目をそらしていた。「ときどき、夜眠れないと〝時間なんてものはない〟と考えることがあってね、そう思うと気持ちが落ちつきます。でも、つぎの朝目覚めてみると、また明るくなって、それまでとなにひとつ変わっていない。それでものすごい絶望を感じてしまう……。時間というものを惑星や星にからめて考えるから、途方に暮れるしかなくなるんだ。時間を心拍数で数えたなら、象の時間はネズミの時間とはちがうわけです。生きものにはそれぞれに固有の時間がある」

「ひょっとすると、わたしたちは時間を頭のなかで勝手につくりあげているのかもしれない」わたしは言った。「もしかすると、時間は現実には存在しないのかもしれません。もしかすると、そんなものはないのかも――〝ジカンハ、ナイ〟ということです」

「そんなふうに考えるのが、時間を征服するってことですね」大坊さんは言った。「ひとりひとりが自分なりの時間枠を持っているとしたら、時間は存在しないのとおなじです。みんな自分の時計に合わせて行動できたら、もっとしあわせになれるでしょうに。他人の都合で決めたことに無理やり従わされていると、そう、頭がおかしくなってしまう」大坊さんはかすかな笑みを浮かべた。「でも、〝一瞬は永遠とおなじ……〟だと思うと――そう思うと、自分が生きていると感じます」

市谷

そうして時間は燦《きら》めきを放ち、宝石のようになった。[1]

三島由紀夫『憂国』

市谷——戦後の繁栄

街はつねに時代の一部を隠しておく。

東京が時計の文字盤だとすれば、十時から真夜中まで——新宿から池袋を通って田端にいたる弧——は、わたしには縁がなかった。

東京の北部に位置するこのあたりは古くは山の手と呼ばれた。六義園に小石川後楽園。かつて寺社や貴族が有していた広大な土地の切れ端だ。いまは大学のキャンパスや〝ソープランド〟、サラリーマンが暮らす集合住宅が占めている。

まえに一度、毎年一回ひらかれる凧市を見に、王子に出かけたことがあった。東京という時計の中心が皇居ならば王子は十二時、ほぼ真北の位置にある。米と酒の守り神、お稲荷さんを祀った王子稲荷神社で知られる町だ。

その日神社には凧を売る店がたくさん出てにぎわっていた。売られているのは色とりどりの絵を描いた紙を竹枠にぴんと張った凧だ。将棋の駒をかたどったもの。戦国武将の顔が描かれたもの。火事を防ぐという魔法の爪。小さいものはてのひらにのるくらい小さく、大きいものはハンググライダーほどの幅がある。ひとつひとつが色鮮やかに、この世のものとは思えない青や朱色や金色や気品ある黒で彩られていた。

　神社の周辺はものすごい人出で場所によっては歩くことさえままならず、気がつくと、ある出店に押しつけられてうごけなくなっていた。そこでは年配の僧侶が爪ではなく数珠を売っていた。わたしがぶつかったので、出店の台がゆれた。

「ごめんなさい！」わたしは言った。

　僧侶は笑って言った。「大丈夫ですよ」

　台の上では円錐形のお香がひとつ小さな受け皿のなかで燃えていた。その脇には藁編みの遍路笠が吊り下がっている。六個ならんだ茶碗のまわりには指輪がいくつも置かれ、翡翠《ひすい》と瑪瑙《めのう》の数珠が小さな弁財天の木像にかけられていた。

「お手を」僧侶が言った。「見せていただけますかな……」

　左手にカメラバッグをもっていたので、それを右手にもちかえて左手をさしだしたのだが、僧侶は首を横に振った。

「両方の手を」と言うので、バッグを下におろして左右両方の手をさしだした。彼は台のこちらへまわってきて、わたしのとなりに立った。

　占い師を見たことはそれまでにもあった[2]——青山通りで、夕方の早い時間にベルベットの布をかけた折りたたみテーブルを前にすわっていた女性たち。夏になると出てくる占い師たちは、一見会社員ふうの女性もいれば、だれかの母親を思わせる人もいた。右目のあたりが落ちくぼんでいる人もいた。だれひとり、すでに起こったことやまだ起きていないことを、相手を見るだけで言い当てられる人などとはとても思えなかった。

僧侶はこちらの肌にふれないぎりぎりの距離を保ってわたしの手の上に指をすべらせながら、てのひらや指の皺、てのひらの下端と手首の境目の線を見ていった。新聞でも読んでいるようにすらすらと。と、とつぜん僧侶の目つきが鋭くなった。そして目をあげてわたしの顔を見ると、また視線を落とした。

「……おもしろい！」僧侶は大きな声で言った。「ひじょうにおもしろい！　ここです、ほら——

——？」

僧侶は「母」と言い、「父」と言った。「力」と言ったかもしれない。けれど、なにを言っているのかはさっぱりわからなかった。東京へ来たばかりで日本語は一語も知らなかったころをべつにすれば、ここまでことばの壁に阻まれたと感じたことはなかった。僧侶はわたしが理解していないこと、理解したいと思っていないことを見てとった。それがおもしろいようでもあった。わかっていないということだけでなく、あえてわかろうとしていないことが。

この人には死が見えるのだろうかという思いが、ふとよぎった。理解したくなかったのは、僧侶の言うことはどうせ嘘だと決めてかかったからではなく、もしかしたら真実を言ったのかもしれないと思ったからだった。そして、この僧侶がわたしの人生をでっちあげて語るのだとしても、あるいは、子どもが四コマ漫画を読むみたいに、わたしの過去も未来もすべて一瞥で見通す力がほんとうにあるのだとしても、なにがほんとうでなにが嘘なのか、わたしには判断がつかないからだ。

わたしは手をひっこめた。僧侶はまだ笑いながら台のうしろにもどった。


自然がつくった円形劇場。空を引きおろし、大地を浮きあがらせる円。

市谷では、さえないコンクリートのオフィスビルが隙間なくならぶ区画をつぎつぎと通りすぎる——住友生命、雪印乳業、救世軍、ヴォーグビル。すると、とつぜん目の前の景色が割れてひらいた。靖国通りを歩いていたわたしは、深い淵に落ちかけたかのように、はっとして立ちどまり、上体をうしろにゆりもどした。

パフォーマンスのための場所。高尚な劇場。あるいは映画館。

それがなんであるのかは知らなかった。手もちの地図ではそこは空白で、いくつかの長方形がまばらに描かれ、名もない道がつながったり離れたりしているだけだ。

ひろい靖国通りを渡ってみると、金属製の案内版に彫りこまれた周辺地図があった。もっていた地図の空白のスペースは防衛省の敷地だった。

一九七〇年十一月二十五日、陸上自衛隊駐屯地であるこの場所で、三島由紀夫は総監だった陸将を人質にとり、立てこもった。[3] そのあと総監室の窓からバルコニーに出ると、十メートル下にいる自衛官らに向かって、そこにあつまって話を聴かなければ総監の命はないと脅した。

三島は、いま立ちあがり、戦後アメリカが押しつけてきた憲法、つまり「永久に戦争を放棄」

し、天皇を実質的な権力をもたない象徴的な支配者とする平和憲法を覆《くつがえ》すのだと、自衛官らをけしかけた。

すぐに野次と怒号が飛び交い、馬鹿なまねはやめろ、だまって降りてこいと自衛官らは口々に叫んだ。上空では三機のヘリコプターが飛びまわり、プロペラの回転音と野次にかき消されて、三島の言葉は聴衆にはほとんどとどいていなかった。三島は自分の舞台の音響効果を誤算していた。

三島は檄を飛ばした。「われわれは戦後の日本が経済的繁栄にうつつを抜かし、国の大本《おほもと》を忘れ、国民精神を失ひ、本を正さずして末に走り、その場しのぎと偽善に陥り、自ら魂の空白状態へ落ち込んでゆくのを見た。政治は矛盾の糊塗《こと》、自己の保身、権力慾、偽善にのみ捧げられ、(……)」もともとは三十分を予定していたとされるバルコニーの演説は、実際には七分で切り上げられた(「諸君は武士だろう。武士ならば……諸君のなかにひとりでもおれといっしょに立つやつはいないのか……それでも武士か。それでも武士か……」)。演説を途中であきらめ、三島はまた窓から総監室にもどった。そしてひざまずき、短剣を抜いてみずからの左脇腹に突き立てると、右へ真一文字に切り裂いた。総監はさるぐつわをかまされて椅子にしばりつけられた状態で、慄然《りつぜん》として見守るばかりだった。同行者ひとりが三島を介錯《かいしゃく》し、さらにべつの同行者がその男を介錯した。それは二十世紀後半における中世の死であった。

わたしは防衛省の守衛室を中心に円を描いて静かにたたずむビル群を眺めていた。まだ昼にもなっていなかったが、通りは深夜のような静けさだった。靖国通りに立ってみてわかった。市谷で死にたかったのは武士にあこがれた三島ではなく、芸術家であり、役者であり、映画監督であった三島だったのだ。眼下の扇状にひろがるコンクリートの客席にちらばる人々に呼びかけたあと、みずからの死が生中継で伝えられる、そんな一幕をもとから思い描いていたのだ。

そこには何千人もの聴衆があつまれる広さがあった。

一九三〇年代に建てられた、三島が自衛官たちに向けて演説をした建物はいまものこっている。ひろいバルコニーと翼棟はチタンの白で、のちに建てられた強化コンクリートのビル群とパラボラアンテナのついた電波塔の陰にひっそりとたたずんでいる。

ジェームズ・カーカップは、一九六〇年代半ばの市谷を「雨戸のついたこぎれいな家々のならぶ、柳のしだれる道、こぢんまりした宿屋、小さな稲荷神社をかこむ庭」のある地区として描写している。[4] 周辺にはフランスの作家ジャン・コクトーに捧げられたカフェや、三味線を修理する店や碁盤を売っている店があり、焼き鳥屋やふぐ料理の店や〈プレジャー〉とか〈シャネル〉とかいう名前のついた「女の子のいる店」もあった。夜明けの橋という意味の曙橋が、いまはコンクリートの下を流れる川にかかっていた。川べりには〈本陣〉という、昔の日本の城のような格好につくったラブホテルが建っていた。その建物の層になった屋根は「電飾で輝き、突きだした屋根は白と緑の淡いネオンが輪郭を描いていた」。

橋を渡るとすぐそこが防衛省市ヶ谷駐屯地だった。第二次世界大戦中には帝国陸軍省の参謀本部が置かれ、日本が降伏したあとは戦勝国となった連合国がこの場所を使い、極東国際軍事裁判所が開廷した。軍事裁判所として、この裁判では軍と民間の指導者らが平和に反する罪、殺人、人道に反する罪で個別に起訴された。[5]

一連の裁判は、第一に日本国民にとっての歴史の教訓として、つまりは戦争にかんする事実を開示する場としての役割を担わされていた。検察官冒頭陳述で述べた――「これは通常の審理ではありません。というのもここでわれわれは全世界を破壊から守るための文明の断固たる闘争の一部を始めようとしているのだから」。かつて陸軍省参謀本部が置かれた建物でこの裁判がおこなわれたことがはらむ象徴性はあからさまだった。日本の古い秩序は終わった。敗北は現実なのだと。

一九六〇年代に市谷に住んでいた詩人のジェームズ・カーカップによれば、裁判はその当時も地域に影を落としていた。「東京のこの地区にはやむことなくつづく処刑の陰鬱な空気がただよっていた」。裁判所が置かれたのは一九四六年から一九四八年で、そのころ三島由紀夫は東京大学法学部の学生だった。当然、首相や陸軍大将や海軍大将や外交官たちへの裁定と判決の報道を追っていただろう。

それは見世物としての勝利、劇場としての勝利だった。舞台としてみれば市谷に肩をならべられるところはほかにない。

足りないのは――と三島は考えたかもしれない――べつの役者だ。それに、べつの脚本も。

三島がほかでもないあのような死を選んだ理由については諸説ある。純粋に政治的な理由（戦後憲法に対する右翼的抵抗だった）とするものから、美学的な理由（衰えが始まらないうちに、肉体と知力の絶頂期に死にたかった）、あるいは心理的な理由（共謀者のひとりが三島の愛人で、あれは心中だった）があったとするものまである。三島は日記を燃やしてしまい、親しくしてきたと思っていた人たちは、彼は自分が見せてよいと考えた一面しか見せてくれていなかったことに、その死後はじめて気がついた。三島は、部分をあつめると、ひとつの全体以上のものになるような人物だったのだ。

三島が自死にいたるまでの十年は動乱の時代だった。一九六〇年、東京は日米安保条約に対する大規模な反対運動にゆれた。その年の五月から六月にかけて、首都の通りは一日も途切れることなく反対派の人々であふれた。一九六八年から六九年、大学生がキャンパスを占拠し、教授を人質にとることまであった。[6] 議論は、要するに戦後日本の価値観と、その価値観を定めたインテリ層に疑問を呈するものだった——A級戦犯としての起訴を免れて公務復帰した岸信介が首相なら、〝平和〟憲法にどれほどの価値がある？ そして日本には、アメリカ型のただがむしゃらな経済的発展を超える未来はないのか？

同時代人で当時の論敵だった寺山修司は、芸術だけが世界を変えられるとの主張をもって一九六〇年代日本の文化危機に反応した。[7] 寺山は、真の革命とは想像力のなかにあるものだけだと主張した。三島は心の底からこの考え方に反対した。そして自身の思想に説得力を加えるべく民兵組織を創設した。三島が〈楯の会〉と呼んだその組織は、彼の右翼的価値観と堕落する以前の日本を理想とする考えを共有する大学生で構成されていた。その人生の終焉を迎えるにあたって、三島は自身にとって書くことにはほとんど価値がなくなった、ことばの世界を離れ、行動の世界へ移りたい、と主張した。そして棺に納めるときには〈楯の会〉の制服を着せたままにしてほしいとの遺言を残していた。「白手袋をはめて軍刀づくりの刀を持たせ、その写真を撮っておいてください。（……）小生が文士として死んだものではなく、武人として死んだことを確認したい」のだと。

三島の自死に、日本の政界、なかでも右翼の大物たちは閉口した。時代は日本がようやく西洋諸国と対等に競争できる近代的な工業国として認知されはじめたころだった。

三島の死は芸術界の大物たちをも喜ばせはしなかった。映画監督の大島渚は、彼の自殺は「凝りすぎ」ているがゆえに「われわれ日本人の美意識にそぐわなかった」と不満を述べた。作家で映画監督の寺山修司はただ一言「三島は季節を間違えたな。桜の季節にやるべきだったんだ」と言った。

わかる人にはわかるジョークだった。

市谷での最期を迎える一年まえから、三島は友人たちに別れを伝えはじめていたのだが、あの劇的な公開自殺のときまで、だれひとりその意図を理解していなかった。

作家で映画評論家のドナルド・リチーは、三島の死の数カ月前に東京ヒルトンホテルで三島と最後に会ったときのことを振りかえっている。[8] そのとき三島は〝純粋性〟（リチーにとっては聞き飽きたテーマであった）について語り、あとはほぼずっと自身がどれほどまでに西郷隆盛に心酔しているかという話に終始した。西郷は幕府を倒し、天皇の力を復興させることによって日本古来の美徳をとりもどすことを望んだ。西郷は自分が先導してきた革命が失敗に終わったと信じるにいたったのちに死を選んだ。なぜなら、あたらしい日本は理詰めで、実用主義的で、融和的な考え方の人間ばかりになってしまったからだ。

西郷の自決は〝美しい〟と三島は言った。その戦後の繁栄に酔いしれる国に対する応答としてのひとつの見事な行動だった。国は豊かになった、それはたしかだが、精神的には空っぽになってしまった。十九世紀末の日本と一九四五年以降の日本はおなじだと、三島はリチーに語った——

「日本はね、死んでしまってもうない、消えてしまったんですよ」

「でも、本来の日本もまだどこかに残っているでしょう？」私は聞いてみたが、三島はきっぱりと首を横に振るのだった。

「なんとか日本を救う手だてはないのかな？」そう尋ねながら、私は微笑んでいたと思う。三島は私の背後にある鏡を見詰めて言った。「いや、もう救いようはないね」。

＊

防衛省の東側では外濠の水が、覆いかぶさる土手の大きな桜の木々の下を静かにひっそりと流れていた。市谷のあたりの建物はこれといった特徴がなく、どれをとってもおなじに見える。いずれ壊されるのを見越して、つかのまそこにあるためにつくられた建物たち。

神道の武神を祀る八幡宮は、まわりを平らな土地にかこまれて、そこだけが盛りあがった丘に建っていた。丘は傾斜が急で、もしかしたら昔は完全な円錐形だったのかもしれない。中世の日本の都市では、寺社はしばしば城を守る防衛線として配置された。八幡宮は江戸城の西側を守る位置にあった。石段のてっぺんに立って下を見ると、めまいをさそうほどの急斜面を隔てて、一段目の石灯籠が近くに、また同時に遠くにも見えた。一歩とびだしさえすれば、その距離は急速に縮まるだろう。

徳川幕府の時代、市谷には茶店や食べ物を売る屋台があつまり、相撲の土俵や歌舞伎の舞台もあった。八幡宮のお祭りのときなら、火を呑む芸人や龍の舞などの見世物が出たのだろう。猿まわしや曲芸師や手品師も。

市谷亀岡八幡宮の宮司をつとめる梶謙治氏とは、石段をのぼりきったところにある社務所で会った。梶さんは、ぱっと見たところ、モノクロ時代の黒澤映画から抜けでてきたかと思うような風貌の持ち主だった。

「はい、昔ここに鐘がありました」梶さんはこう話した。「いまわたしたちが立っているところに鐘楼がありました。ですが、明治の初期に神仏分離令が施行されまして、そのときに鐘は撤去されました。いまどこにあるかはわかりません」

梶さんは神社のなかを案内してくれた。一九一二年の大正天皇即位を祝う石碑。江戸時代の歴代の刀鍛冶を祀る石碑。彼らの刀の切れ味は、落ち葉を中空で一刀両断できるほどだった。

「それで、こちらの鐘が時を告げていたころ、市谷の周辺にはどんなものがあったのですか?」

梶さんはわたしのノートに目をやり、上下逆さまの位置から読んでいた。そこにはわたしの走り書きの文字で、〈赤線地区。女郎屋〉とあった。

梶さんは笑った。「たいしてなにも。このあたりはいまでいえば池袋のような場所でした。あるいは渋谷とか。たしかに〝ソープランド〟はたくさんありましたけれども……」

「この神社には〝境内に足を踏みいれたなら、すべての災厄が取り払われる〟と書いた看板があると、どこかで読んだのですが」

梶さんは肩をすくめた。「おそらく明治初期になくなったのでしょう」

徳川幕府最後の将軍が江戸を去り、朝廷軍が江戸の町を手中に収めたとき、八幡宮が受けた苦難は上野をのぞけばほかのどんな場所よりも大きかった。神社の能舞台はめちゃめちゃにされ、おなじ境内にあった寺は徹底的に破壊されて、できてまもない鐘楼も打ち壊された。明治天皇の新政府は徳川の時代は終わったことを明確にし、寺院が時の鐘を鳴らすことを禁止した。代わって正午には皇居で大砲が発砲されると決まった。そして一八六二年ごろにはもう、たった五両でだれでも懐中時計がもてるようになった。[9] 鐘は詩情はあっても正確さに欠ける。[10] 寺の鐘のもの悲しい音色など、もはやだれも必要としなくなった。過ぎ去ったばかりの世界とおなじように。

市谷周辺の派手な賑わいはほとんど一夜にして消え去った。跡地には樹木が植えられた。

時間は三島を魅了した。[11]

世界は水を充《み》たした革袋のよう、と彼は書いている。世界の底には小さな穴があいていて、そこから一滴一滴「時」がしたたり落ちてゆく、と。

時間は渦のよう。生きるものは巻きこまれて消えてゆく。

太陽を背に自分の影で日時計を覆うように立っていれば時間を止めてしまえる。

いまこの瞬間は、メコン川とかバンコクを流れるチャオプラヤ川とか、大河のようだと思えることがある。過去と未来はその支流で、ときにあふれだしてはたがいの流れに注ぎこむ。

時間は宮殿の大広間。襖は取り払うことができる。これから来る時間、あるいは過ぎ去った瞬間の一瞬一瞬がすべていっきに目にはいる。

女の靴から流れでる砂。世にも艶《つや》やかな砂時計。

梶さんとわたしは、雨風にさらされて筋がはいり緑に変色した八幡宮の古い銅鳥居の下に立って、防衛省のほうを見ていた。鳥居には一八〇四年に神社再建のために寄進した人々の名前が刻まれていた。いくつもの火事を、いくつもの地震を、この銅は生きのびた。一九四五年の戦火につつまれたときには、白く熱く輝いたことだろう。

「三島由紀夫は」わたしはたずねた。「死ぬまえにここに来たのですか……？」

「防衛省の建物はすぐとなりです。自衛官が大勢お参りにいらっしゃいます」梶さんは答えた。

「三島もここを訪れました。自決したあの日には、ヘリコプターがたくさん飛んできて、すごくやかましかったのをいまでもよく憶えています」

「なにが起こったのか理解できましたか？　当時はまだ子どもでいらしたでしょう？」

「両親が説明してくれました……」梶さんはこちらを向いて視線を落とした。かすかに笑みを浮かべて。「……三島は切腹をしたのだと」

三島が亡くなった場所を覆い隠している桜の木立とそのむこうの建物に、わたしたちは黙って目をやった。

「すばらしい作家でした」わたしはようやく口をひらき、そう言った。

「ほんとうに」

『奔馬《ほんば》』[12]のなかで三島は、一九三〇年代を舞台に、クーデターを企てている過激思想の青年を描いている。「自分は物語の中の人になった。ずっと後世の人に記憶される栄光の瞬間に、自分らは正にいるのかもしれない」自身がなにをすべきか、青年は祈るが啓示は降りてこない。神のことばはなく、彼が選ぶべき日時を示すしるしはなにも与えられない。それはまるで「決定は放棄されている」かのようだった。この暗殺志願者はいずれにせよ決行を決意する。

三島は自身のクーデターを〈ミスティ〉という六本木のサウナで画策した。行動をともにしていたのは、天皇を左翼の過激派から守るという名目で三島が創設した〈楯の会〉と称する団体に属する四人の若い学生たち。

〈ミスティ〉は、日本国家の〝純粋性〟をとりもどすという三島の計画の舞台となるには奇妙な場所だ。当時もいまもナイトクラブやホステスのいるバーがあつまる場所にある、どこかいかがわしい店だったのだ。とはいえ、その〈ミスティ〉で三島は共謀者たちに、自分が合図したら介錯をすると誓わせた。そして自決の日に、市谷の自衛官らとマスコミに撒布した檄文を起草したのもここだった――「日本を日本の真姿に戻して、そこで死ぬのだ。生命尊重のみで、魂は死んでもよいのか。（……）今こそわれわれは生命尊重以上の価値の所在を諸君の目に見せてやる。それは自由でも民主々義でもない（……）これを骨抜きにしてしまつた憲法に体をぶつけて死ぬ奴はゐないのか」。

そのサウナ店で三島と同行したメンバーの学生たちは、一九七〇年十一月二十五日の自分たちの動きを時系列に沿って綿密に計画していた――

一〇時五〇分　東部方面総監部到着
一一時二〇分　総監を拘束（さるぐつわをかませ縛る）
一一時三五分　自衛官らを総監室の下に集合させる
一二時〇〇分　自衛官らに呼びかける

もし自衛官らが三島とともに立ちあがることに同意した場合には（三島自身、そうは期待していないことを〈楯の会〉のメンバーらに内々に伝えてはいたが）、一二時三〇分に国会議事堂へ向かって行進することになっていた。だが彼の声はだれにもとどかず、あるいはとどいていたとしてもその構想に賛同するものはおらず、一二時〇七分、三島は演説をやめる。

一二時二〇分には、彼は死んでいた。

三島は占い師を必要としなかった。あらかじめ書かれた運命をもたない男たちがいる。三島は自分で自分の物語を書き、そしてそれを血で書いた。

新宿

新宿は認識と現実の交差点に位置している。あなたがこの二十四時間に体験したことは超常現象でも幻覚でもない。異なるパラレル次元が交差したのだ。認識だけがこれらのパラレルワールドを隔てている。[1]

クリストファー・"ミンク"・モリソン

大坊珈琲店

大坊さんとわたしは靖国通りの伊勢丹近くでタクシーを降りた。

画材店の二階の窓に、白い石膏像が――頭やら、胴体やらが――所狭しとならび、横断歩道の上に浮かんでいる。

わたしは鐘をめぐる巡礼の旅のことを大坊さんに話しているところだった。

「〝星霜〟！　〝光陰〟！」大坊さんは嬉しそうに〝時〟を表わすことばをつぎつぎと繰りだした。

「美しい！　もちろんあなたの文法は完璧ではないし、それにまだまだ知らない単語もたくさんあります。でもそんなことより、こういうことばを真剣に考えることのほうがずっと大事なんだ」

大坊さんは笑いながら、どっしりとした傘を空に向け、地面に向け、信号に向けた。

「星霜！」大声でくりかえした。「光陰！」

まるで新宿の魂を呼び覚まし、形あるものにしようとしているかのようだった――新宿のネオンサイン、通り、大気中を燃えながら流れる彗星のように行きすぎるタクシー、酔っ払いとさすらい人たちの群れ。

とき！　烏兎《うと》！　有時《うじ》！

未来の時計

アルバート・アインシュタインの一般相対性理論は、重いものに近いほど時間はゆっくり進むと予言する。

地球上では、質量の大きい地球の核に近い海面レベルでのほうが山頂よりも時計の針がゆっくり進む。衛星に載せた時計は山頂の時計よりもいっそう進むのが速い。

一九二二年、出版社の改造社がアインシュタインを日本での講演に招いた。[2] 彼を乗せた船が神戸の港につくと、アインシュタイン熱が日本を包みこんだ。当時の駐日ドイツ大使はベルリンに宛ててこう書いている。「アインシュタインが東京に到着するや、駅に押寄せた人の数のあまりの多さに警察はただ腕組みをして、身の危機を感じるほどの人の波を見ているしかなかった。政府のお偉方から人力車の車夫まで日本の全住民が自発的に、なんの準備も強制されることもなしに加わったのだ……」

アインシュタインの車は押し寄せる人の群れにとりかこまれ、東京駅から出られなかった。

はたして日本の全国民が相対性理論についてのアインシュタインの講義を理解しうるかどうかについては、閣僚のあいだで激しい議論があった。[3]

鎌田［栄吉］文相はやや急込んでもちろん判るといった。岡野［敬次郎］法相は鎌田文相と違って、とっても判りっこないといった。荒井［賢太郎］農相は鎌田文相に多少同情してまあボンヤリとは判るだろうといった。頑固な法相は判ると判らぬとの間に中途の道などあり得ないと主張した。判るのなら明瞭に判ったのであり、判らぬのならまったく判らなかったのだ。（……）彼は去年日本に初めてその理論が紹介された時、相対性理論についての本を注文し、勉強しようとしたのだ。第一ページに高等数学があるのを知って、当面、閉じるほかなかったのだ。

日本人のほとんどが彼の理論を理解したかどうかはべつとして、アインシュタインは讃嘆の声に迎えられた。その方程式をたたえる長大な詩が書かれた。学者たちは彼を〝父〟と呼びたがった。そして〝相対性（そうたいせい）〟の読み方をめぐっては、それがセックスをあらわす語である〝相対性（あいたいせい）〟と混同されたがゆえに混乱が起きた。[4] その年、風俗街ではさまざまなバージョンの〈相対性節《あいたいせいぶし》〉がつくられ、さかんに歌われたのだ。それらはすべてラブソングであり、そこで歌われる〝相対性《あいたいせい》理論を実行中〟といえば恋愛中であることを意味した。

こうも熱狂的に迎えられたアインシュタインは照れて、「これほどの歓迎にふさわしい人間はこの世にいません」と言った。六週間後、日本を離れるときには目に涙を浮かべていた。

東京大学では、香取秀俊教授が質量の大きいものの近くでは時空は曲がるというアインシュタインの考えを実証する時計をつくっていた。[5] 光格子時計と呼ばれるそれは、宇宙誕生の瞬間にも満たない短い時間までも正確に計れる道具だ。

香取教授の時計は檻に入れられた動物のようにケースに収められている。機械の動物園にいるめずらしい動物のようだ。研究室のなかは区画ごとにテイストが異なり、それぞれの冷却装置がドラムの音を鳴らすようにそれぞれの音楽を奏でている。それぞれの時計のなかには回路基板に渡された黒いジャンパー線、青いレーザー光の小さなコロニー、そして原子が閉じこめられたオーブンが入っている。人間の心臓ほどの大きさの窓の内側ではストロンチウム原子が青紫のもやのような光を発している。

その日、香取教授は細いメタルフレームの眼鏡をかけて、クリーム色のニットのベストをピンストライプのシャツの上にかさね、ジーンズと流行のニューバランスのスニーカーをはいていた。お辞儀をしたときに、そのスニーカーが目にとまり、しばらくじっと見てしまった。

研究室のドアの内側にはサルバドール・ダリの〈記憶の固執〉の複製画が貼られていた。だらりと垂れさがる懐中時計。ひとつは枯れた枝の上に、ひとつは石のブロックの上に、そして三つめは皮におおわれた骨の上に。四つめの時計は裏返しになっていて、まっ黒な蟻が群がっている。

香取教授にうながされ、ふたりで丸テーブルについた。秘書のかたがロイヤルアルバートのティーセットでお茶を出してくれた。

わたしはセシウム原子泉時計《げんしいずみ》（単一イオン時計としても知られる）の概略図を持参していた。現在も国際的な時間の定義を決めるのに使われているものだ。それにより、現在〝秒〟はふたつのエネルギー準位*のあいだをセシウム原子が遷移するのにかかる時間として定義されている。しかしセシウム原子泉時計が拠りどころとしている技術は一九五〇年代のものだ。最高の原子泉時計であっても、香取教授がつくっている光格子時計とくらべれば、うごきは遅く精度もずっと劣る。

香取教授はわたしのもっていた資料を見て顔をしかめた。

「理論上では、単一イオン時計は素晴らしいのですが、現実にはそれが時間を読みだすのに十日かかります」香取教授はことばを切って、ほんのすこし眉をあげた。「それはさほど大きなことではありません。でもわれわれが一分のうちの相対論的な時間を測定できるとなれば、時間が実際に起こっているのをその時に感じることができるのです。十日後ではなくて。光格子時計では百万個の原子を用意して、ほんの一秒のうちにそれらを測定します」

「あなたはノスタルジックな人ですか？」

その質問が意味をなしていると思えなかったのか、香取教授は答えようのなさそうな顔をしていた。それでおなじ質問を何度かくりかえした。「でも、わたしは古いテクノロジーを追い越していきたいのです！ ほかのだれかのアイデアの後追いをしたいと思ったことなんてないんです」

香取教授は身体をよじって〈記憶の固執〉を見た。「われわれはダリが思い描いたものを実現できる手前までできているのですよ」

わたしも視線をあげて〈記憶の固執〉を見た。浸食された斜面、荒野、時計のケースに群がる蟻。そしてその時計の顔は見えない。時計に顔があるならばだが。

「ここに描かれている時計の垂れさがり具合は不気味です。怖くありませんか？」

香取教授は笑った。「そんなことはありません！　わたしは人々には現実に対するあたらしい見方をもってほしいと思っています。いまのところ、だれも相対性のことなど気にかけてはいません。重力が時間と空間をどう変えることができるかを理解しているのは科学者だけなのです。わたしの夢はそれを変えることです。すべての人々にアインシュタインの時間の概念を理解してもらうことです」

「どうやってそれをなさるのですか？」

「もしあなたがわたしの時計をふたつ、あいだを充分に離して身に着けたとします。そしてなにか重いものがうごくと、ふたつの時計がそれを探知します――」

「なぜならその重いものに近いほうの時計のほうがゆっくりとうごくから――」

「そうです！　あるいは富士山の下のマグマ溜まりを思い浮かべてみてください。溶岩がうごくと、わたしの時計はなにが起こっているかを探知するでしょう。レーダーがはたらくのと似てい

＊放射の周期の九一億九二六三万一七七〇倍。

ますが、でもこの場合、われわれは時空の乱れ、時空のゆがみを観察することになるのです」

もう一度ダリの絵に視線を向けてみた。

「そうすると、将来的にはそのふたつの時計の片方はなにかが起きるまえにそれを察知することができるようになるけれど、それでもその時計はやはり時計で、ただ……現在ある時計……ではない……」

香取教授はほほ笑んだ。「現在の時計は、われわれがどんなふうに時間を共有しているかを示してくれています。でも、わたしの時計は、われわれは時間を共有していないということを示してくれるでしょう。わたしの時計が示すのは時空は人によって異なるということです」

「先生の時計の話はもう時計の話ではないみたいです」

香取教授はにっこり笑ってつづけた。「わたしは、わたしの時計をガソリンスタンドや携帯電話なんかにつけたいと思っているのです……」

見えない蜘蛛の巣が神経節のようにのびていく。日本じゅうに、アジアじゅうに、そして世界じゅうに。その時計はやがてほとんど生き物のようなひとつの大きな有機体になるのだろう。

新宿では、観るものと観られるものはひとつ。あなたの目に映るのは、あなた自身だ。

新宿の目に輝いて映るのは、遠くにたたずむ港町横浜、東京湾の雲母のきらめき、北東の山々と西の富士山、そして東京そのものがかたちづくる三次元の巨大な回路盤、そこでは標識の白い文字が大小の通りを示している。

新宿はひび割れた一枚の鏡。そこに映るものは街の外側を見返している。

新宿はモンスター。それは合成怪獣《キマイラ》、光の嵐。[6]

画家の本間《ほんま》國雄《くにお》[7]は以前、新宿の交差点や付近の赤線地域では、「色彩が東京の中心とはちがっている。ここでは影の色が薄い」[8]と言った。

新宿は、もともとは屎尿《しにょう》と馬糞の収集地として有名で、それは江戸じゅうの農家へはこばれた。一八五七年に『名所江戸百景』を描いたとき、広重は荷馬の尻と馬糞をわざと前景にもってきた。馬と馬糞のむこうに上品に軒をつらねる店々が小さく描かれている。その絵からは鼻をつく馬糞の臭いが立ちのぼってきそうだ。しかし、一九〇〇年代初期には鉄道駅が賑わい、地域も裕福になっていった。一九二三年の関東大震災後の新宿は、前衛的でファッショナブルな街にさえなった。

新宿はめまいだ。それはいつの時代も変わらない。一九三〇年代、林芙美子はカレーで有名な中村屋からの眺めを書きとめている。[9]そこでは、ぬるいお茶を飲み、美味くもまずくもない〝支那饅頭〟を食べながら、インテリゲンチャが社会主義について書きものをしたり議論をたたかわせたりしていた。

此白い書店は、前は黒い炭屋さんだつたんだが、一軒が二軒にボウチョウして、一寸とまどいしてしまう

東京はいつもいたるところでみずからを破壊しては、空地と廃墟からあらたな風景を生みだしているが、新宿においてはそのプロセスは極端だ。

「新宿は、いまにボウチョウして昇天するに違ひない」と林は書いた。時計屋、宝石屋、パン屋、洗濯屋、銀行。それぞれの店ごとに流れる音楽。新宿駅のむかいに鰻の寝床のようにせまいレコード店があり、騒音が頭のなかに鳴り響いてやまない店員は林に言った。「三越の楼上へ上ると、汽車も電車も見えるし、遠い郊外の水々した風景が息をついてゐるし、全くせいせいしますよ」

駅のなかで迷ってしまった。あまりに広大で、この駅には入口だけあって出口はないのだと思えてきた。幾何学の法則によれば存在するはずがないのに、どういうわけか存在している場所なのだと。

英国のアーティスト、レイモンド・ルーカスは新宿駅の概略図をつくり、方向感覚を失う段階を図で表わした。[10] 出口の標識を見つける。示された方向へうごく。広場を見つける。示された方向へうごく——示された方向へうごく。人ごみから離れる。この出口は外へ通じているのか？　ほかのルートは試してみたのか？　この出口は外へ通じているのか？

一時間近くさまよい歩き、その間ずっと駅は見えていたのだが、ようやく中央線の線路とタイムズスクエアのショッピングモールの上を通って新宿公園へと通じる歩道に出た。屋外エスカレーターで明治通りに降りる。道ぞいには駐車場や日焼けサロンや漢方薬局が立ちならぶ。バー〈アンティク・ヌック〉の入口の前を通りすぎると、蒸し暑い通りに地下の店舗の冷たい空気があがってきた。階段の壁にはインディーバンドのフライヤーが所せましと貼られている。〈ゴールド・ジョーク〉、〈スナッチャー〉、〈ホットアップルパイ〉、〈ロイヤル・トゥー・ザ・グレイブ〉。

天龍寺は〈アンティク・ヌック〉の近く、明治通りと、かつて江戸から北西に向かう道だった甲州街道が交わる細い楔形をなす土地に建っている。

その寺には入口がひとつだけあった。お金をかけた外観。これほどの立派な寺は東京じゅうで、いや京都でも見たことがなかった。本堂のすぐ外にはジャガーが一台とめられていて、外塀と道路のあいだには湾曲した手製の竹の泥よけがついていた。重厚な木の門扉には徳川家の三つ葉葵の紋がくっきりと濃い金色でしるされていた。

墓場と本堂の軒下を通る歩道のあいだの細長い庭に住職の奥さんが立っていた。境内にふらりとはいってきた数人の旅行者がいたので、その人たちに浅い井戸のなかにある音の鳴る石を見せていたのだ。竹のひしゃくを手にとって、石の上から細い糸のように水をそそぐ。低くかすかに響くその水音は琴の音色にも似ていた。住職の奥さんはひしゃくを旅行者のひとりに手渡したあと、こちらを向いた。

「そうです、あれが時の鐘です」墓石のあいだに吊り下がっている鐘に向かって彼女はうなずいた。「わたくしどもの鐘はよそのとはちがって半時間早く鳴らしていました。そうやって内藤新宿の遊郭に夜遊びに来ていたお侍さんたちが、朝になって江戸登城に遅れないようにしていたのですよ。それでこの鐘は〝追出しのお鐘〟と呼ばれていたのです」

「これはそのときからある鐘ですか？」住職の奥さんがうなずいたので、さらにたずねた。「戦時中は隠していたのですか？」

「ええ、ええ、うちにあるのはそのころからのものです」[11] 住職の奥さんは腹立たしげにつづけた。「それから、いいえ、隠しはしていません。もちろん戦時中はたくさんの金属が接収されましたけれども、うちの鐘は免れました。あまりにも有名で、逸品でしたから、だれも手をつけられなかったんです」


新宿は水墨画に描かれる中国の山と似ている。岩がちな山頂、そして下の大地と海は目に見えるが、そのあいだの空気は消し去られ、雲のうしろに隠れて見えない。

パークハイアットホテルのアトリウムから夕暮れが街を包み、やがて明かりが目をあけるのを見ていた。摩天楼の頂上では飛行機を誘導する赤い光が点滅する。チカ、チカ。心臓の収縮と拡張。

千フィート下はゴールデン街と呼ばれる小さな地域があり、網目をなす道路に古いコンクリートのバラックのようなせまくるしい飲み屋がひしめきあっている。〈ブルードラゴン〉、〈オレンジ〉、〈ピクルス〉、〈WHO〉、〈ゴールデンダスト〉、〈ロンリー〉。

店の入口の看板の上にとまっているのは焼きものの小人。そばには仏像、磨かれた小石、磁器の菩薩像、ミニサボテンのコレクション、プラスチックでできた金色のまねき猫。雨と日よけの役割をしていたと思しきキャンバス地のスクリーンは、日に焼けたか、雨で朽ちたか、風で破れたかで、それを支える折り畳み式の金属のアームは錆びている。名もない草と野生のシダがバルコニーからのびている。

どの店のドアの横にもまえの晩のワインとビールと酒の空きびんを詰めこんだ箱が置かれていた。

新宿はそこに映るイメージでできた街。水槽にかかるはしごとビルの上のアンテナ、目隠しでなかの見えない窓々、錆びた非常階段。入り組んだ電線、せまい段状の区画に詰めこまれた墓地、横断歩道、バブル崩壊後のアトリウムにのこされた巨大な柱。薄っぺらいカーテンとそのむこうにあるもの、だれかが道に落としたライター。ラブホテルの鏡と時計、そしてそれらが告げる時。建設現場にかかる半透明のシート、街灯、坂道、わたしに読める看板と、読めない看板。地下駐車場の入口と駅の出口。金網のフェンスと飲み屋の外の不ぞろいな敷石、空き地、立ち入り禁止の標識に描かれた円と斜線、テレビモニター。影の街。

新宿は四分の一マイル四方の歌舞伎町のクラブのなかで、西新宿の高層ビルの頂上と道路のあいだのまんなかあたりで、ゴールデン街のバーのなかで繰りひろげられるさまざまな人生。

新宿はわたしの知識の限界。未来の街。そこではわたしはすでに幽霊だ。人の知りえぬ存在、人に知られぬ存在。

帝国ホテル

どこかを曲がるたびに、主たる空間を出て、小さな空間に入ることがある。いつも、次の空間へ続く曲がり角がまた出てくるように思える――空間どうしの容積は嚙みあい、そこここで短い階段を上がると新しい眺望があらわれる。屋内の見え方は絶えず変化し、思いもよらないところに開いた部分から、庭の風景がさまざまに目に入る。

このホテルに足を踏み入れると、限りがなく終わりがないという性質を根底にもつ空間に巻きこまれていく――始まりと呼べる確たる点はなく、終わりもまたない……帝国ホテルの空間の形は生命の形だ。起源はなく終焉もない。[1]

ケアリー・ジェイムズ『Frank Lloyd Wright's Imperial Hotel（フランク・ロイド・ライトの帝国ホテル）』

日比谷——帝国ホテル

「芸術というのは」と三島由紀夫は書いている。「巨大な夕焼けです。一時代のすべての佳《よ》いものの燔祭《はんさい》です」[2]

三島はこの思いを、第二次世界大戦の直前、バンコクでかつかつの生活を送る小汚い日本人ツアーガイドに語らせている。だが話し手から切り離すと、そのことばの重さと対称性が見えてくる——

永遠につづくと思われた歴史も、突然自分の終末に気づかせられる。美がみんなの目の前に立ちふさがって、あらゆる人間的営為を徒爾《あだごと》にしてしまうのです。あの夕焼の花やかさ、夕焼雲のきちがいじみた奔逸を見ては、『よりよい未来』などというたわごとも忽《たちま》ち色褪《いろあ》せてしまいます。現前するものがすべてであり、空気は色彩の毒に充《み》ちています。何がはじまったのか？　何もはじまりはしない。ただ、終わるだけです。

宮島達男のインスタレーションを目にすると、いつもこの一節を思いだす。ご本人に会う以前、まだ顔も知らないころに、宮島の夢を見た。一九九七年の作品展《Time in Blue（タイム・イン・ブルー）》を見た直後のことだ。赤、緑、青のＬＥＤの数字が散らばって光のネットワークをなし、数字はカウントダウンされていく――

９　８　７　６　５　４　３　２　１

そしてカウントアップ――

１　２　３　４　５　６　７　８　９

カウントダウンが終わると、また始まる。終わって、始まる。また始まって、終わる。ＬＥＤは、部屋じゅうを弧を描いてうごきまわるおもちゃの車にのっかっていたり、床から天井へからみあってぐるぐるとのぼっていったり、格子に取りつけてあったりする。そして、七日間に一度だけ数字が変わる時計がひとつあった。

黒曜石のような暗闇のなかでＬＥＤはぼんやりとした光を放ち、ひとり静かに時を刻む。光がめまいを誘い、わたしは数字になる。

闇のなかでわたしは方向感覚を失った。ゆらめき消えてはまた灯る光のほかはなにも見えないのだ。自分の立ち位置が定かにならない。カウントダウンがなぜ始まり、なぜ終わるのかもわからない。なぜある数字はほかの数字よりも速くうごくのか、わからない。

そしてそこには0《ゼロ》がなかった。どこにも、ひとつも、ゼロはなかった。

展覧会のあとで夢を見た。わたしは膝立ちで木の小舟に乗り、氷の海原をただよいながら、舳先で氷を押しやり、押しやりしていた。頭上に輝く星はLEDデジタルカウンターだ。東の空にカウンターの星がのぼってくるのを見ていたが、途中で星は崩れかけてそびえる海食柱《かいしょくちゅう》の陰にかくれて見えなくなる。男がひとり、岩場に寄りかかっている。あれは門番——ミヤジマだ。

あとになって、あの夢——空に弧を描いてのぼっていく数字、大海原と海食柱——は、電気で示された予兆、わたしが日本へ渡ることになるという予感だったのだと思った。

ある批評家は宮島のLED作品について、その「極端なエレクトロニクスと極端なセンチメンタリティの融合はいかにも東京だ」[3]と評した。東京には宮島の創造物がどこにでもある——彼の創りだす数字は階段に埋めこまれていたり、六本木の摩天楼のまわりに巻きついていたり、コインロッカーに詰めこまれていたりする。

宮島はこう述べている。「時間はわたしたちが考えているようなものではない。わたしたちは生きています。だから時間は存在するのです。わたしたちが時間に命を与えている。わたしたちがそれを発明しているのです」[4]

ある意味で、わたしを日本へ連れてきたのは宮島だったから、日本を離れるまえに会いたいと思った。

問題はどうやってその人を見つけるかだった。ロンドンでなら所属画廊に電話をかければいいとしても、日本では世界じゅうのどこよりも紹介がものをいう。そこで、なんとかつてをたどり、宮島を知っている人を知っていそうな人はいないかとさがしていった。東京の街そのものは、ほとんど無限の迷宮だが、そこに暮らす外国人のコミュニティーは小さい。それでたどりついたのが、キャロリーヌ・トローシュ、パリの画廊に日本の芸術家を紹介しているフランス人女性だった。宮島とおなじく、彼女も東京と西洋のあいだに横たわる深淵のなかで仕事をしていた。

キャロリーヌとは西野壮平という若いアーティストをかこむパーティーで会ったときに、話をすることができた。西野は撮影した写真の密着印画紙をはさみで切り、その小片を貼りあわせて都市の景観をつくる。真実だが正確ではない、巨大な街のジオラママップ、世界のどこにもない想像上の都市だ。

わたしはキャロリーヌと一緒に西野の《東京》を見ていた。紺碧の海が街をかこみ、小さく切った四角い紙片が大海蛇の鱗のようにかさなりあっている。近づいてみると信号機やタワーや、それにブラシのひと刷毛ほどの小さな人が見えた。トンボの複眼か、あるいは天使の眼を通して東京を見ているようだった。

「〈スカイザバスハウス〉に電話してみたら？　彼の代理人をしている画廊よ」

「直接電話するなんて！　まさか！　うまくいきっこないでしょう」

それでキャロリーヌは、ある収集家を紹介してくれた。その人なら宮島とどう接触すればいいか知っているはずだといって。あの人はだれでも知っていると、彼女は意味ありげに言った。そしてだれもが彼を知っていると。

収集家は背の高い男性で、その部屋にいたほとんどの人、芸術家すら、というより芸術家こそが、彼に対してかしこまっている。恐れを抱いてさえいるように見えた。

まずは雑談からと思い、ご家族は何代まえから東京に住んでいるのかとたずねてみた。ほんものの江戸っ子といわれるには、三代さかのぼって東京に住んでいなければならない。

「七代です」収集家は愛想よく答えた。「うちのご先祖はソープランドを経営してたんですよ」

事実上の〝売春宿〟を意味するそのことばを聞いて思わず笑ってしまった。「それはちがうでしょう」

「銭湯の仕事をしていたという意味ですよ[5]」

わたしは、だまされませんよとばかりに眉をあげた。収集家は笑った。

「……わたしの曾祖父の代には将軍家にお仕えする医者でした[6]」

この収集家の先祖は、外国人との交流が禁じられていた時代に、オランダ語で書かれた解剖学の教科書を手にいれていた。二百年以上にわたって、日本は交易の制限により西洋との接触を断っていたが、長崎の人工島である出島にひらかれた小さな和蘭商館だけが唯一の例外として認められていた。江戸の医者たちは将軍による西洋書籍制限を公然と無視して、また、(蘭学を自分たちだけのものにしておきたかった)長崎の医者たちからにらまれつつも、医学を独学で学んだ。江戸の医者たちは孤立状態で、もっぱら書物をたよりに、暗号解読者のように学ばねばならなかった。ある学者のことばを借りれば、それは〝世界の文化交流史においてきわめて異例な一幕〟だった。

収集家の曾曾曾祖父は、人体解剖図の載ったオランダ語の医学書『オントレートクンディヘ・ターフェレン（Ontleedkundige Tafelen）』、日本で知られるところの『ターヘルアナトミア』を翻訳したという。このとき翻訳に関わった十八世紀の医師、杉田玄白は『蘭学事始』にこう書いている。「だんだんと、一日あたり十行かもう少し文章を解読できるようになってきた。二、三年、懸命に勉強すると、すべてがはっきりしてきた。その喜びは甘いとうきびを噛むようだった」

収集家は鋼のような剛直さと、人を見とおす目をもっていて、さすが人体の仕組みについての知識を直《じか》に手に入れた男たちの子孫ならではだった。彼の先祖は、学び、癒そうという知的渇望に突きうごかされた、異端の男たちだったのだ。

宮島を知っているか、もしくはどうすれば会えるかわかるかとわたしは訊いた。

「作品は知っていますが、本人は知りません」彼は答え、わたしの顔をじっと見た。そして微笑した。「〈スカイザバスハウス〉に電話するといい」

帰国の日が目前にせまっても、ほかに方法は見つからず――のこり時間は四週間が三週間、二週間となり――とうとうわたしは画廊に電話をかけた。自分の身元照会先をあげ、なぜ宮島さんに会いたいのかを説明し、時間についてのわたしの考えを話した。だが結局のところ、そんなに策をめぐらす必要はなかった。ただ彼のＬＥＤ作品が大好きだということ、それで充分だったのだ。

〈スカイザバスハウス〉のマネージャーは、わたしが日本を発つ前日に宮島さんに会えるようとりはからってくれた。わたしは日比谷の帝国ホテルに行き、ロビーにあるランデブーラウンジ・バーで待ちあわせをすることになった。

引っ越し業者がやってきて、荷物を全部はこびだしていった。本、書類、衣類、食器。ベッドに椅子、テーブルも。ほとんどなにものこさずに。空になったクローゼットには宮島さんに会いにいくときに着る服ひとそろいだけが、それを着るわたしの身体がなくても生きているかのように浮かんでいた。濃い色目のコットンのスカートに、セミの抜け殻色のオーガンザのシャツ。

ランデブーラウンジ・バーには、はじめて日本に着いた晩に立ち寄ったきりで、それ以来一度も行っていなかった。ほとんど記憶にない場所だった。

吹き抜けのロビーの壁は二階上までつづいていて、その壁一面にモザイクになった何千もの小さなガラスブロックが、浸食によってできた峡谷の断面のように層をなしている。金色、砂色、オパールの色、そして一本通った空の青。

宮島さんがふいにとなりにあらわれた。魔術師にも、職人にも、芸術家にも見えなかった。表参道ですれちがっても気づかない、あるいは山手線でとなりにすわって漫画を読んだり、携帯電話でゲームをしたり、居眠りをしていたとしても、とくに目にはいらないような人に見えた。縁なしの眼鏡をかけて、ジーンズとオックスフォードのシャツを着ている。どこか静けさを感じさせる人だ。軽やかさ、というか。

本人と会うまえは、隠者か魔法使い、すくなくとも陰気な人だと思いこんでいた。美術評論家のヴァルデマー・ヤヌシュチャックは以前、宮島は「おどろくほど陰鬱ないくつかの動機に」突きうごかされていると評した。[7]「……点滅する数字への彼の執着は、究極的には死に対する執着だ。死は絶えずこちらへ向かってくる。死からは決して逃れられない」

だがホテルのロビーに置かれた小さなソファに腰かけているその男性は、悲しみに満ちているようには見えなかった。一九八〇年代に発表された宮島の初期作品は、いたずら心のある、その場限りのパフォーマンスだったことを思いだした。銀座では、身体を折り曲げて塊になり、岩をまねた。渋谷では、あの人でごったがえすスクランブル交差点のまんなかに立って、顔を天に向けて絶叫し、おどろいた通勤客らはちりぢりに離れていった。新宿では、アスファルトの上に寝ころんで雨が降ってくるのを待った。雨が降り、寝ころがっていた地面に乾いた人形《ひとがた》ができるとこんどは起きあがり、降りつづく雨が消していくその輪郭を写真に撮った。パフォーマンスをするときは、かならずサラリーマンの制服を着た——黒いスーツに白いシャツ。

宮島さんはダージリンティーを注文すると、ウェイトレスが立ち去るのを待ってから用件はなにかと訊いた。わたしは《Time in Blue》の展覧会のことを話した。ただし、あの夢には触れずに。「あなたの作品は……」とつっと言った。「……わたしにとっての日本への入口でした」

「《Time in Blue》は十五年もまえです！ それをずっと考えつづけていたなんて！」宮島さんは愉快そうに言った。「信じられない！」

ティーバッグの紅茶を飲む宮島さんを見ていると、どうして静岡とか九州の緑茶を選ばなかったのだろうかと不思議に思った。そうした緑茶を白い茶碗に注ぐと、ほとんど神秘的な緑色にかがやき、まるで茶碗そのものが内側から光を放っているように見える。高いお金を払ってまずいお茶を飲むのは日本人にとっての文化体験で、国から一歩も出ずに外国にいる気分を味わうのだろうか。帝国ホテルのロビーは、見ても東京とは思えない。わたしたちがいたその場所はどこであってもおかしくなかった。

「時間についての最初の記憶はどんなものですか?」わたしはたずねた。

「十二歳のとき。そのころにはじめて時間が存在することを理解しました」宮島さんは濁った紅茶を飲みながら、にこやかに言った。「胃の手術を受けたあと、とても具合が悪くて、三カ月入院していました。その時期にたくさん本を読んだんです。人はなぜ、どこから来たのかについて書かれた本をね。ゴーギャンの絵のタイトルにあるでしょう。《われわれはどこから来たのか。われわれは何か。われわれはどこへ行くのか》……怖くなってしまったんです」とても小さな声になり、ロビーのなかで響く、銀器やカップやソーサーのふれあう音や大勢の話し声にまぎれて、ほとんど聞きとれないくらいになっていく。「なにもすることがなくて自分の命のことばかり考えていました。それに病棟では、仲よくなった友だちがつぎつぎと亡くなっていくんですよ」

宮島さんはソファにもたれ、日比谷公園のほうに目をやった。タクシーが単調なほど規則正しく到着しては客を降ろし、またべつの客を乗せて出ていくのが見える。

彼がランデブーラウンジ・バーを待ちあわせに選んだのは、おそらく無個性で、フォーマルな場所がよいとの考えからだったのだろう。たしかに友だちや親しい人との気軽な待ちあわせにあえてここを選ぶことはあまりないかもしれないが、帝国ホテルはそのなかに街の近代史をとどめている場所なのだ。そもそも名前からして、この国がアジアに帝国を築きはじめた時代の名残だ。このホテルの輝ける時代は、一九〇五年に終わった日露戦争のあとだった。かつて日本を支配し従属させようとしたヨーロッパの列強とアメリカに対して、日本がそれらの国と対等であることを宣言する建造物をつくるために、フランク・ロイド・ライトが招かれた。その後、第二次世界大戦と空襲を経験したが、ホテルの建物はおおむね焼けのこった。そして一九六七年、フランク・ロイド・ライトの大谷石のブロックと煉瓦も、玄関前のインフィニティ・プールに孔雀の間、それに重厚な中国ふうの光の籠柱もすべて取り壊され、建築家はだれも自分が設計したとみとめない十七階建ての建物に建て替えられた。[8] 宮島さんとわたしはそこでお茶を飲んでいた。

だが、もしも時間と東京のことを考えたいと思うなら、帝国ホテルはいい場所だ。

「そこで、こう思うことにしたんです」宮島さんは話をつづけた。「〝ぼくは毎日、死ぬための訓練中なんだ〟とね。毎日。たったいま、この瞬間がとても大事なのです。多くの人は〝わたしには時間がある。まだ自分には二十年、三十年のこっている〟と考える。でも、もしそうじゃなかったら？　もしこの瞬間がのこされたすべてだったら？」

宮島さんのむこうでは、壁の細かいガラスブロックが天井の遠い明かりに向かって輝きながらのぼっていく。層になった砂と石の色のあいだにエメラルドグリーンの細い帯があるのが目にとまる。五百年前、わたしがすわっているこの場所は海の底だった。日比谷は東京湾の入り江のひとつにすぎず、漁師が牡蠣や海藻をとっていた。

「それで、あなたは？」宮島さんがわたしに訊いた。「あなたにとって最初の時間のご記憶は？」

わたしはおどろいて、壁に向けていた視線をもう一度宮島さんのほうにもどした。自分では考えたこともなければ、人に訊かれたこともなかったのだ。「わたしにとって最初の時間の記憶……さあ、よくわかりません。子どものころ、うちにはうごいている時計がひとつもありませんでしたから」

宮島さんはショックを受けた顔になった。「おもしろい！　ひとつもですか？」

「ひとつもです。八〇年代のはじめには、銀行に電話をすれば時間と気温を教えてもらえました。最初のころは人が電話に出て、どのくらい暑いとか、寒いとか、それから時間を教えてくれたんです。大きくなったころには、音声案内に変わりましたけれど。いま何時か聞くために、わたしがしょっちゅう銀行に電話するので、母は苦りきっていました。とくに電話料金の請求書がとどくときなどは」

「この質問について考えてしまうのも無理はないな」宮島さんはつぶやいた。

宮島さんのカップに紅茶をつぎたしてあげると、すでに出すぎていて、さっきよりもいっそう濁っていた。「〝時間〟を考えるとき、どのことばを思いうかべますか？……ほら、日本語にはいくつもあるでしょう？」

「わたしは〝時計の時間〟のことはまったく考えていないんです」宮島さんは言った。「わたしが考えているのは抽象的なものです。物理や数学の言語に使われるような」

「でも、それを表わすあなたのことばは……？」

「……タイム」

「英語のタイムですか」

「そうです。でもわたしの考える〝タイム〟は西洋のものじゃない。西洋では時間は直線です。アジアでは円なのです[9]」ここで宮島さんは、そっとわたしのノートを取りあげた。それはグレーのキャンバス地のカバーがついた小さなメモ帳で、そこに円を描き、内側に反時計回りに9から1までの数字を書きいれた。文字盤をかこんでさらにぐるぐると渦巻く光輪のように線を加えたので、いくつもの輪が躍りだした。そして、9と1のあいだに黒い円をひとつ。

「……ゼロ！」わたしは声をあげた。

「ゼロです」宮島さんはほほ笑んだ。「〝ゼロ〟は〝死〟です。でも、終わりとしての死ではない。われわれが完成された自己になる瞬間としての死なのです。寺山修司が言ったように、われわれは死に向かって成長していくのですね」

「ではゼロは、冗談ですか？」

宮島さんは吹きだした。「冗談なんかじゃないですよ！　大まじめです！」

よくわからないまま、わたしも笑った。「つまり、あなたにとってゼロは……ゼロというのは喜ばしいものなのですか？」

ゼロとは、そもそもは無を意味するだけでなく、豊富、増加、拡大をも意味していた、と宮島は述べたことがある。「ゼロを避けるとは、意図的に空虚を含めるということ——無という概念を拒絶する……ゼロを取り除くと、ゼロに注意が向く」

宮島さんはもう一度わたしにノートを手渡した。「生は動であり色彩ですが、死は闇であり静です。わたしはその闇を利用する……そこにはなにもないように見えるかもしれませんが、でもエネルギーはあふれんばかりに満ちていて、つぎの生を待っています。それがゼロです。ちょうど眠りのおかげで元気を回復して、翌朝を迎えられるように」

「いまでもそんなふうに感じられますか？　二〇一一年の震災を経験したあとで？　たくさんの子どもたちが海に流されてしまった石巻のそばの村で、地元のお坊さんは〝時の流れがすっかり変わってしまった。時計が止まった〟と言っていました[10]」

宮島さんはもう一度わたしのノートを取って、４の字の上下に横棒を引いた。四は〝し〟、日本語では〝死〟とおなじ音《おん》だ。

「戦争や自然災害はわたしたちの寿命を断ち切ります……」

「……それが跡をのこしていく……」

「……跡をのこしていく。もとどおりにはならないけれども、失われたものをとりもどすことはできます」

わたしは二〇一一年の津波で北太平洋に引きずりこまれてしまった人々を思った。彼らの遺体は見つからなかった。〝とりもどすことができる〟？　そうだろうか。とりもどすといっても具体的になにを？　冗談にちがいない、とわたしは思った。三十年まえの宮島によるスクランブル交差点の叫び声のように、あるいは雨に打たれて消えていく彼のシルエットのように。美術評論家の塩田純一はかつて、二十世紀は革命と戦争の時代、難民の大量流出の時代であると述べた。「あらゆるものが計量、計測可能であると考えられ、個人が数字にまとめられてしまう時代である。生産と消費、人の生と死、そのほかなんでも数字に縮約される。数字を冷たく刻みつづける宮島のデジタルカウンターは、この二十世紀の文脈にじつにふさわしいものといえよう」

いや、そうではない。ちがうとわたしは思った。そのカウンターは宮島流のジョークなのだ。そうでないとおかしい。彼の作品《Deathclock（死の時計）》に入れる写真のために、LEDのカウンターのフォントで人々の顔に任意の数字をペイントしている彼の姿を思いだした。彼の数字がくりかえされるのは、反復可能なものなど存在しないからだ。人は数字ではない。数えられるものなどなにもない、ということを証明するために、彼は人々を数字に変えるのだ。宮島はこう述べている。銀河が何十億個の星からできているように、人間はみなそれぞれが何十億個の細胞からできている。だから、ひとりの人と宇宙は比喩的には似たようなものなのだ、と。「ひとりの人間は宇宙全体をかたどり示すことができる。宇宙はひとりの人間以上に大きくはない」

震災による死は数字ではない。それが数字になることは決してない。

宮島さんは腕時計に目をやり、別れを告げた。そして、ほほ笑みを浮かべたまま、去っていった。

ひとりになったわたしはその場にすわったまま濁った紅茶を飲んだ。冷たくなっていた。いつのまにか行灯《あんどん》形のフロアライトが点灯していたのでおどろいた。広いランデブーラウンジ・バー全体に規則正しく配置され、光を投げている。ウェイターを呼び、この明かりはいつつけたのかと訊いた。「三時ですか？　それとも四時ですか……？」

ウェイターはわたしの顔をまじまじと見た。〝ここはどこの国ですか？〟とか〝今年は何年か？〟といった、単純すぎて不気味な質問を投げられたかのような反応だ。

「午前十一時、開店したときですが」

帝国ホテルに足を踏みいれたとき、すでに行灯はついていたのに、わたしは気づいていなかった。

江戸は入ることもできず、出られるかどうかもわからない場所として夢想された。[11]

加藤 貴

わたしが暮らしたアパートはからっぽになっていた。ハンガーの一本すらのこっていない。壁には跡があった――二〇一一年の震災のあいだに本棚が壁からはがれて床に倒れたとき、大きく口をあけた傷がいくつか。その痕跡のほかには、なにもない部屋。

窓の外にはかつての緑林のわずかな名残、楓と銀杏の木々が立っていた。じっと、のどかに、破られぬ安息をむさぼっているかのように。しかしいつしか葉はひらき、育ち、そして石すら崩れていく。ゆっくりと。

とどまるものはない。

光と陰。

とき。

謝辞

大坊勝次さん、惠子さん、あなたがたに出会うことなく、またご親切を受けることがなかったら、わたしはどこにいたでしょう。おふたりのおかげで、東京はわたしにとっての理想郷となりました。

ヘイミッシュ・マカスキルさんには、〝蛇女〟を見につれていってもらって以来、さまざまなことでお世話になりました。クリストファー・マクルホースさんには、この本の最初のことばのことで、ラヴィ・ミルチャンダニさんには最後のことばのことでお世話になり、また、砂粒を水晶に変えてくださったことに感謝いたします。

マクミラン社の編集者ニコラス・ブレイクさんにも感謝申しあげます。ニックは多くの間違いの洗いだしのほか、大坊珈琲店にわたしが忘れていた最上階を元どおりつけ足してくれました。アメリカでは、メラニー・ジャクソンさんがダイヤモンドナイフを振るって、余計なものを削ってくれました。またマクミラン社のアンナ・デヴリースさん、シュリーヴ・ウィリアムズ社のニコール・デューイーさんにもお世話になりました。

ウンゲレール香織さんは、その知性と感性で、それらがなければもたらされることのなかった光と深みをこの本に与えてくれました。心より感謝申しあげます。

この本に価値があるとすれば、それはインタビューの機会をくださった東京のみなさんが投げかえしてくださった光によるものです。江戸時代だけでなく現代についても、時間管理法と社会についての質問にこと細かくお答えくださった徳川恒孝さん。ご家族ともども温かさと広い心を示してくださった、大安楽寺の中山弘之住職。和時計博物館の上口翠さん。お義父さまの蒐集した時計のあいだで、夢のような一時間を過ごさせていただき、これほど親切で優しい案内役に出会えたのは望外の喜びでした。東京空襲犠牲者追悼モニュメントの内部見学をご手配くださり、また芸術、文学、歴史についてのお考えをお聞かせくださった土屋公雄さん。見知らぬアメリカ人に東京大空襲の体験談を聞かせてくださった二瓶治代さん。丸橋忠弥についての手紙のやり取りでお世話になった、目白不動金乗院の寺務員津吉《つよし》さん。たずねればすらすらと日本語を英訳してくれ、時間にまつわることばについてのおしゃべりにつきあってくれたアーサー・ビナードさん。ご自宅でご相伴にあずかり、寛永寺の鐘を撞かせてくださった山本誠さん。寛永寺の歴史とその隠された場所を案内してくださった小林圓観さんと高橋和幸さん。名古屋の仕事場を見せてくださった成瀬拓郎さん。宮島達男さんは、ご自身の作品につかうLEDと、その背景にある哲学について説明してくださいました。香取秀俊さんは、単純な質問には複雑な答えを、複雑な質問には単純な答えを示してくださいました。香取教授の宇宙は美しい、数字の宇宙です。

ありがたいことに、多くの専門家の著作からも数々の疑問への回答を得ることができました。なかでも、ホ・ナムリン氏の著書 *Prayer and Play in Late Tokugawa Japan: Asakusa Sensō-ji and*

Edo Society は日本の寺をとりまく文化に関心のあるかた――専門家も観光客も――すべてに読まれるべき著作です。M・ウィリアム・スティール教授は、幕末に関するご自身の研究と知識を惜しみなく分かち合い、また、コロナ禍でオックスフォード大学ボドリアン図書館が閉館し、文献の利用が困難だったとき、重要な原典を直接送ってくださいました。感謝いたします。ケネス・ルオフ氏の *Imperial Japan at its Zenith*［『紀元二千六百年：消費と観光のナショナリズム』］は、日本の長い歴史のなかに存在した、短いながらも重要な一時期についての明快で鋭い解説です。ローデリック・アイク・ウィルソン氏の日本の水路についての著作は欠くことのできない資料です。ひじょうに複雑で、しかもあまりよく理解されていないこのテーマについての英語資料として、これ以上のものはありません。ジーナ・バーンズさんには日本の地質学と考古学の専門的な文献調査をお手伝いいただいたことに対し、たいへんに感謝しております。デイヴィッド・ヒューズさんには紀元祭神楽の舞について、ロバート・ガーフィアスさんには戦後の皇室音楽についてそれぞれ解説いただきました。ユルギス・エリソナスさんには、鈴木淳校注による『紫の一本』新版があることをご教示いただき、感謝しています。おかげで一九一五年に書かれた原文を前に苦戦を強いられずにすみました。ケアリー・カラカスさんには、横網の震災・戦没者慰霊碑のイデオロギー的な背景をご説明いただきました。アラン・カミングスさんには、河竹黙阿弥の晩年の作品『四千両小判梅葉』のタイトルを確認し、またいくつもの恥ずかしい間違いを防いでくださったこと、そしてなによりも、ご自身の博士論文の内容を共有してくださったことに感謝いたします。英国国立物理学研究所のリズ・ブリッジさんとヘレン・マーゴリスさんには、香取秀俊さんの研究を文脈にあてはめるうえでお世話になりました。クリス・ドレイクさんは、赤坂

・円通寺の時の鐘に彫りこまれた元政による十二支の詩を翻訳してくださいました。あの難しい文に細かな注釈をつけ、また紀元二千六百年奉祝会でうたわれた昭和天皇の御製についての配慮のゆきとどいた解説をくださったことにも感謝いたします。

すべての誤り、解釈の間違いは、当然ながらわたしの責任です。

この本がこのかたちで存在することになったのは、二〇〇九年に橋本幸士教授と、素敵な奥さまの橋本治子さんと、お嬢さんとの偶然の出会いがきっかけでした。物理学の専門家でないわたしが相手でも、ちっとも気になさらず、難しい概念を説明してくださった橋本教授には感謝に堪えません。先生、あのとき欧州原子核研究機構《CERN》のTシャツを着ていらしたことにも感謝しています。すごい確率だったのではありませんか？

わたしの最初の日本語の先生、中島礼子さん、どんな質問にも答えてくださって、いっしょに辞書を読み（時間と時間管理法についてのほんとうにたくさんのことばを読みました）、そして調査の旅にもご同行くださいまして、ありがとうございました。また、中島先生の御母堂、下田千代子さんにも感謝しております。一九〇六年（明治三十九年）十二月二日生まれの下田さんの話しことばは、変化に富んだ日本語の豊かさを教えてくれました。長沼スクール東京日本語学校の先生方にも感謝申し上げます。なかでも、大小問わず、わたしの間違いに根気よくつきあってくださった森村冬子さん。はじめて時の鐘を見たのは、森村先生の課外活動のときでした。先生のクラスにいなかったら、この本はいまあるかたちにはなっていなかったことでしょう。

通訳者の哲人王で永遠のフットボール選手でもある江口研一さん、名古屋と香取教授の研究室へ同行していただき、ありがとうございました。また、石田こずえさんには、寛永寺訪問と土屋公雄氏との面会時の通訳でお世話になりました。静子リチャードソンさんと山田登子さんには、オックスフォードに戻ってから日本語を教えていただき、また資料探しにご協力いただき、誠にありがとうございました。

香取教授の研究室訪問を手配してくださった理研のジェンス・ウィルキンソンさん、徳川恒孝さんへのインタビューをアレンジしてくださった世界自然保護基金（WWF）日本事務所の草刈秀紀さん、この本に興味を持ってくださり、インタビューをセッティングしてくださったマンダリン・オリエンタル東京の和賀世津さん、さまざまな面でお力添えをいただいた東京アメリカン・クラブの飯田尚志さん、宮島達男氏へのインタビューをアレンジしてくださったスカイ・ザ・バスハウスの久保田真帆さん、大変ありがとうございました。

東京滞在中は、キャロリーヌ・トローシュさんに大変お世話になりました。キャロリーヌさんは、二〇一七年に他界されましたが、これからも永遠に〝光の女性〟でありつづけるでしょう。山口奈帆子さん、アーロン・ヘイムズさん、ヘンリー・トリックスさんにもお世話になりました。ベッツィー・ウィーデンメヤー・ロジャーズさんには、ひも理論のマンガを紹介していただきました。モニカ・アンステイさんには、心と頭脳、そしてファックスを貸していただき、ありがとうございました。写真と冒険のためならいつだって地球のはてまで赴くことをいとわないムミ・トラブッコさんにも感謝申しあげます。沢田京子ハンターさん、土屋公雄氏へのインタビューを仲介してくださり、ありがとうございました。ギータ・メータさんによる東京の建築にかんする講義は、東京という街の文化を摩天楼と寺社のむこうまで開け放ってくれました。小松清隆さんには、強さをわけていただきました。小松原芳彦さんには、関東ローム層について話しあうことができ、またご家族のみなさんと友達になれて光栄でした。

香港ではレスリーとキャロラインのチュー姉妹にひろい心で接していただきました。名古屋では浜中真志さんに、ひも理論の話におつきあいいただきました。

イギリスでは次の方々に大変お世話になりました。ライオネル・メイソンさん、宇宙の（時間ではなく）余剰次元についての基礎知識を根気よく説明してくださったこと、あなたとの友情、そして初めのころからこの本を信じてくださったことに感謝いたします。おなじくアリソン・エスリッジさんにも感謝申しあげます。そして、張希実子さんには、地質学にかんする日本語資料からの骨の折れる翻訳作業をお引き受けいただきました。オックスフォード大学ボドリアン図書館附属日本研究図書館では、司書のみなさんにお世話になりました。イズミ・タイトラー館長（当時）、ユキ・キシックさん、ヒトミ・ホールさん、リエ・ウィリアムズさん、ありがとうございました。長谷部恭男教授は本書を詳しく読み、いくつか重要な誤りを指摘してくださいました。感謝申しあげます。また、マクリン富佐さんには原稿の間違いのいくつかをご訂正いただきました。オックスフォードでお世話になった次の方々にも感謝申しあげます。古典言語のクラスに受け入れてくださった、ロバート・チャードさん、ビヤルケ・フレレスヴィグさん、ジェニー・ゲストさん。博識を分けていただき、完成に近い原稿をさらに手直ししてくださったブライアン・パウエルさん。ありがとうございました。

サイモン・コリングスさん、初期の段階でほんの少し手を加えてくださったおかげで、原稿がぐんとよくなりました。またジェイムズ・ベアーさんは、本書の構成に力を発揮してくださり、またそのきめ細かな編集の腕のおかげで、いくつかの間違いを訂正することができました。とても感謝しています。

サイモン・アルトマンさん、シャーロット・アポストリデスさん、ユワン・ボウイさん、ジャイルズ・グッドランドさん、サイモン・ホーンブロワーさん、伊藤充子さん、マリア・スタマトポロウさん、ナディン・ウィレムスさん、みなさんの友情と励ましに感謝いたします。ヴィヴィアン・リーさん、エリザベス・ファクターさん、ディヴィヤ・マドヴァニさんにも大変お世話になりました。そして、ミューズであるルシエン・セナとマーリン・ハウザーに。

わたしの師であり友人である、マドカ・チェイス・オニヅカさんには深い感謝の意を表します。〝心〟と呼ぶよりほかにことばでは表わしようのないものを、あなたは示してくれました。

そしてわたしの両親、ウィリアム・シャーマンとキャロル・シャーマン。いつも思想は人間とおなじくらい大事であると信じ、知らない人にも親切にすること、そして外国語を学ぶことの必要性を強く教えてくれました。マチルダ・ブキャナンさん、それからマックイン家のジョエル、ボブ、メアリー、アンドルーのみなさんには、愛情のこもったご支援をいただいたことに。また、ババク・パラヴァンさんにも感謝いたします。

ありがとう、ネヴァ・シビュカオさん、あなたの仕事はわたしの仕事の支えです。

ありがとう、アレックスとローラ。この本の世界を共有してくれて。あなたたちはどんなことばで表わせるよりも美しい。ふたりがそれぞれに自分の冒険に踏みだすことをわたしは願っています。

この本を、最初の読者であり、この本を信じてくれている人、イアンに捧げます。

日本語版への謝辞

本書の出版の機会をくださった株式会社早川書房に、心よりお礼申しあげます。

また、新人作家にひろい心で日本の出版業界のきまりごとを教えてくださった編集者の窪木竜也さんにもお礼申しあげます。多くを学ばねばならなかったわたしに、とても根気づよくおつきあいくださいました。

翻訳者の吉井智津さんと一緒にお仕事ができたことはとても幸運でした。やりとりを続けるあいだ、吉井さんからの連絡はいつもユーモアがあり、礼儀正しく、原文の間違いを指摘するときも丁寧で、傷つけられるようなことばもありませんでした。また文学作品への言及や引用箇所は逐一調べ、原典の日本語資料を探してくださいました。英訳版の資料を参照して書いた箇所も多くありましたので、これは骨の折れる作業です。これからどんな作品を訳していかれるのかが楽しみです——こんなによく気がついて思慮深い翻訳者に恵まれる作家はラッキーです。

オックスフォードでは、タイトラー松下祥子さん——T・S・エリオットばりに言えば〝わたしにまさる言葉の匠〟——に大変お世話になりました。タイトラーさんはことばに対する第六感があり、そこからわたしは多くのことを教わりました。ほぼ丸一年にわたり火曜の午後の時間を、この本の文章を音読し、わたしといっしょに英語と日本語でことばとその意味を考え、バランスよく調整する作業に費やしてくださいました。議論になったときには、負けるのはたいていわたしのほうでしたが、それもまた光栄でした。そうして過ごした時間は、わたしの人生のなかでもいちばんといえるほどの快いときでした。はじめて出会ったとき、わたしたちの頭上に輝いていた幸運の星に、そしてふたりを引きあわせてくださった、オックスフォードの研究者ブライアン・パウエルさんに感謝いたします。

著作を通してわたしの本にインスピレーションを与えてくれた、作家で作曲家の吉村弘さんにも感謝しております。残念ながらわたしが日本で暮らしはじめてすぐのころに亡くなられましたが、吉村さんが道を示してくださったことへの感謝の気持ちはこれからも変わることはありません。彼の著書を探して読まれるかたはきっと、わたしがその本を引いている箇所では、ゆるく自由にその文章をなぞって書いていることがおわかりになるでしょう。そういった文章を綴るあいだ、わたしはいつも、もうひとりの旅人として、鐘をめぐり訪ねるわたしの巡礼の旅の前をいく霊的存在である吉村さんに話しかけていました。

最後に、高橋祥子さんへの感謝をここに記します。二〇〇九年に出会い、ほんのわずかの交流のあと、二度と会うことのなかった東京のひと——〝一期一会〟。それから数年にわたって、高橋さんはじつに流麗な文字で美しく書かれた手紙を送ってくださいました。彼女のことばは、この本にもわたし自身の生き方にも大きな影響を与えています。最後に受け取った何通かのうちの一通に、こんなことばが書かれていました。

〈日本人の中に「無常観」を基礎とした考えがあります。目の前の現実を無常として、生滅するものとして受けいれる。

ひとは無限の一隅に身を置き、生きてゆくものなのです。〉

高橋祥子さんに、この日本語版を捧げます。

訳者あとがき

《この本は、わたしの東京への恋文です――》

二〇一九年の春、日本の編集者のもとにとどいた一通のメールは、こんなふうに始まっていました。送り主は英国在住の作家アンナ・シャーマン。二〇〇〇年代はじめの十年余りを東京で過ごし、そのときの体験をもとに書いた本書が日本で翻訳刊行されるにあたって、ほかでもない日本の読者にとどけることのできる喜びと期待がそこには込められていました。遠く離れた場所にいる作家の心に浮かぶ東京は、出会った人々との思い出が詰まった場所であり、〝時間〟について思いをめぐらしたとくべつな場所でした。時の鐘が知らせるゆるやかな時間、時を表わすことばの数々、街を行き交う人それぞれの固有の時間――

本書『追憶の東京――異国の時を旅する』（原題：*The Bells of Old Tokyo: Travels in Japanese Time*）は、作家がかつて暮らし、見聞きし、心にとどめた東京の姿を詩情あふれることばでつづる、街歩きの記録であり、タイトルが示すとおり、街と時間をめぐるエッセイです。

東京で暮らしはじめ、仕事のかたわら日本語を勉強していた「わたし」＝著者は、ある日の夕方、東京タワーの近くで耳にした増上寺の鐘の音に心惹かれ、引き寄せられるようにして〝時の鐘〟を訪ね歩きます。〝時の鐘〟は、時計がまだ一般的でなかった江戸時代、町に時を知らせていた古い鐘で、十カ所あまりが幕府公認とされていたというもの。訪ねていく先に鐘はあったりなかったりするのですが、書物をたよりに歩く道すじで、時の流れのなかで失われたものと、時がのこしていったものとがともにかたちづくる東京の風景を〝再発見〟してゆきます。

好奇心旺盛で勉強熱心な「わたし」は、あるときには人と会う機会をみずからつくり、お寺を訪ねては住職の話に耳を傾け、現役の和時計職人がいると聞けば会いにゆきます。またあるときには、日本文学に描かれた浅草や隅田川を思いながら街を眺め、地図にない街と都会の超プライベート空間の今昔を思い、自分たちの世代が戦っていない戦争と向きあい……。鐘をめぐる旅はやがてさまざまな時代にこの地を訪れ、暮らし、通りすぎた人々がのこした街の記憶をたどる旅になっていきます。

各章の終わりで「わたし」が立ち寄る〈大坊珈琲店〉は実在のコーヒー店で、一九七五年から二〇一三年十二月まで南青山の雑居ビルの二階にありました。ビルの取り壊しとともに閉店となり、これもまたいまはもうそこにない風景となってしまいましたが、なにもかもがせわしなく変わりつづける東京で、いつも変わらぬ佇まいで、相手がだれであっても分け隔てなくお客さんに接する店主、大坊勝次氏の姿勢が、よその土地からやってきた「わたし」の心をほぐし、とまり木のような場所を与えていたことが印象にのこります。

著者のアンナ・シャーマンは、米国アーカンソー州リトルロック出身で、米国ウェルズリー大学と英国オックスフォード大学でギリシア語とラテン語を学び、二〇〇一年に来日しました。その後日本と香港に長く滞在し、現在はオックスフォードで暮らしています。大学卒業後は学術系出版の編集職などを経て、二〇一九年、英国の出版大手パン・マクミラン社のインプリントであるピカドールから刊行された本書で作家デビューしました。

本書の刊行時、『源氏物語』の完訳で知られるロイヤル・タイラーは「歴史書でもガイドブックでもない。それは瞑想、街と時間についての散文詩だ」と賛辞を送り、また、日本社会を題材に小説を書いている作家のデイヴィッド・ピースが「東京について今世紀に書かれたもので、知るかぎり最高の本」であると絶賛するなど、これまでの日本研究や日本文学に通じた識者にも、新鮮さをもって受けいれられたことがうかがわれます。また、本書を「感動的な瞑想」と評した英国の書評誌タイムズ・リテラリー・サプルメントをはじめ、「瞑想」ということばで紹介されることも多く、外国人目線で東京を案内する実用性をそなえた街歩きのノンフィクションであると同時に、静けさや落ち着きといった内面世界の充足をもたらす読み物としての質も評価されています。そして、そうした評価を裏付けるように、英国の伝統ある旅行専門書店スタンフォード主催で、その年の優れた旅の本と作家に贈られるスタンフォード・ドルマン・トラベルブック・オブ・ザ・イヤー賞の二〇二〇年度最終候補に選ばれ、おなじく二〇二〇年度の王立文学協会オンダーチェ賞の候補にも選出されました。今年五月には英国の公共ラジオ局BBC Radio 4が五回のミニ・シリーズとして本書の朗読を放送し、こちらも好評だったようです。

執筆を進めるうえで、文体と構成にかんしてもっとも影響を受けた作品として、W・G・ゼーバルトの『土星の環――イギリス行脚』とピーター・マシーセンの『雪豹』をあげているシャーマンにとって、やはり旅は書くことへの情熱をかきたてるもののようで、現在は、中国を舞台に

「唐代の首都であった西安から中央アジアのオアシス都市群へ向かう西遊の途」を描く『河西《かせい》』（仮題）という作品に取り組んでいるとのこと。

本書に含まれる数多くの引用文について、外国語文献からの引用で既訳のあるものは、別段の記載のないかぎり既訳をそのまま使用させていただきました。一部、文脈に合わせて文章を改変した箇所があることをお断りしておきます。

最後になりますが、この本の翻訳にあたっては多くの方々のお力添えをいただきました。早川書房編集部の窪木竜也さん、小澤みゆきさん、校正・校閲でお世話になった山口英則さん、調べものにご協力くださった図書館職員のみなさま、著者とともに訳文に目を通し、翻訳について数々の有用な助言をくださったオックスフォード在住の翻訳家松下祥子さん、この日本語版を無事刊行できたのはみなさまのおかげです。この場を借りてお礼申しあげます。そしてだれよりも、著者のアンナ・シャーマンさん、取材旅行の前後の忙しい時期にも、コロナ禍でロックダウン中の大変なときにも、訳者からの質問にいつも気さくに答えてくださり、また伝えたい文章のニュアンスや資料についての説明など親切に対応してくださり、本当にありがとうございました。たくさんのご縁がつながって生まれたこの本から、さらなるご縁の環がひろがっていきますように。

二〇二〇年九月

参考文献

Addiss, Stephen. 'The Calligraphic Works of Fukushima Keidō', in *Zen no Sho: The Calligraphy of Fukushima Keidō Rōshi*. Jason M. Wirth, editor. Clear Light Publishers. 2003, pp. 15-29.

Araki Nobuyoshi. *Lucky Hole*. 1990.［荒木経惟『東京ラッキーホール』（太田出版、1990 年）］

Aston, W. G., translator. *Nihongi: Chronicles of Japan from the Earliest Times to AD 697*. Kegan Paul. 1896.［『日本紀』］

Azuma Hiroki. *Otaku: Japan's Database Animals*. Jonathan E. Abel and Shion Kono, translators. University of Minnesota Press. 2009.［東浩紀『動物化するポストモダン：オタクから見た日本社会』（講談社現代新書、2001 年）］

Baime, A. J. *The Accidental President: Harry S. Truman and the Four Months That Changed the World*. Houghton Mifflin Harcourt. 2017.［A. J. ベイム『まさかの大統領：ハリー・S・トルーマンと世界を変えた四カ月』河内隆弥訳（国書刊行会、2018 年）］

Bälz, Erwin. *Awakening Japan: the Diary of a German Doctor*. Toku Baelz, editor; Eden and Cedar Paul, translators. Indiana University Press. 1974.［エルウィン・ベルツ『ベルツの日記』トク・ベルツ編、菅沼竜太郎訳（岩波書店、1992 年）］

Barnes, Gina. 'The New Big Picture', *Japan Review*, 15:3-50（2003）.

Barr, Pat. *The Deer Cry Pavilion: A Story of Westerners in Japan 1868-1905*. Penguin. 1988.［パット・バー『鹿鳴館：やって来た異人たち』内藤豊訳（早川書房、1970 年）］

De Bary, William Theodore, and Bloom, Irene, editors. *Sources of Chinese Tradition*, volume 1: *From Earliest Times to 1600*. Columbia University Press, 1999.

De Becker, Joseph Ernest. *The Nightless City: Or, the "History of the Yoshiwara Yūkwaku", by an English Student of Sociology*. Z. P. Maruya. 1899.

Bellah, Robert. 'Japan's Cultural Identity: Some Reflections on the Work of Watsuji Tetsuro', *Journal of Asian Studies*, volume 24 #4（August 1965）.

Bestor, Theodore C. *Tsukiji: The Fish Market at the Center of the World*. University of California Press. 2004.［テオドル・ベスター『築地』和波雅子、福岡伸一訳（木

楽舎、2007年)]
Bharne, Vinayak. *Zen Spaces and Neon Places*. ORO Editions. 2014.
Bix, Herbert. *Hirohito and the Making of Modern Japan*. HarperCollins. 2000. [ハーバート・ビックス『昭和天皇』(上・下)吉田裕監修、岡部牧夫、川島高峰訳(講談社、2005年)]
Black, John Reddie. *Young Japan: Yokohama & Yedo. A Narrative of the Settlement and the City from the Signing of the Treaties in 1858, to the Close of the Year 1879. With a Glance at the Progress of Japan During a Period of Twenty-One Years*. Oxford University Press. 1968. (Facsimile reprint of the first edition, Baker & Pratt, 1883.) [J・R・ブラック『ヤング・ジャパン:横浜と江戸』ねず・まさし、小池晴子訳(平凡社、1970年)]
Blacker, Carmen. *The Collected Writings of Carmen Blacker*. Edition Synapse. 2000.
——. *The Catalpa Bow*. Routledge. 1999. [C. ブラッカー『あずさ弓:日本におけるシャーマン的行為』秋山さと子訳(岩波書店、1995年)]
Bodart-Bailey, Beatrice. *The Dog Shogun: The Personality and Policies of Tokugawa Tsunayoshi*. University of Hawaii Press. 2006. [ベアトリス・M・ボダルト=ベイリー『犬将軍:綱吉は名君か暴君か』早川朝子訳(柏書房、2015年)]
Botsman, Daniel. 'Politics and Power in the Tokugawa Period', *East Asian History*, #3 (June 1992), pp. 1-32.
——. *Punishment and Power in the Making of Modern Japan*. Princeton University Press. 2007. [ダニエル・V・ボツマン『血塗られた慈悲、笞打つ帝国。:江戸から明治へ、刑罰はいかに権力を変えたのか?』小林朋則訳(インターシフト、2009年)]
Bower, Blair T. and Katsuki Takao, editors. *Who Speaks for Tokyo Bay?* CRC Press. 1993.
Bowring, Richard. *The Religious Traditions of Japan 500-1600*. Cambridge University Press. 2005.
Brandon, James R. and Leiter, Samuel L. *Kabuki Plays on Stage*, volume 4: *Restoration and Reform, 1872-1905*. University of Hawaii Press. 2003.
Brazell, Karen, translator, *The Confessions of Lady Nijo*. Stanford University Press. 1973. [後深草院二条『とはずがたり』(本文中の引用は、久保田淳校注・訳『新編日本古典文学全集47・建礼門院右京大夫集/とはずがたり』(小学館、1997年)p. 448)]
Brecher, W. Puck. 'Down and Out in Negishi: Reclusion and Struggle in an Edo Suburb', *Journal of Japanese Studies* 35:1 (2009), pp. 1-35.
Brown, Delmer M. and Ishida Ichirō. *The Future and the Past: A Translation and*

Study of the Gukanshō*: An Interpretive History of Japan Written in 1219*. University of California Press. 1979.［『愚管抄』］
Brown, Kendall H. *Kawase Hasui: The Complete Woodblock Prints*. Hotei. 2003.
Carroll, Marilyn E., Hagen, Edmund W., Asencio, Marisel and Brauer, Lisa Hartman. 'Behavioral Dependence on Caffeine and Phencyclidine in Rhesus Monkeys: Interactive Effects', *Pharmacology Biochemistry & Behavior*, December 1988, 31 (4), pp. 927-32.
Chaplin, Sarah. *Japanese Love Hotels: A Cultural History*. Routledge. 2007.
Cleary, Thomas.*The Flower Ornament Scripture: A Translation of the Avatamsaka Sutra*. Shambhala Press. 1993.［『華厳経』］
Coaldrake, William H. *Architecture and Authority in Japan*. Routledge. 1996.
——. 'Metaphors of the Metropolis: Architectural and Artistic Representations of the Identity of Edo' in *Japanese Capitals in Historical Perspective: Place, Power and Memory in Kyoto, Edo and Tokyo*. Nicolas Fiévé and Paul Waley, editors. RoutledgeCurzon. 2003.
Conant, Ellen P. *Challenging Past and Present: The Metamorphosis of Nineteenth-Century Japanese Art*. University of Hawaii Press. 2006.
Constantine, Peter. *Japanese Slang: Uncensored*. Yen Books. 1994.
Cork, Jessica Kennett. *The Lunisolar Calendar: A Sociology of Japanese Time*. MA dissertation, University of Sheffield. 2010.
Crockett, Lucy Herndon. *Popcorn on the Ginza: An Informal Portrait of Postwar Japan*. William Sloane Associates. 1949.
Cummings, Alan. *Kawatake Mokuami and Kabuki Playwriting, 1850-1893*. Doctoral dissertation, School of Oriental and African Studies. 2010.
Cybriwsky, Roman. *Tokyo: The Shogun's City at the Twenty-First Century*. John Wiley. 1998.
Daibo Katsuji, *A Daibo Coffee Manual*. Eguchi Ken and Kei Benger, translators. Nahoko Press. 2015.［大坊勝次「大坊珈琲店のマニュアル」、大坊勝次『大坊珈琲店』（誠文堂新光社、2019 年）所収］
DeFrancis, John. *Visible Speech: The Diverse Oneness of Writing Systems*. University of Hawaii Press. 1989.
Deleuze, Gilles and Guattari, Félix. *Kafka: Toward a Minor Literature*. Dana Polan, translator. University of Minnesota Press. 1986.［ジル・ドゥルーズ、フェリックス・ガタリ『カフカ：マイナー文学のために：新訳』宇野邦一訳（法政大学出版局、2017 年）］
de Lisle, Rosanna. 'To the Light Fantastic', *Independent*, 14 June 1997.

Derschmidt, Eckhart. 'The Disappearance of the *Jazu-Kissa*: Some Considerations about Japanese "Jazz Cafés" and Jazz Listeners', in *The Culture of Japan as Seen through Its Leisure*. Sepp Linhart and Sabine Frühstück, editors. State University of New York Press. 1998.

Dower, John. *Embracing Defeat: Japan in the Wake of World War II*. Norton. 2000.［ジョン・ダワー『敗北を抱きしめて　増補版（上・下）』三浦陽一、高杉忠明、田代泰子訳（岩波書店、2004 年）］

Edoin Hoito. *The Night Tokyo Burned: The Incendiary Campaign Against Japan, March–August 1945*. St. Martin's Press. 1987.

Edwards, Walter. 'Forging Traditions for a Holy War', *Journal of Japanese Studies* 29 #2（2003）, pp. 289-324.

Elisonas, Jurgis. 'Notorious Places' in *Edo and Paris: Urban Life and the State in the Early Modern Era*. James L. McClain, John M. Merriman and Ugawa Kaoru, editors. Cornell University Press. 1997.［J. エリソナス「悪所―初期の江戸の叙述的地誌への短い旅―」唐沢達之訳、鵜川馨、J. マックレイン、J. メリマン編『江戸とパリ：近世における都市と国家』（岩田書院、1995 年）所収］

Field, Norma. *In the Realm of a Dying Emperor*. Pantheon. 1991.［ノーマ・フィールド『天皇の逝く国で　増補版』大島かおり訳（みすず書房、2011 年）］

Fiévé, Nicolas and Waley, Paul, editors. *Japanese Capitals in Historical Perspective: Place, Power & Memory in Kyoto, Edo and Tokyo*. RoutledgeCurzon. 2003.

Finn, Dallas. *Meiji Revisited: The Sites of Victorian Japan*. Weatherhill. 1995.

Fitzsimons, Andrew. *A Fire in the Head*. Isobar Press. 2014.［Andrew Fitzsimons『A fire in the head：震災後にこしらえたハイク』Nobuaki Tochigi（栩木伸明）、Mitsuko Ohno（大野光子）訳（英日併記）（Isobar Press、2014 年）］

Flitsch, Mareile, editor. *Tokens of the Path: Japanese Devotional and Pilgrimage Images: The Wilfried Spinner Collection (1854-1918)*. Arnoldsche Art Publishers. 2014.

Fraser, Mary Crawford. *A Diplomat's Wife in Japan: Sketches at the Turn of the Century*. Hugh Cortazzi, editor. Weatherhill. 1982.［メアリー・フレイザー『英国公使夫人の見た明治日本』ヒュー・コータッツィ編、横山俊夫訳（淡交社、1988 年）］

Freedman, Alisa. *Tokyo in Transit: Japanese Culture on the Rails and Road*. Stanford University Press. 2011.

Frellesvig, Bjarke. *A History of the Japanese Language*. Cambridge University Press. 2010.

Friedman, Mildred, editor. *Tokyo: Form and Spirit*. Walker Art Center exhibition

catalogue. Abrams. 1986.
Frumer, Yulia. 'Translating Time: Habits of Western-Style Timekeeping in Late Edo Japan', *Technology and Culture,* volume 55, #4（October 2014）.
——. *Making Time: Astronomical Time Measurement in Tokugawa Japan.* University of Chicago Press. 2018.
Fujitani Takashi. *Splendid Monarchy: Power and Pageantry in Modern Japan.* University of California Press. 1996.
Garbagna, Cristina. *Tatsuo Miyajima*. Electa. 2004.
Garcia, Hector. *A Geek in Japan* blog. 'Yuyake Koyake'. 9 May 2007. http://www.ageekinjapan.com/ 夕焼け小焼け -yuyake-koyake/
Gilhooly, Rob. 'Time Has Stopped for Parents of Dead and Missing Children: Closure Next to Impossible at School Where70 Pupils Were Washed Away', *Japan Times,* 11 March 2012.
Glassman, Hank. *The Face of Jizō: Image and Cult in Medieval Japanese Buddhism.* University of Hawaii Press. 2012.
Gottlieb, Nanette. 'Language and Politics: The Reversal of Postwar Script Reform Policy in Japan', *Journal of Asian Studies*, volume 53 #4（November 1994）, pp. 1175-98.
——. *Kanji Politics: Language Policy and Japanese Script.* Kegan Paul International. 1995.
——. *Language and Society in Japan*. Cambridge University Press. 2005.
Graham, A. C. *Chuang-tzŭ: Textual Notes to a Partial Translation*. SOAS. 1982.［『荘子』］
Greer, Ron and Wicks, Mike. *Fire from the Sky: A Diary over Japan*. iUniverse. 2013.
Green, Joseph C. *Ten Years in Japan: A Contemporary Record drawn from the Diaries and Private and official Papers of the United States Ambassador to Japan 1932–1942.* Simon and Schuster. 1944.［ジョセフ・C・グルー『滞日十年』（上下）石川欣一訳（ちくま学芸文庫、2011 年）］
Gubbins, J. H. *The Progress of Japan: 1853-1871.* Clarendon Press. 1911.
Guillain, Robert. *I Saw Tokyo Burning: An Eyewitness Narrative from Pearl Harbor to Hiroshima*. William Byron, translator. Doubleday. 1981.［ロベール・ギラン『日本人と戦争』根本長兵衛、天野恒雄訳（朝日新聞出版、1990 年）］
Haraguchi Kiyoshi. *Meiji Zenki Chihō Seiji-shi Kenkyū*. Hanawa shobō. 1972.［原口清『明治前期地方政治史研究　上』（塙書房、1972 年）］
Harich-Schneider, Eta. *A History of Japanese Music.* Oxford University Press. 1973.
Hasegawa Shigure. *Hasegawa Shigure sakuhinshū*. Fujiwara Shoten. 2009.［長谷川時

雨『長谷川時雨作品集』（藤原書店、2009 年）]
Hasegawa Shigure. *Kyubun Nihonbashi*. Iwanami Bunko. 1983.「長谷川時雨『旧聞日本橋』（岩波文庫、1983 年）」
Hashimoto Koji.（橋本幸士）https://www.youtube.com/watch?v=hQRQgljIWtw&feature=youtu.be
Hashimoto Miyuki. 'Visual Kei Otaku Identity–An Intercultural Analysis', *Intercultural Communication Studies* XVI: 1（2007）, pp. 87-99.
Havens, Thomas R. H. *Fire Across the Sea: The Vietnam War and Japan, 1965-1975*. Princeton University Press. 1987.
Havinga, Anne E. and Morse, Anne Nishimura, curators. *In the Wake: Japanese Photographers Respond to 3/11*. Museum of Fine Arts, Boston. 2015.
Hayashi Hiroki, Kasahara Keiji, Kimura Hisanori. 'Pre-Neogene Basement Rocks in the Kanto Plain, Central Japan', *Journal of the Geological Society of Japan,* volume 112, #1（January 2006）, pp. 2-13.
Hearn, Lafcadio. *Lafcadio Hearn, Japan's Great Interpreter: A New Anthology of His Writings: 1894-1904*. Louis Allen and Jean Wilson, editors. Japan Library. 1992.
Heldt, Gustav, translator. *The Kojiki: An Account of Ancient Matters*. Columbia University Press. 2014.［『古事記』］
Hiramatsu Yoshirō. 'A History of Penal Institutions: Japan', *Law in Japan,* volume 6（1973）, pp. 1-48.
Hoffmann, J. J. *Japanische Sprachlehre,* volumes 1-3. Leiden. 1877.
Huffman, James L. *Down and Out in Late Meiji Japan*. University of Hawaii Press. 2018.
Hur, Nam-lin. *Prayer and Play in Late Tokugawa Japan: Asakusa Sensō-ji and Edo Society*. Harvard University Press. 2000.
Inoue Hisashi, *Tales from a Mountain Cave: Stories from Japan's Northeast*. Angus Turvill, translator. Thames River Press. 2013.［井上ひさし『新釈　遠野物語』（新潮文庫、1980 年）］
Inoue, Kyoko. *MacArthur's Japanese Constitution: A Linguistic and Cultural Study of Its Making*. University of Chicago Press. 1991.［キョウコ・イノウエ著・監訳『マッカーサーの日本国憲法』古関彰一、五十嵐雅子訳（桐原書店、1994 年）］
Inoue Yuichi. *Tokyo Air Raid*. Iwanami Shoten. 1995.［井上有一『東京大空襲』（岩波書店、1995 年）］
Ivy, Marilyn. *Discourses of the Vanishing: Modernity, Phantasm, Japan*. University of Chicago Press. 1995.
Iwatake Mikako. 'From a Shogunal City to a Life City: Tokyo Between Two Fin-de-

Siècles', in *Japanese Capitals in Historical Perspective: Place, Power and Memory in Kyoto, Edo and Tokyo*. Nicolas Fiévé and Paul Waley, editors. RoutledgeCurzon. 2003.

Iwata-Weickgenannt, Kristina. 'Precarity beyond 3/11 or "Living Fukushima": power, politics, and space in Wagô Ryôichi's poetry of disaster', in *Visions of Precarity in Japanese Popular Culture and Literature*. Kristina Iwata-Weickgenannt and Roman Rosenbaum, editors. Routledge. 2014.

Jaffe, Richard M. 'Buddhist Material Culture, "Indianism," and the Construction of Pan-Asian Buddhism in Prewar Japan', *Material Religion: The Journal of Objects, Art and Belief,* volume 2 #3（2006）, pp. 266-92.

James, Cary. *Frank Lloyd Wright's Imperial Hotel*. Dover Publications.1988.

Jansen, Marius. *The Making of Modern Japan*. Belknap Press. 2000.

Januszczak, Waldemar. 'Countdown Conundrum', *Sunday Times Culture Magazine*, 9 November 2009.

Kamiguchi Sakujiro. 'Autobiographical Sketch'. Courtesy of the Daimyo Dokei Museum.［上口作次郎（愚朗）、大名時計博物館所蔵の来歴に関する小文］

——.「続・陶狂のネゴト」片山和男編『嗤う茶碗：野人・上口愚朗ものがたり』（淡交社、1997年）所収。

Kaneko Tsutomu. 'Einstein's Impact on Japanese Intellectuals: The Socio-Cultural Aspects of the "Homological Phenomena" ', in *The Comparative Reception of Relativity*. Thomas F. Glick, editor. Reidel. 1987, pp. 351-79.

——. 'Einstein's View of Japanese Culture', *Historia Scientiarum* #27（1984）, pp. 51-76.

——.『アインシュタイン・ショック1』（岩波書店、2005年）。

Kapur, Nick. *Japan at the Crossroads: Conflict and Compromise after Anpo*. Harvard University Press. 2018. Podcast on newbooksnetwork.com. 21 September, 2018.

Karacas, Cary. 'Place, Public Memory, and the Tokyo Air Raids', *Geographical Review* 100（4）,（October 2010）, pp. 521-37.

——. 'The Fire-Bombing of Tokyo: Views from the Ground', *Asia-Pacific Journal* 9（3）,（January 2011）.

——. 'A Cartographic Fade to Black: Mapping the Destruction of Urban Japan', *Journal of Historical Geography* 38（2）,（July 2012）, pp. 306-28.

——. 'The Optics of Ruination: Towards an Archaeological Approach to the Photography of the Japan Air Raids', *Journal of Urban History,* 40（5）,（September 2014）, pp. 959-84.

——. 'Blackened Cities: Blackened Maps' and 'The Occupied City' in *Cartographic*

Japan: A History in Maps. Kären Wigen, Fumiko Sugimoto and Cary Karacas, editors. University of Chicago Press. 2016.
Katō Takashi. 'Governing Tokyo', in *Edo and Paris: Urban Life and the State in the Early Modern Era*. James L. McClain, John M. Merriman and Ugawa Kaoru, editors. Cornell University Press. 1997.［加藤貴「江戸の支配とその特質」、鵜川馨、J. マックレイン、J. メリマン編『江戸とパリ：近世における都市と国家』（岩田書院、1995 年）所収］
Katsu Kaishū. *Zenshū* 19. Keisō Shobō. 1973.［勝海舟『勝海舟全集 19（海舟日記 2）』勝部真長、松本三之介、大口勇次郎編（勁草書房、1973 年）］
Katsumata S. *Gleams from Japan*. Routledge. 2011.［勝俣銓吉郎『和光集』］
Kawabata Yasunari. *The Scarlet Gang of Asakusa*. Alisa Freedman, translator. University of California Press. 2005.［川端康成『浅草紅団』1930 年］
Kawatake Mokuami. *Kawatake Mokuami shū*. Tokyo Sōgen Shinsha. 1968.［『名作歌舞伎全集　河竹黙阿弥集　第 12 巻』（東京創元新社、1970 年）、『名作歌舞伎全集　河竹黙阿弥集　第 23 巻』（東京創元社、1971 年）］
Keene, Donald. *Emperor of Japan: Meiji and His World, 1852-1912*. Columbia University Press. 2002.［ドナルド・キーン『明治天皇』角地幸男訳（新潮文庫、2007 年）］
Ketelaar, James Edward. *Of Heretics and Martyrs in Meiji Japan: Buddhism and Its Persecution*. Princeton University Press. 1990.［ジェームス・E・ケテラー『邪教／殉教の明治：廃仏毀釈と近代仏教』岡田正彦訳（ぺりかん社、2006 年）］
Kipling, Rudyard. *Kipling's Japan: Collected Writings*. Hugh Cortazzi and George Webb, editors. Bloomsbury Academic. 2012.［ラドヤード・キプリング『キプリングの日本発見』ヒュー・コータッツィ、ジョージ・ウェッブ編、加納孝代訳（中央公論新社、2002 年）］
Kirkup, James. *Tokyo*. Phoenix House. 1966.
Kitajima Masamoto, editor. *Musashi den'enbo*. Kondō Shuppansha. 1977.［北島正元校訂『武蔵田園簿』（近藤出版社、1977 年）］
Koch, Angelika. 'Nightless Cities: Timing the Pleasure Quarters in Early Modern Japan', KronoScope, 17/1（2017）, pp. 61-93.
Kornicki, Peter. 'Manuscript, Not Print: Scribal Culture in the Edo Period', *Journal of Japanese Studies*, 32:1（2006）.
Kuriyama Shigehisa and Günergun, Feza, editors. *The Introduction of Modern Science and Technology to Turkey and Japan*. International Research Centre for Japanese Studies. 1998.
LaFleur, William R. *The Karma of Words: Buddhism and the Literary Arts in Medieval*

Japan. University of California Press. 1983.
Lebra, Takie Sugiyama. *Above the Clouds: Status Culture of the Modern Japanese Nobility*. University of California Press. 1993.
Legge, James. *The Chinese Classics: with a Translation, Critical & Exegetical Notes, Prolegomena & Copious Indexes,* volumes 1-5. Oxford University Press. 1893-5. [『四書五経』『詩経』(石川忠久『詩経　新書漢文大系 15』福本郁子編(明治書院、2002 年))]
Light, Stephen. *Shūzō Kuki and Jean-Paul Sartre: Influence and Counter-Influence in the Early History of Existential Phenomenology*. Southern Illinois University Press. 1987.
Lloyd-Parry, Richard. 'Ghosts of the Tsunami', *London Review of Books*, 6 February 2014.[のち、リチャード・ロイド・パリー『津波の霊たち―3・11 死と生の物語』濱野大道訳(早川書房、2018 年)として書籍化]
Loewe, Michael and Blacker, Carmen, editors. *Divination and Oracles*. Shambhala. 1981. [M. ローウェ、C. ブラッカー編『占いと神託』島田裕巳他訳(海鳴社、1984 年)]
Loveday, Leo J. *Language Contact in Japan: A Socio-linguistic History*. Clarendon Press. 1996.
Lubbock, Tom. 'To Infinity and Beyond', *Independent*, 24 June 1997.
Lucas, Raymond. 'Getting Lost in Tokyo', *Footprint*, 1 July 2014, volume 2 #1, pp. 91–104.
McCullough, Helen Craig. *The Tales of Ise: Lyrical Episodes from Tenth Century Japan*. Stanford University Press. 1968. [『伊勢物語』]
McClain, James L., Merriman, John M., and Ugawa Kaoru, editors. *Edo and Paris: Urban Life and the State in the Early Modern Era*. Cornell University Press. 1997. [鵜川馨、J. マクレイン、J. メリマン編『江戸とパリ:近世における都市と国家』(岩田書院、1995 年)]
McGee, Dylan. 'Turrets of Time: Clocks and Early Configurations of Chronometric Time in Edo Fiction (1780-96)', *Early Modern Japan: An Interdisciplinary Journal*, volume 19 (2011), pp. 44-57.
Maeda Ai. *Text and the City: Essays on Japanese Modernity*. Duke University Press. 2004.
Maki Fumihiko. *Nurturing Dreams: Collected Essays on Architecture and the City*. MIT Press. 2008.
Markus, Andrew. 'Tang Poetry on Ruins'. Unpublished paper. 1978.
——. 'Terakado Seiken's *Blossoms Along the Sumida*', *Sino-Japanese Studies* 3 #2 (April

1991), pp. 9-29.
——. *The Willow in Autumn: Ryūtei Tanehiko, 1783-1842.* Harvard University Press. 1992.
——. 'Time in Premodern Japan'. Unpublished paper. 1994.
——. *An Account of the Prosperity of Edo in An Episodic festschrift for Howard Hibbett.* Highmoonoon Press. 2000.
Marra, Michael F. *Modern Japanese Aesthetics: A Reader.* University of Hawaii Press. 1999.
——, translator and editor. Kuki Shūzō: *A Philosopher's Poetry and Poetics.* University of Hawaii Press. 2004.
Mayeda, Graham. *Time, Space and Ethics in the Philosophy of Watsuji Tetsurō, Kuki Shūzō, and Martin Heidegger.* Routledge. 2006.
Merritt, Helen. *Modern Japanese Woodblock Prints: The Early Years.* University of Hawaii Press. 1990.
Miller, Ian Jared. *The Nature of the Beasts: Empire and Exhibition at the Tokyo Imperial Zoo.* University of California Press. 2013.
Morris, Ivan, translator. *As I Crossed A Bridge of Dreams: Recollections of a Woman in Eleventh Century Japan.* Oxford University Press. 1971.［『更級日記』］
Mishima Yukio. *Death in Midsummer & Other Stories.* Donald Keene, translator. New Directions. 1966.［三島由紀夫『真夏の死』（創元社、1953 年ほか）］
——. *Spring Snow.* Michael Gallagher, translator. Vintage. 2000.［『春の雪』（新潮社、1969 年ほか）］
——. *Runaway Horses.* Michael Gallagher, translator. Vintage. 2000.［『奔馬』（新潮社、1969 年ほか）］
——. *The Temple of Dawn.* E. Dale Saunders and Cecilia Segawa Seigle, translators. Vintage. 2001.［『暁の寺』（新潮社、1970 年ほか）］
——. *The Decay of the Angel.* Edward Seidensticker, translator. Vintage. 2001.［『天人五衰』（新潮社、1971 年ほか）］
——. *My Friend Hitler and Other Plays.* Sato Hiroaki, translator. Columbia University Press. 2002.（『わが友ヒットラー』『鹿鳴館』ほか）
——. *Confessions of a Mask.* Meredith Weatherby, translator. Peter Owen. 1960.［『仮面の告白』（河出書房、1949 年ほか）］
——. *Forbidden Colours.* Alfred H. Marks, translator. Penguin. 2008.［『禁色』（新潮社、1951-53 年ほか）］
Miyajima Tatsuo.（宮島達男）*Big Time.* Hayward Gallery. 1997.
——. *MEGA DEATH: shout! shout! shout!.* Tokyo Opera City Art Foundation. 2000.

——. *Opposite Level/ Counter Circle*. Richard Gray Gallery. 2001.
——. *Art in You*. Esquire Magazine Japan. 2008.
——. *Time Train*. Kerber Art. 2009.
Miyata Noboru. *Shūmatsukan no minzokugaku*. Tokyo Kōbundō. 1987.［宮田登『終末観の民俗学』（弘文堂、1987 年）］
Miyata Noboru. *Nihon Minzoku Bunka Taikei 9. Koyomi to saiji: Nihonjin no kisetsu kankaku*. Shogakukan. 1984.［宮田登『日本民俗文化大系 9　暦と祭事―日本人の季節感覚』（小学館、1984 年）］
Mody, N. H. N. *Japanese Clocks*. Charles E.Tuttle. 1967.
Moriyama Daido. 'In Shinjuku, "Blade Runner" in Real Life', *New York Times*, 1 August 2016.
Morrison, Christopher and Amano, Yoshitaka. *Shinjuku*. Dark Horse. 2010.
Naito Akira. *Edo no toshi to kenchiku ('The Architecture of the City of Edo')*. Mainichi Shinbunsha. 1972.［内藤昌『江戸の都市と建築』（毎日新聞社、1972 年）］
——. *Edo, The City That Became Tokyo: An Illustrated History*. H. Mack Horton, translator. Kodansha International. 2003.［内藤昌、穂積和夫（イラストレーション）『江戸の町』（草思社、1982 年）］
Najita, Tetsuo and Koschmann, J. Victor, editors. *Conflict in Modern Japanese History: The Neglected Tradition*. Cornell University Press. 2005.
Nagamura Kit. 'Cool（Old）Japan Flourishes along Flowing Rivers of Edo', *The Japan Times*, 27 June 2010.
Nakasone Yasuhiro. *The Making of the New Japan: Reclaiming the Political Mainstream*. Lesley Connors, translator. Curzon Press. 1999.［中曽根康弘『政治と人生：中曽根康弘回顧録』（講談社、1992 年）］
Nakazato Nariaki. *Neonationalist Mythology in Postwar Japan: Pal's Dissenting Judgment at the Tokyo War Crimes Tribunal*. Lexington Books. 2016.
Nathan, John. *Mishima: A Biography*. Da Capo Press. 2000.［ジョン・ネイスン『三島由紀夫：ある評伝　新版』野口武彦訳（新潮社、2000 年）］
Newland, Amy Reigle. *Visions of Japan: Kawase Hasui's Masterpieces*. Hotei Publishing. 2008.
Nishimoto Ikuko. 'The "Civilization" of Time', *Time* & Society, volume 6 #2-3（July 1997）, pp. 237-59.
——. 'Teaching Punctuality: Inside and Outside the Primary School', *Japan Review*, 14（2002）, pp. 121-33.
Nitschke, Günter. *From Shinto to Ando: Studies in Architectural Anthropology in Japan*. Academy Editions and Ernst & Sohn. 1993.

Nouët, Noël. *The Shogun's City: A History of Tokyo*. Paul Norbury. 1990 reprint of the 1934 edition: *Tokyo Vue par un Étranger: Cinquante Croquis*. John and Michèle Mills, translators.［ノエル・ヌエット『東京誕生記』川島順平訳（朝日新聞社、1955年）］

Ohnuki-Tierney, Emiko.（大貫恵美子）*The Monkey as Mirror: Symbolic Transformations in Japanese History and Ritual*. Princeton University Press. 1987.

Okada Yoshirō. *Meiji Kaireki: 'toki' no bunmei kaika (Meiji Calendar Reform: The Cultural Enlightenment of 'Time')*. Taishūkan Shoten. 1994.［岡田芳朗『明治改暦「時」の文明開化』（大修館書店、1994年）］

Ono Susumu. *Nihongo o sakanoboru (Tracing the Origins of the Japanese Language)*. Iwanami Shinsho. 1974.［大野晋『日本語をさかのぼる』（岩波書店、1974年）］

Plutschow, Herbert E. *Matsuri: The Festivals of Japan*. Japan Library. 1996.

Raspail, Jean. *Welcome, Honourable Visitors*. Jean Stewart, translator. Hamish Hamilton. 1960.

Raucat, Thomas. *The Honourable Picnic*. Leonard Cline, translator. Bodley Head. 1928.［トマス・ロオカ『御遠足』高瀬毅訳（空前社、1927年）］

Ravina, Mark. *The Last Samurai: The Life and Battles of Saigō Takamori*. John Wiley & Sons. 2004.

Régamey, Félix, Loti, Pierre and Guimet, Emile. *The Chrysanthème Papers: The Pink Notebook of Madame Chrysanthème and Other Documents of French Japonisme*. Reed, Christopher, translator. University of Hawaii Press. 2010.

Remmelink, Willem Gerrit Jan, editor. *The Patriarch of Dutch Learning. Shizuki Tadao: Papers of the Symposium Held in Commemoration of the 200th Anniversary of His Death. Journal of the Japan-Netherlands Institute*, volume 9（2008）.

Richie, Donald. *Japanese Portraits: Pictures of Different People*. Tuttle. 2006.［ドナルド・リチー『素顔を見せたニッポン人』菊池淳子訳（フィルムアート社、2003年）］

Rimer, J. Thomas and Gessel, Van C., editors. *The Columbia Anthology of Modern Japanese Literature*, volumes 1-2. Columbia University Press. 2005, 2007.

Robertson, J. Drummond. *The Evolution of Clockwork: With a Special Section on the Clocks of Japan*. Cassell. 1931.

Rosenfeld, David. 'Counter-Orientalism and Textual Play in Akutagawa's "The Ball" ', *Japan Forum*, volume 12 #1（2000）, pp. 53-63.

Ruoff, Kenneth J. *Imperial Japan at its Zenith: The Wartime Celebration of the Empire's 2,600th Anniversary*. Cornell University Press. 2010.［ケネス・ルオフ『紀元二千六百年：消費と観光のナショナリズム』木村剛久訳（朝日新聞出版、2010年）］

Ryan, Judith, ' "Lines of Flight": History and Territory in *The Rings of Saturn*', in *W. G. Sebald: Schreiben ex patria/Expatriate Writing*. Gerhard Fischer, editor. Rodopi. 2009.
Sadler, A. L. *The Maker of Modern Japan: The Life of Shogun Tokugawa Ieyasu*. Tuttle. 1978.［A.L. サドラー『Shogun：将軍徳川家康の生涯』（チャールズ・タトル出版、2009 年〔英語〕)］
Sango, Asuka.（三後明日香）*The Halo of Golden Light: Imperial Authority and Buddhist Ritual in Heian Japan*. University of Hawaii Press. 2015.
Saotome Katsumoto. *Illustrated Tokyo Air Raid*. Kawade Shobo Shinsha. 2003.［早乙女勝元『図説　東京大空襲』（河出書房新社、2003 年)］
Satow, Ernest Mason. *A Diplomat in Japan: The Inner History of the Critical Years in the Evolution of Japan When the Ports Were Opened and the Monarchy Restored*. Cambridge University Press. 2015.［アーネスト・サトウ『一外交官の見た明治維新（上・下)』坂田精一訳（岩波書店、1960 年)］
——, and Hawes, A. G. S. *A Handbook for Travellers in Central and Northern Japan: Being a Guide to Tōkiō, Kiōto, Ōzaka, Hakodate, Nagasaki, and Other Cities; the Most Interesting Parts of the Main Island; Ascents of the Principal Mountains; Descriptions of Temples; and Historical Notes and Legends*. John Murray. 1884.［アーネスト・サトウ『明治日本旅行案内（上・中・下)』庄田元男訳（平凡社、1996 年)］
Schmorleitz, Morton S. *Castles in Japan*. Tuttle. 1974.
Screech, Timon. 'Clock Metaphors in Edo Period Japan', *Japan Quarterly*, 43.4（Oct.-Dec. 1996), pp. 66-75.
——. *The Shogun's Painted Culture: Fear and Creativity in the Japanese States, 1760-1829*. Reaktion Books. 2000.［タイモン・スクリーチ『定信お見通し：寛政視覚改革の治世学』高山宏訳（青土社、2003 年)］
Seeley, Christopher. *A History of Writing in Japan*. University of Hawaii Press. 2000.
Seidensticker, Edward. *Kafū the Scribbler: The Life and Writings of Nagai Kafū, 1879-1959*. Stanford University Press. 1965.
——. *Low City, High City: Tokyo from Edo to the Earthquake: How the Shogun's Ancient Capital Became a Great Modern City, 1867-1923*. Allen Lane. 1983.［エドワード・サイデンステッカー『東京 下町山の手：1867-1923』安藤徹雄訳（ちくま学芸文庫、1992 年)］
Seigle, Cecilia Segawa. *A Courtesan's Day: Hour by Hour.* Hotei. 2004.
Seo, Audrey Yoshiko. *Ensō: Zen Circles of Enlightenment*. Weatherhill. 2007.
Shiba Ryōtarō. *The Last Shogun: The Life of Tokugawa Yoshinobu*. Juliet Winters

Carpenter, translator. Kodansha. 1967.［司馬遼太郎『最後の将軍』（文春文庫、1997年）］

Shibusawa Keizō. *Japanese Life and Culture in the Meiji Era*. Charles S. Terry, translator. Obunsha. 1958.［開国百年記念文化事業会編『明治文化史』第12巻『生活編』渋沢敬三編（原書房、1979年）］

Shillony, Ben-Ami. *Enigma of the Emperors: Sacred Subservience in Japanese History*. Global Oriental. 2005.［ベン＝アミー・シロニー『母なる天皇：女性的君主制の過去・現在・未来』大谷堅志郎訳（講談社、2003年）］

Siebold, Philipp Franz von. *Nippon*, volumes i-iv. Leyden. 1852.［フィリップ・フランツ・フォン・シーボルト『日本』（全9巻）岩生成一監修、中井晶夫ほか訳（雄松堂書店、1977-79年）］

Sinclair, Joan. *Pink Box: Inside Japan's Sex Clubs*. Abrams. 2006.

Sippel, Patricia. 'Japan's First Urban Water Disaster: The Great Kantō Flood of 1742', https://toyoeiwa.repo.nii.ac.jp/index.php?action=pages_view_main&active_action=repository_action_common_download&item_id=483&item_no=1&attribute_id=22&file_no=1&page_id=13&block_id=17.

Smith II, Henry D. 'Tokyo and London: Comparative Conceptions of the City', *Japan: A Comparative View*. Albert M. Craig, editor. Princeton University Press. 1979, pp. 49-99.

——. 'The Edo-Tokyo Transition: In Search of Common Ground', in *Japan in Transition, From Tokugawa to Meiji*. Marius B. Jansen and Gilbert Rozman, editors. Princeton University Press. 1986, pp. 347-74.

——. 'World Without Walls: Kuwagata Keisai's Panoramic Vision of Japan', in *Japan and the World: Essays on Japanese History and Politics in Honour of Ishida Takeshi*. Gail Lee Bernstein and Haruhiro Fukui, editors. Macmillan. 1988, pp. 3-19.

Smith, Lawrence. *The Japanese Print Since 1900: Old Dreams and New Visions*. British Museum. 1983.

Smits, Gregory. *Seismic Japan: The Long History and Continuing Legacy of the Ansei Edo Earthquake*. University of Hawaii Press. 2013.

Sorgenfrei, Carol Fisher. *Unspeakable Acts: The Avant-garde Theatre of Terayama Shūji and Postwar Japan*. University of Hawaii Press. 2005.

Spafford, David. *A Sense of Place: The Political Landscape in Late Medieval Japan*. Harvard University Asia Center. 2013.

Star, Marky. *Japan This!* blog（31 May 2014）. https://japanthis.com/2014/05/25/rivers-of-edo-tokyo/

Steele, M. William. 'Katsu Kaishū and the Limits of Bakumatsu Nationalism', *Asian*

Cultural Studies #10 (1978), pp. 65-76.

——. 'Against the Restoration: Katsu Kaishū's Attempt to Reinstate the Tokugawa Family', *Monumenta Nipponica,* volume 36 #3 (Autumn 1981), pp. 299-316.

——. 'Edo in 1868: The View from Below', *Monumenta Nipponica,* volume 45 #2 (1990), pp. 127-55.

Steineck, Raji. 'Time in Old Japan: In Search of a Paradigm', *KronoScope,* 17 #1 (2017), pp. 16-36.

Stokes, Henry Scott. *The Life and Death of Yukio Mishima*. Cooper Square Press. 2000. [ヘンリー・スコット＝ストークス『三島由紀夫：生と死』徳岡孝夫訳（清流出版、1998 年）]

Stortini, Paride. 'East and West of the Tsukiji Honganji'. Published online.

Tanaka, Stefan. *New Times in Modern Japan*. Princeton University Press. 2004.

Terauchi Naoko. 'Sounds of "War and Peace": New *Bugaku* Pieces *Yūkyū* and *Shōwa raku* Created for the *Kigen nisen roppyakunen* in 1940', in *Tōyō Ongaku Kenkyū* #81 (2016). [寺内直子「『治乱太平』の響き～紀元二千六百年新作舞楽《悠久》と《昭和楽》」『東洋音楽研究』81 号（2016 年）]

Toda Mosui, Murasaki no hitomoto ('A Sprig of Purple') in *Kinsei zuisō shū, Shinpen Nihon Koten Bungaku Zenshū 82*, Suzuki Jun and Odaka Michiko, editors. pp. 29-242 (Shōgakukan, 2000). [戸田茂睡『紫の一本』鈴木淳・小高道子校注・訳、『新編 日本古典文学全集 82・近世随想集』（小学館、2000 年）所収]

Tokugawa Tsunenari. *The Tokugawa Inheritance*. Iehiro Tokugawa, translator. International House of Japan. 2009. [徳川恒孝『江戸の遺伝子』（PHP 研究所、2007 年）]

Toshiba International Foundation.（東芝国際交流財団）'A Close Relationship between Japanese Art and Science with Roots in the Edo Period: Exploring the Man-nen Dokei, Western Timekeeping and the Japanese Flow of Time', exhibition catalogue. 2014.

Totani Yuma. *The Tokyo War Crimes Trial: The Pursuit of Justice in the Wake of World War II*. Harvard University Press. 2008. [戸谷由麻『東京裁判：第二次大戦後の法と正義の追求』（みすず書房、2008 年）]

Totman, Conrad. *The Collapse of the Tokugawa Bakufu, 1862-1868*. University of Hawaii Press. 1980.

Treat, John Whittier. *Writing Ground Zero: Japanese Literature and the Atomic Bomb*. University of Chicago Press. 1995.

Tsuchiya Kimio. *Tsuchiya Kimio: Remembrance*. Bijutsu Shuppan-sha. 2001. [『記憶―土屋公雄彫刻作品集』（美術出版社、2001 年）]

Tsukada Taisaburō. *Wadokei*. Tōhō shoin. 1960.［塚田泰三郎『和時計』（東峰書院、1960年）］
Tyler, Royall. 'Buddhism in Noh'. *Japanese Journal of Religious Studies* 14/1（1987）.
——, translator. *The Tale of the Heike*. Viking. 2012.［『平家物語』］
——, translator. *The Tale of Genji*. Penguin. 2003.［紫式部『源氏物語』］
——, and Mostow, Joshua S. *The Ise Stories*. University of Hawaii Press. 2010.［『伊勢物語』］
Ullyett, Kenneth. *In Quest of Clocks*. Rockliff. 1950.［ケネス・アリエット『時計』小西善雄訳（主婦と生活社、1973年）］
Wada, Hirofumi and Ichiyanagi Hirotaka, et. al., editors. *Asakusa no misemono shūkyōsei erosu*. Yumani Shobō. 2005.［和田博文、一柳廣孝、石角春之助、秦豊吉『コレクション・モダン都市文化（11）浅草の見世物・宗教性・エロス』（ゆまに書房、2005年）］
Waley, Paul. *Tokyo Now & Then: An Explorer's Guide*. John Weatherhill. 1984.
Watanabe Hitomi. Tōdai Zenkyōtō. Shinchosha. 2007.［渡辺眸『東大全共闘1968-1969』（新潮社、2007年）］
Watson, Burton, translator. *Grass Hill: Poems and Prose by the Japanese Monk Gensei*. Columbia University Press. 1983.
——. *The Lotus Sutra*. Soka Gakkai. 1993.［『法華経』］
Watsuji Tetsurō. *Pilgrimages to the Ancient Temples in Nara*. Hiroshi Nara, translator. Merwin Asia. 2012.［和辻哲郎『古寺巡礼』（岩波書店、1979年〔改版〕）］
Weisenfeld, Gennifer. *Imaging Disaster: Tokyo and the Visual Culture of Japan's Great Earthquake of 1923*. University of California Press. 2012.［ジェニファー・ワイゼンフェルド『関東大震災の想像力：災害と復興の視覚文化論』篠儀直子訳（青土社、2014年）］
Wendelken, Cherie. 'The Tectonics of Japanese Style: Architect and Carpenter in the Late Meiji Period', *Art Journal* 55（3）(Autumn 1996).
White, Merry. *Coffee Life in Japan*. University of California Press. 2012.［メリー・ホワイト『コーヒーと日本人の文化誌：世界最高のコーヒーが生まれる場所』有泉芙美代訳（創元社、2018年）］
Wilson, George Macklin. 'Time and History in Japan', *American Historical Review* 85, #3（1980）.
Wilson, Roderick Ike. 'Changing River Regimes on the Kanto Plain, Japan 1600-1900', in *Rivers and Society: From Early Civilization to Modern Times. A History of Water,* Series II, volume 2. Terje Tvedt and Richard Coopey, editors. I. B. Tauris. 2010.
——. 'Placing Edomae: The Changing Environmental Relations of Tokyo's Early

Modern Fishery', *Resilience: A Journal of the Environmental Humanities*, volume 3 (2016).

Wirth, Jason M., editor. *Zen no Sho: The Calligraphy of Fukushima Keidō Rōshi*. Clear Light Publishers. 2003.

Woodhull, Alan S. *Romantic Edo Fiction: A Study of the Ninjōbon and Complete Translation of Shunshoku Umegoyomi*. Stanford University, doctoral dissertation. 1978.［為永春水『春色梅児誉美』全訳］

Yoneyama, Lisa. *Hiroshima Traces: Time, Space, and the Dialectics of Memory*. University of California Press. 1999.

Yoshida Kenkō. *Essays in Idleness*. Meredith McKinney, translator. Penguin Classics. 2013.［吉田兼好『徒然草』］

Yoshida Tadashi. 'From Mind Travel to Plurality of Worlds', in *The Patriarch of Dutch Learning. Shizuki Tadao: Papers of the Symposium Held in Commemoration of the 200th Anniversary of His Death*. Remmelink, Willem Gerrit Jan, editor. *Journal of the Japan-Netherlands Institute*, volume 9 (2008).

Yoshimura Akira. *Tengu sōran; shōgitai; bakufu gunkan kaiten shimatsu*. Iwanami Shoten. 2009.［吉村昭『吉村昭歴史小説集成 2：天狗争乱／彰義隊／幕府軍艦「回天」始末』（岩波書店、2009 年ほか）］

Yoshimura Hiroshi. *Ō-Edo toki no kane oto aruki*. Shūnjusha. 2002.［吉村弘『大江戸時の鐘　音歩記』（春秋社、2002 年）］

Yusa Michiko. *Zen & Philosophy: An Intellectual Biography of Nishida Kitarō*. University of Hawaii Press. 2002.

原　注

時の鐘

1　作詞：中村雨紅。以下にある原文の英訳歌詞は Hector Garcia によるブログ ‘A Geek in Japan’（‘Yuyake Koyake’, 9 May 2007）を参考に著者が作成した。*With sunset, the day darkens./ On the mountain, the Bell of Time sounds./ Hand in hand, shall we go home, along with the crows?/ Once the children are back, a great full moon shines./ In the dreams of the birds, a sky of sparkling stars.*

2　梵鐘とその起源については、Eta Harich-Schneider, *A History of Japanese Music*（Oxford University Press, 1973）を参照。「梵鐘は中国と朝鮮から伝来した。その大きな青銅の鐘は、すぐれた技術で鋳造され、装飾的な浮き彫りの文様があしらわれている。モチーフとしてよく見られるものには、楽器や、音楽を奏でる菩薩の姿などがある。釣鐘と呼ばれるこうした鐘は、寺の建物に併設されている鐘楼と呼ばれる木造の建物のなかに吊り下げられている。それを外側から木製の棒で撞いて音を鳴らすのである。そうした鐘のなかでももっとも古く、かつもっとも完全なかたちをとどめているのが、九州にある観世音寺の鐘で、698 年のものとされている。鐘を撞く棒には棕櫚の木が使われている。その音色はひじょうに純粋で豊かであり、おどろくほどの倍音の幅があるのに、基音ははっきりと識別できる……」（pp. 67-8 および plate 8b）

3　吉村弘『大江戸　時の鐘　音歩記』（春秋社、2002 年）。引用は「はじめに」（pp. 4-5）より。「錦苞初発」の声、すなわち蓮の花の開く音については pp. 6-7、いまも耳にすることができる江戸の「音風景（サウンドスケープ）」については p. 11 を参照。

4　*W. G. Sebald: Schreiben ex patria/Expatriate Writing*（Gerhard Fischer, ed., Rodopi, 2009）, pp. 45-60 に収録されている Judith Ryan の論考 ‘“Lines of Flight”: History and Territory in *The Rings of Saturn*’、とくにジル・ドゥルーズ、フェリックス・ガタリ『カフカ：マイナー文学のために』（宇野邦一訳、法政大学出版局、2017 年）への言及を参照。「したがって、どこから入ってもいいわけで、どれかがとりたてて便利というわけではなく、長所をもつわけでもなく、むしろあるものはほと

んど袋小路、狭い坑道や管みたいなものである。私たちはただ探ってみるしかない。自分の選んだ入口が、他のどの箇所とつながっているか、どの交差点やトンネルを通じて二点がつながっているのか、リゾームの地図はどうなっているか、別の個所から入るときには、どんなふうにして、その地図がたちまち別のものと化してしまうのか」（pp. 1-2）。旅は W. G. Sebald が「四方に広がった乱雑でまとまりのない網の目」（W・G・ゼーバルト『土星の環：イギリス行脚』（鈴木仁子訳、白水社、2007 年、p. 259）と呼んだものと化す。

5　大坊勝次『大坊珈琲店』（誠文堂新光社、2014 年）所収「大坊珈琲店のマニュアル」を参照。英語版は 32 頁の冊子 *A Daibo Coffee Manual*, Eguchi Ken and Kei Benger, trans., Nahoko Press, 2015 に収録。これは、実用書というより大坊氏のコーヒー哲学をめぐる随筆である。

日本の都市部におけるコーヒー文化の歴史については、メリー・ホワイト『コーヒーと日本人の文化誌：世界最高のコーヒーが生まれる場所』（有泉芙美代訳、創元社、2018 年)、および Marilyn Ivy, *Discourses of the Vanishing: Modernity, Phantasm, Japan*（University of Chicago Press, 1995）を参照。また、Eckhart Derschmidt, 'The Disappearance of the *Jazu-Kissa: Some* Considerations about Japanese "Jazz Cafés" and Jazz Listeners' も参照。Derschmidt は、1960 年代半ばの東京について、次のように書いている。

「ジャズ喫茶はますます寺のようになっていった。ジャズ愛好家らは（ニール・）レナードのいう"カルト"、つまり"ほとんどまとまりのない、ゆるい集団、仲間というよりは、個人個人が恍惚的な経験によって引き寄せられてつくる、出入りや数の増減のある集まり"に似てきたのだ。その暗さ、大音量で流れる音楽、身動きもせず聴きいる人々、……ほとんど宗教めいた一室、完全な別世界に足を踏みいれたのだという印象を与えるのだった」（*The Culture of Japan as Seen through Its Leisure*, Sepp Linhart and Sabine Frühstück, eds., State University of New York Press, 1998, p. 308）

日比谷

1　エドワード・サイデンステッカー『東京 下町山の手：1867-1923』（安西徹雄訳、ちくま学芸文庫、1992 年、p. 176）［一部、訳者が改変］

2　Bjarke Frellesvig, *A History of the Japanese Language*（Cambridge University Press, 2010）, Section 4.2.3, pp. 148-9 を参照。また William LaFleur の論考 'Shunzei's

Use of Tendai Buddhism' も参照。「観察という行為はそれが始まると同時に終わりを迎える——それは仏教でクシャナ（刹那）と呼ばれる時間の単位内に含まれる。したがって、観察者はその観察の対象以上に永続するものではないのである」（*The Karma of Words*, University of California Press, 1983, p. 102）

3　十二支とそれらが表わす時間は順に、子（11:00 pm）、丑（1:00 am）、寅（3:00 am）、卯（5:00 am）、辰（7:00 am）、巳（9:00 am）、午（11:00 am）、未（1:00 pm）、申（3:00 pm）、酉（5:00 pm）、戌（7:00 pm）、亥（9:00 pm）。
「十二支」の解説については、Yulia Frumer, 'Translating Time: Habits of Western-Style Timekeeping in Late Edo Japan' を参照。「十二支の動物は、数字で示すのと同様、真夜中が子で正午が午というふうにそれぞれが時間を示しており、それに合わせて時を知らせる鐘を鳴らすことができた」。近代以前の日本の時法では、時間はおよそ2時間ごとに分けられていたので、「真夜中」といっても西洋でいうそれとは完全に同じではなく、午後11時から午前1時までの幅のある時間をさす。正午とは太陽が天頂にかかる瞬間であり、これだけは（曇りの日はべつとして）疑う余地のない一瞬だった。

Frumer は「十二支は、英語ではよく誤って"（中国の）黄道十二宮"と表現されるが、黄道帯の星座との関連はない」と付け加える。江戸時代、「日本の1日は二つに分けられていた——夜明けと日暮れによって分けられる、昼と夜の二つに（夜明けも日暮れも、はっきりと識別できる瞬間ではなく自然に起きる連続的な変化の過程であるため、どの瞬間を転換点とするかは天文学者が決めた。基準は江戸時代を通じて変化し、地域によっても異なった）。

昼と夜はそれぞれ六刻にわたったが、日の出ている時間と出ていない時間の相対的な長さは年間を通じて変化したので、これらの"刻"の相対的な長さもまた変化した」（*Technology and Culture*, volume 55, #4, October 2014, pp. 789-90）

J. Drummond Robertson も参照。「幸運な刻と不運な刻があるといわれていて、時計を見れば行動を起こすのによい時間かどうかがわかるとされてきた」（*The Evolution of Clockwork: With a Special Section on the Clocks of Japan*, Cassell, 1931, p. 199）

フィリップ・フランツ・フォン・シーボルトは、夜明けと夕暮れは「手にした書物の文字が識別できるようになる、またはできなくなる瞬間、もしくは、朝の星が消えるときと、夜ふたたび現われるとき」と定義されると書いている。前掲 Robertson, *The Evolution of Clockwork*, p. 276 に記載のフィリップ・フランツ・フォン・シーボルト『日本』（雄松堂書店、1977-79年）からの引用（第三巻、1978年、p. 356）。

江戸時代の日本では、十二支の動物は地図上で方角を示すのにも使われた。「時を表わす数字と方角との空間的なつながりもあった……古代中国の宇宙論では、十二支の動物は十二カ月や十二刻だけでなく……方角の名称でもあった。だから、夏至と正午を表わす午は南の方角とも結びつき……子は冬至、真夜中、北の方角を示すものだった」（Yulia Frumer, *Making Time: Astronomical Time Measurement in Tokugawa Japan*, University of Chicago Press, 2018, p. 42）

この枠組みの起源については、*Sources of Chinese Tradition, vol. 1: From Earliest Times to 1600*（William Theodore De Bary and Irene Bloom, eds., Columbia University Press, 1999）, pp. 351-2の'The Concept and Marking of Time'［文責：Burton Watson］を参照。「中国史における時代は、慣習的に支配王朝の年代で記録されていた。しかし、漢の時代までには、年、日、時間を示すための周期性のある別の記号体系もすでに使用されていた。ひとつは"十干"、またひとつは"十二支"として知られるこれらの記号の起源は、ひじょうに古いものであることはわかっているものの、今日もまだ謎のままである……」

4　丑の刻と、それが怪談のなかで使用された初期の例としては、『平家物語』巻第四　鵼《ぬえ》。「主上《しゆしやう》よなよなおびえたまぎらせ給ふ事ありけり。有験《うげん》の高僧貴僧《かうそうきそう》に仰《おほ》せて、大法秘法《だいほふひほふ》を修せられけれども、其《その》しるしなし。御悩《ごなう》は丑《うし》の剋《こく》ばかりでありけるに……黒雲一村《くろくもひとむら》たち来《きた》（ッ）て、御殿《ごてん》の上《うへ》におほえば、かならずおびえさせ給ひけり……」［杉本圭三郎『新版　平家物語　全訳注』（講談社学術文庫、2017年)］

5　James Kirkup, *Tokyo*（Phoenix House, 1966）, pp. 68-9, 129-30を参照。Kirkupは、新宿の風月堂は「アーティスティック」なコーヒーショップで、「よく考え抜いたうえで前衛的な絵画を飾り、クラシック音楽のなかでも地味なタイプ――バッハ、ヴィヴァルディ、ブクステフーデ、パレストリーナ、ペルゴレージなどを選んで流し、たまにチャイコフスキー、ブラームス、メンデルスゾーン、グリーグなどの派手な楽曲をまぜる。店に入って、ショパンやスカルラッティやドビュッシーなどを紙に書いてリクエストすると、かけてもらえるまでに二時間も待たなくてはならないかもしれない……東京にはソーホーもブルームズベリーもグリニッジヴィレッジもないので、もしも日本のなかでセーヌ左岸に似せた雰囲気を醸しだす場所を見たいなら、ここは一見の価値がある。……やはり、レストラン選びとおなじくコーヒーショップもあちらこちらと歩きまわってはいってみるのがいちばんいい。個人的な好みをいえばDIG、ヴィレッジ、ポニー、木馬といった騒がしいモダンジャズのかかるコーヒーショップが好きで、ほかにもたくさんあるモダンジャズと自称し

ているところはいい。ここで、アート・テイタムやジョン・コルトレーンを聴きながらジャズ狂の日本人やあるいはもっとまじめにジャズのわかる黒人客と仲良くなれる。バーやコーヒーショップはほとんどどの店もヤシの木と熱帯植物が飾ってあり、金魚か熱帯の鳥がいる……」と書いている。戦後のコーヒー文化については、Jean Raspail の風刺のきいた小説 *Welcome, Honourable Visitors*（Jean Stewart, trans., Hamish Hamilton, 1960, pp. 10-11）も参照。

6　カフェ・ド・ランブルのオーナー、関口一郎氏は1913年に生まれた。1948年に、第二次世界大戦前からドイツへの輸出用に保管されたままになっていたインドネシアの豆を使ってコーヒーショップを開店した。メリー・ホワイトは著書『コーヒーと日本人の文化誌：世界最高のコーヒーが生まれる場所』〈第四章　マスターたちの世界観：完璧さを実践しつづける人々〉のなかで、この話を紹介している。それによると、関口氏は、「彼のこだわりを理解していなかったり、そのこだわりに反抗したりする客を追い払うことについて、少しも悪びれることはない。……関口はそこ［彼のコーヒー］に何も入れずに提供する。コーヒーを受け取った後で砂糖やミルクを頼むと、拒否されたり、店を出るように言われたりすることさえある。コーヒーは特定の方法で飲むように淹れられるので、もし砂糖やミルクが必要だったならば、オーダーの際に頼んでおくべきである。砂糖やミルクが必要な場合、彼はコーヒーを濃いめに淹れたり、温度を高めに淹れたり、異なる豆で淹れたりする。実のところ、これらの添加物を必要とすべきではないと感じる人もいる。それらをほしがるべきではないし、コーヒーにもそれらは必要ない」（p. 90-1）。

日本橋――ゼロ地点

1　テオドル・ベスター『築地』（和波雅子・福岡伸一訳、木楽舎、2007年）p. 185。［一部、訳者が改変］

2　Audrey Yoshiko Seo, *Ensō: Zen Circles of Enlightenment*（Weatherhill, 2007）および *Zen no Sho: The Calligraphy of Fukushima Keidō Rōshi*（Jason M. Wirth, ed., Clear Light Publishers, 2003）に所収の Stephen Addiss, 'The Calligraphic Works of Fukushima Keidō' を参照。「"円相" が絵画であるか書であるかについてはいくつかの議論がある。一方で、それらはほとんどの場合、一筆書きの線であるが、また一方で、直接的にはなんの言葉も表わすものになっていない。おそらくは、それら独自のカテゴリーを形成している」（Stephen Addiss, p. 28）。「その空《くう》からは満が生まれ出る―― "円相" は禅の心を表わす一般的な表現であり、禅の心とは、自己

の空のみならず、すべての事物の空を存分に経験することである」（同 p. 68）

3　江戸の最初の牢獄はこの近くの常盤橋にあった。1590 ～ 92 年ごろ創設され、その後 1596 年から 1615 年のどこかの時点で小伝馬町に移された。Hiramatsu Yoshirō, 'A History of Penal Institutions: Japan', *Law in Japan*, volume 6（1973）, pp. 1-2.

4　Hiramatsu Yoshirō, 'A History of Penal Institutions: Japan',（前掲）p. 3。

5　ダニエル・V・ボツマンの素晴らしい、しかしおどろおどろしい著作『血塗られた慈悲、笞打つ帝国。江戸から明治へ、刑罰はいかに権力を変えたのか？』（小林朋則訳、インターシフト、2009 年）p. 96-7 を参照。

6　同上 p. 36。刑場があった場所については、p. 36-7 を参照。

7　*East Asian History*, #3（June 1992）, pp. 1-32 の Daniel Botsman, 'Politics and Power in the Tokugawa Period' p. 3 の記述。また、前掲『血塗られた慈悲、笞打つ帝国。』p. 32 では、ボツマンはこう指摘する。「江戸社会をさらに深く理解するのであれば、見かけの野蛮さにとらわれてはならない。……江戸時代の刑罰は戦争の産物であると同時に平和が産み出したものでもあり、確かに残虐な面もあるが、決して何の制限もなく好き勝手に暴力を振るえたわけではなかったのである」

　ボツマンはまた、江戸時代の日本に刑務所はなかったといい、ただ刑務所に近い施設があっただけで、それは長期にわたる禁固がまれだったからだと論じている。「（禁固刑が）正式な罰として適用されるのは、他の刑罰を執行できない酌量すべき情状がある場合に限られた」（前掲 'Politics and Power' p. 9 および『血塗られた慈悲、笞打つ帝国。』p. 44）

8　「中世では犯罪そのものも一種の穢《けがれ》と見なされていたという。罪人は村から追放され、その家は徹底的に焼き尽くされたが、それには単に罪人を罰するだけでなく、犯罪によって穢された場所を清めるという目的もあった」（ボツマン前掲書 p. 37-8）

9　長谷川時雨の自伝『長谷川時雨作品集』（藤原書店、2009 年）［訳文中の引用は、岩波文庫版『旧聞日本橋』より］

10　Asuka Sango, *The Halo of Golden Light: Imperial Authority and Buddhist Ritual in Heian Japan*（University of Hawaii Press, 2015）を参照。

11　全員というわけではなかった。19世紀の医師高野長英は、小伝馬町の牢屋敷から脱出しようと、肉体労働者に賄賂を支払って牢に火をつけさせた。六年は逃げのびたが、結局は捕まり殺された。

12　ボツマンは次のように書いている。「ある作品［四千両小判梅葉］で黙阿弥は、最後の場面を以前の牢屋敷に設定し、かつての番人や囚人から聞いた話をもとに、それまで公にされることのなかった牢屋敷の世界を人々の目の前に再現してみせたのである」（『血塗られた慈悲、笞打つ帝国。』p.（37）注17）。「向通り」については、同p. 98、『四千両小判梅葉』については、『名作歌舞伎全集　第12巻　河竹黙阿弥集3』（東京創元新社、1970年）を参照。

Kabuki Plays on Stage: Restoration and Reform, 1872-1905（University of Hawaii Press, 2003）のJames R. Brandon and Samuel L. LeiterによるIntroductionも参照。「黙阿弥はその時代の圧迫に満ちた人生から逃れられない人々に深い関心を持ち、またそうした人々を描くことにひじょうに長けていた……個人の選択の自由は西洋から学んだ新しい倫理概念だった。個人主義にもとづく自由で民主的な社会構造は、古い政治システムが破棄されたからといって人の心から消えはしない、深く染みついた封建主義の理想と真っ向から対立し、競合していた……」（p. 20）

Alan Cummingsの博士論文*Kawatake Mokuami and Kabuki Playwriting, 1850-1893*（SOAS, 2010）には、黙阿弥の描く江戸とその「伝奇的非現実性」についてのひじょうに興味深い一節がある。「盗人は、ただ掏摸《すり》をはたらくのではなく、様式化された韻文で話す」（p. 74）。Cummingsはこう付け加える。「黙阿弥は、自分の舞台用にもうひとつの江戸を創造することにより、歌舞伎に欠かせない、現実からの逃避を守った。この“もうひとつの”江戸は、たしかに現実の江戸の町の制約的な側面を多く有しているが、決定的な違いは、空想の飛躍と願望成就にも余地を与えていることだった。観客には見慣れた場所を描きなおした地図を背景に、黙阿弥の主人公たちはつかの間、富、愛、幸福を夢見ることを許される。こうした突飛な夢が運命の力によって最後には必ず打ち砕かれるという筋書きは、幕末の大衆の心のありかたをよく物語る社会批評となっている」（pp. 57-8）

13　ダニエル・ボツマンの文献のなかに、牢獄内の囚人たちの組織は「徳川幕府下の江戸社会の全体構造」を反映した「ひとつの小宇宙」だ、という興味深い一節がある。彼は江戸の町の風景と牢屋敷の内部を関連づけた。（‘Politics and Power’,

p. 15）

14　金をもたずにやってきた新入りが向通りでどんな仕打ちを受けたかについては、ボツマンの文献を参照。「冬には、凍えるほど冷たい水を張った桶の中で何時間も立たされ続けたり……あるいは、水と食べ物を取り上げられたり、いきなり唐辛子や便所の大便を無理やり食べさせられたりする。囚人の中には、無造作に殴り殺されたり、眠っている間に窒息死させられたりする者もいた」（『血塗られた慈悲、笞打つ帝国。』p. 94）

しかしながら、小伝馬町牢屋敷のなかでは、武士の身分であるからといって寛大な処置を得られるわけではなかった。ボツマンの指摘するところでは、それどころか「原則として身分が低い者よりも高い行動規範が課せられていた……比較的軽微な犯罪でも赦免されることは少なく、むしろ厳しく罰せられる可能性が高かった……」。この刑罰における差別的な処置は「武士の支配と、それに伴う特権が正当化され容認されたのは、やはり、武士は道徳的に優れた存在だとみなされていたからだ」という事実を反映したものであった（『血塗られた慈悲、笞打つ帝国。』pp. 104, 108）。特定の身分の者には、その身分に応じて特別な刑（閏刑《じゅんけい》）が科せられた。武士、僧侶、庶民、婦女にはそれぞれに適用される閏刑があった。非人にはまた、それらとはまったく別の体系の罰が与えられた」（'Politics and Power', p. 6）

浅　草——伝説の関東平野

1　Nam-lin Hur, *Prayer and Play in Late Tokugawa Japan: Asakusa Sensō-ji and Edo Society*（Harvard University Press, 2000）, p. 90. Royall Tyler, 'Buddhism in Noh', *Japanese Journal of Religious Studies* 14/1（1987）も参照。「［此岸と彼岸を分ける］水のほとりで、人は高みと深みへ同時に引かれ苦しむ」（p. 27）

2　法華経。「法華経がどこで、いつ編纂されたか、どの言語で書かれたかはわからない」と、*The Lotus Sutra*, Burton Watson, trans., Soka Gakkai, 1993 の序文のなかで Watson は書いている。「われわれは事実にもとづく現実の世界からすでに遠く離れている。これが法華経を読むときにまず念頭においておくべき点である。その設定、聞く者の多さ、ドラマチックな出来事の数々は、結局のところ、われわれが通常もっている時間、空間、そして可能性の概念を完全に超越した領域に属するのである。何度も繰り返し語られるのは、数えきれないほど、言語に絶するほどの数の劫（カルパ）をさかのぼった過去、すなわちはるかな昔に起こった出来事であり、あるいはガンジス川の砂粒のように何千万、何千億にものぼる数の存在や世界

の物語だ。そのような"数"は、じつは計り知れないものを計るのは不可能であると印象づけることを意図した、見せかけの数、あるいは非・数にすぎない。それらの目的は、なんらかの統計データを伝えることではなく、ただ聞き手の肝をつぶさせ、思考をゆさぶり、時間と空間についての既成概念から聞き手を引きはなすことなのだ。というのも、虚空の領域においては、われわれが考えるような時間と空間は意味をもたず、どこであっても場所はすべての場所とおなじであり、いま、昔、一度もないこと、いつまでもあることは、みなおなじなのである」(p. xvi)。

前掲 Royall Tyler, 'Buddhism in Noh', pp. 23-4 も参照。「成仏できずに地上にとどまっている死者の霊と法華経のあいだには、ことに親密なつながりがあった。法華経はもっとも卑しい、もっとも迷える存在に救済を約束し、同時に、読経される場所は神聖であると教えた……」

3　川端康成『浅草紅団』。

4　David Spafford, *A Sense of Place: The Political Landscape in Late Medieval Japan* (Harvard University Asia Center, 2013) を参照。関東地方の中世の歴史には、明確な筋立てが(だいたいにおいて)なく、はっきりした絶頂も大衆を魅了する主人公もいない。関東の政治的景観は"面"ではなく"点"で構成されていた(pp. 263, 236)。

戦国時代、関東には明瞭な前線はなかった。「さまざまな武将の領地が複雑に入り組んでいたため、前線が形成されることがなかった……"われわれ"と"彼ら"のあいだの境界となる線に沿って、ハドリアヌスの壁や万里の長城のようなものが築かれることはなかったのである」(p. 236)。関東の旅は、いつも「臣下、味方、傍系縁者、中立派、そしてたまには敵に属する土地」を通り抜けていくものだった(p. 233)。

Spafford に言わせれば、関東とはつねに「ある場所というより"彼方《かなた》"の空間を指した」。詩歌や紀行文のなかにとどめられているとおり、そこは「人手が加わらず、定住者はなく、永遠に平和なところだった。辺鄙な場所であると文学上の綱領で決められていた。なにしろ、都とその周辺部を超えた世界について書くための約束事をみんなでとりまとめてしまった京の貴族たちにしてみれば、そこは文明の域外だと想像された遠隔の地だったからである」。(pp. 18-19)

17 世紀になっても、関東の大部分は辺境のままであった。江戸時代に関東平野を測量調査した記録である『武蔵田園簿』(北島正元校訂、近藤出版社、1977 年)を参照。多くの村は、あまりに到達がむずかしいために登録されず、小さすぎるために記録されなかった村もあった。

「明瞭な境界線も、輪郭を示す壁もない」都市としての現代の東京についての議論は、*Tokyo: Form and Spirit*（Mildred Friedman, ed., Walker Art Center exhibition catalogue, Abrams, 1986）, p. 27を参照。

5　後深草院二条『とはずがたり』など。

> 中世には、すっかり草に囲まれ——高い草の中に沈んで——あたりが見えなくなってしまう旅人という存在が、武蔵野についての紀行文のどこにでも現われるようになった。生い茂る草以外に特徴がなく、人の気配がほとんどない荒涼とした風景は、具体性のない不思議な場所のなかに閉じこめられ、それを描く詩の力によって、草のむこうの世界を体感したのだ……（前掲David Spafford, *A Sense of Place*, pp. 39ff）

この孤立した世界は、昭和以降も生きつづけた。槇文彦の美しいエッセー'My City: The Acquisition of Mental Landscapes', *Nurturing Dreams: Collected Essays on Architecture and the City*, MIT Press, 2008を参照。「村とはちがい、東京は重なりあいながら果てしなく続く景色のつらなりで、［子どものころ］わたしは自分の視界を超えたすぐむこうから辺境の地が始まっているのだとさえ想像することができた。そこは実体のある物理的な世界というよりは想像の世界、いつでも新しい方向へ拡大していきそうな世界だった。菊人形の展示のあいだを縫っていく曲がりくねった通路であったり、ドイツから来たサーカス団のテントの薄暗い内部、横浜の山下埠頭に停泊している外国船の内部の迷路のような空間といった……」（p. 82）

6　Nam-lin Hurの素晴らしい著作*Prayer and Play*（前掲）のなかには、弁天像発見の場面を描いた図版が掲載されている（pp. 6-7）。大きさについて論じられる（p. 232 note 16）とともに、火事のときに二体の像がどう扱われたかについて説明されている。「それらは、隅田川に用意された舟に移された。火災が起きればいつでも、観音像は厨子に納められたまま駕篭にのせられ、像の秘密はかたく守られた」（p. 245 note 90）

7　文脈については、Roderick Ike Wilson, 'Placing Edomae: The Changing Environmental Relations of Tokyo's Early Modern Fishery', *Resilience: A Journal of the Environmental Humanities*, vol. 3（2016）, pp. 242-89を参照。

8　前掲『浅草紅団』二十七。前掲のNam-lin Hur, *Prayer and Play*, pp. 192-4にはこ

うある。「江戸の人々は幽霊や悪霊を歓迎した。それらは生存の不確かさを具現化していたからだ。町民たちは地下の生きものたちのあべこべの世界と、それらの気まぐれで暴力的なエネルギーに魅了された。険しい顔をした神々と邪悪な生きものたちは、無秩序、幻覚、薄暗闇、卑猥を意味した——つまり、現実とはまるで逆の社会を求める人々の渇望をいやすものだったのだ。そうした生きものたちは、憤怒、不幸せ、欲求不満に形を与えたのである」

9　作者不詳 *An Account of Things Seen and Heard*（1816年版）からの引用。前掲 Nam-lin Hur, *Prayer and Play*, p. 203に引用されている1816年刊行の『世事見聞録』の作者のこと。

10　定義については Hashimoto Miyuki, 'Visual Kei Otaku Identity—An Intercultural Analsis', *Intercultural Communication Studies,* XVI: 1（2007）, pp. 88-9より。“コーヒーマニア”という語については前掲メリー・ホワイト『コーヒーと日本人の文化誌：世界最高のコーヒーが生まれる場所』を参照。「“コーヒーマニア”とは、コーヒーについてフェティシズムに近い妄執をもつ変人、コーヒーに関する独裁者的な通人のこと」（p. 91）

11　東浩紀『動物化するポストモダン：オタクから見た日本社会』（講談社現代新書、2001年）の英語版 *Otaku: Japan's Database Animals*（Jonathan E. Abel and Shion Kono, trans., University of Minnesota Press, 2009）のAbelによる訳注（p. 117）。「1980年代の日本は完全に虚構だった。とはいえ、この虚構は、それが継続しているあいだは、居心地のよい場所だった……この気楽さは、バブル経済の崩壊にはじまり、そのあとに阪神淡路大震災、オウム・サリン事件がつづき、そして“援助交際”や学級崩壊のような問題が出現した1990年代にはほとんどすっかり消えてなくなった。それでも、オタク文化の世界は例外のようだ。そこでは1980年代の幻影がいまも健在である」（p. 19）
“オタク”ということばの起源については、前掲 Hashimoto Miyuki, 'Visual Kei Otaku Identity—An Intercultural Analysis' を参照。Hashimotoは、“オタク”という語が英語の“nerds《ナード》”と「互換的に使用されるようになる」までの進化をたどる。1991年には、『現代用語の基礎知識』はその語の定義をあらため、「あたらしいタイプの消費者であるオタクは、最近ではマンガ、アニメのファンばかりでなく、かわった趣味を持ち、熱い思い入れを持ってその興味の対象に没頭する人々を全体的に表わすようになった」（*ICS*, XVI:1（2007）, p. 89）。“オタク”を一般的な若者文化から区別していうときHashimotoの論じるところによれば、そこには“萌え”

の要素があるはずだ。ロールプレイング・ゲームの愛好家たちが生み出した、この“萌え”という語は、“オタク”に含まれる性的な意味を暗に伝える。名詞として、「眼鏡や制服、ロリータ的な振る舞いなど、その見た目や態度を独特にして強調することにより、特定のアニメやマンガのキャラクターに対する愛情を形にすること」の意味で使われる。

12 M. E. Carroll, E. W. Hagen, M. Asencio and L. H. Brauer, 'Behavioral Dependence on Caffeine and Phencyclidine in Rhesus Monkeys: Interactive Effects', *Pharmacology Biochemistry & Behavior*, December 1988, 31 (4), pp. 927-32.

赤 坂——江戸の発明

1 この元政の詩についてはChris Drakeによる英語訳を参照した。その仕事には大いに助けられた。

元にした日本語については、戸田茂睡『紫の一本』（鈴木淳校注・訳、『新編日本古典文学全集82・近世随想集』（小学館、2000年）、pp. 239-40）を参照。

この謎めいた詩について、Chris Drakeは次のように注釈をつけている。**鼠山**、別名、鳥鼠山「は中国は甘粛省渭源県にある。そこはネズミと鳥がおなじ巣穴に棲むという、不思議な場所として知られていた。ここに描かれたイメージは、鼠山にある、鳥もネズミも分け隔てなく棲む乱雑な巣穴のように、混沌とした文明化以前の存在を普遍的に表わしたもののようである」

牛王は「仏陀の添え名としてよく使われ、力と無敵であることを示す」。**兎角**は実在しないもののこと、言い換えればメタファー、たとえ話、虚構、寓話である。

聖胎（聖なる王子を身ごもること）への言及は、おそらくは「厩戸皇子《うまやどのおうじ》として知られた聖徳太子（574 - 622）をさす。一説では、聖徳太子は厩の前で生まれた。やがて熱心な仏教徒となり、神道支持者らの反対があったにもかかわらず、その権力をもって日本における仏教を確立した。自身でも仏教の主な三経の注釈書を著わしたとされている」

羊鹿牛車：「法華経第三章（譬喩品）でたとえとして使われる三種類の美しい車。ある男が火事で燃えている我が家のなかで遊ぶ我が子ら（この世の存在の象徴）を見る。子どもらはおもちゃで遊ぶのに夢中なので、男は安全に外へ誘いだすため、つまり救済のために、三種の車を与えると約束する。このたとえ話のなかでは、羊車は釈迦の最初の弟子たち、すなわち、苦しむ人間を悟りへ導くことのできる模範的人物の教えとおこないのメタファーである。元政は、聖徳太子が日本の仏教を確立し、その教えを説いたあとでは、このような単純なメタファーはもはや必要でな

いことを示唆しているのかもしれない」
鶏人《けいじん》：「宮廷に夜明けが来たことを告げ、時間を知らせる役人」
王舎城：「インド北部の町で、仏教徒の聖地のひとつ。釈迦はここで瞑想し、いくつかの重要な説法をおこなった。また釈迦の死、すなわち入滅後に、最初の仏教の経典が編纂されたのもここである」
金山：「大般若波羅蜜多経第三十章に登場する山で、学びと徳の象徴。それゆえ、人々が仏教を学び修行を積むとともに、その山はいっそう高くそびえ、荘厳さを増す」

2　吉村弘『大江戸　時の鐘　音歩記《おとあるき》』、p. 97。

3　十二支の漢詩は17世紀の僧、元政によって詠まれたもの。元政の著作についての有用な手引き、およびひじょうに学術性の高い漢文の文体についての説明は、*Grass Hill: Poems and Prose by the Japanese Monk Gensei*（Burton Watson, trans., Columbia University Press, 1983）を参照。「江戸時代の教養ある日本人は……同時期に欧米の学生がギリシャ語やラテン語を学んだのとおなじように、中国語の古典の読み書きを学んだ……漢文で詩をつくる能力は、日本の詩人たちに、三十一音節からなる短歌や十七音節の俳句でできるよりも、ひろい表現の可能性を与えた」（*The Columbia Anthology of Modern Japanese Literature*, J. Thomas Rimer and Van C. Gessel, eds., volumes 1-2, Columbia University Press, 2005 and 2007）

4　戸田茂睡は、江戸に文学的アイデンティティを与えた最初の作家である。権力を笑いのめし、機知に富み、都会的に洗練された人物であった戸田茂睡は、英訳ではほとんど知られていない。『江戸とパリ：近世における都市と国家』（鵜川馨・他編、岩田書院、1995年）所収のユルギス・エリソナスによる素晴らしい章「悪所（'Notorious Places'）」（唐沢達之訳）は、17世紀末の江戸を描いた戸田の作品『紫の一本』からさわりを選んでまとめたものである。エリソナスによれば、戸田以前には、江戸は「無味無臭の風景」として「書かれた」が、戸田は「秩序立った方法に従うのではなく、気まぐれに話題を選んだ」（「悪所」『江戸とパリ』p. 392）
『紫の一本』については、鈴木淳・小高道子校注・訳『新編　日本古典文学全集82・近世随想集』（小学館、2000年）pp. 29-242を参照。古典文学において、「"紫の一本"とは"情熱に染まっている"ことのメタファーである」（Royall Tyler and Joshua S. Mostow, *The Ise Stories*, University of Hawaii Press, 2010, p. 15 note 1）

5　エリソナスによると、遺佚《いいつ》とは「“遺佚スレド怨《うら》ミズ（主君に見捨てられても恨まない）、阨窮《やつきゆう》スレド憫《うれ》ヘズ”という格言の最初の一語である」（「悪所」『江戸とパリ』p. 390）［一部、訳者が改変］

6　「文化的に、武士社会は栗本慎一郎のことばで言うところの“光の都市”を代表しており、そこでは階層《ヒエラルキー》、従属関係、地位、特権、それに伝統的なイデオロギーに価値が置かれていた。文化政治の面では、“光の都市”は庶民社会を支配下に置いていることになっていた。しかしながら、時を経るあいだに、庶民社会はしだいに自立性をそなえた“闇の都市”へと進化し、そこでは解放、秩序への反発、文化的表現、個人主義、実学が熱心に求められた」（Nam-lin Hur, *Prayer and Play*, p. 175）。Marilyn Ivy, *Discourses of the Vanishing: Modernity, Phantasm, Japan*, pp. 206-7も参照。

7　荒木経惟『東京ラッキーホール』（太田出版、1990年）およびJoan Sinclairの秀逸な著書 *Pink Box: Inside Japan's Sex Clubs*（Abrams, 2006）も参照。

8　このセクションはPeter Constantine, *Japanese Slang: Uncensored*（Yen Books, 1994）をもとにした。学術的な用語集ではなく、20世紀半ばの日本の俗語をあつめたファンタジアとして読まれるべき本である。

9　同書pp. 154, 156, 164からの引用。

10　ここに含まれる情報はすべてSarah Chaplin, *Japanese Love Hotels: A Cultural History*（Routledge, 2007）の内容を簡約したものである。同書によると、ラブホテル経営においては、「時間はより切実に感じられる。それはひとつには、入退室、清掃、補充のすべてが普通以上のスピードでおこなわれるからだ――ラブホテルが仕事からの息抜きとして認識されているにもかかわらずこうである」。Chaplinの研究は平均的なラブホテルの概略を示すものにとどまらない。「個人が肉体的、精神的に英気を養うためのわずかな沈黙の時間という条件を与えてくれる、硬質な表面をもつ幾何学的構造、そんながっちりしたコンクリートのビルのなかに隠れた……小さな内的世界」の哲学的含意をも考察している（p. 95）。また、「自我の出現はポルノ的な行動を必要とする」（p. 200, note 40）。

同書のp. 181にはラブホテルが「一方向にしか進めない」ことについて、またpp. 185-7には、そうした施設では「正しい」官能の手ほどきの型の図解が読みもの

として枕元に置かれているという爆笑ものの脱線もある。同 p. 95 で、Chaplin は空間がいかにして「内にむかう」かについて、また入口が奥まったところにあることの重要性については p. 76 で分析している。テクノロジーがいかに欲望を拡張できるかの議論もある（pp. 92-4）。ラブホテル周辺の名前のついていない区域については p. 44 を、また一般の地図からラブホテルが抜け落ちていることについては pp. 24-5 を参照。「公共の情報としての地図がないために、ラブホテルのガイドブックがあれこれ出て、自分のいる場所が地理的にどこなのかを知りたい人々にとっては、それらは文字通り空白を埋めてくれた。それだけではない。もっと重要なのは、地図の欠落の結果、いわば闇市上の社会的非現実が構築されるということだ。そこではラブホテルが掲載されている地図だけが、街の住人の頭のなかの地図になる」（p. 25）

Chaplin はしかしながら、以下のように不満を述べた小説家、佐藤愛子を引いている。

> 本来のセックスは、太陽を浴び、草原で楽しむものでしょう。密室で刺激を必要とするのは、人間の衰弱ですよ。若い人がそんな刺激になれたらどうなるのでしょう。若い人は公園でやればいいのです。そのほうがほほえましいから。（p. 61）［『週間ポスト』1973 年 10 月 5 日号』］

Chaplin の本が出版されたのは 2007 年なので、iPhone 用のラブホテル検索アプリや新規オープンしたホテルにランキングをつけるブログなどの記述は含まれていない。

11 *KronoScope*, 17/1（2017）, pp. 61-93 掲載の Angelika Koch による生き生きとした論文 ‘Nightless Cities: Timing the Pleasure Quarters in Early Modern Japan’ を参照。Koch は、1807 年の本 *Elegant Phrases from the Pleasure Quarter for Haikai Poets*（「詩人を目指す人のために通人の使う廓言葉を解説」した書）［並木五瓶『誹諧通言』］のなかに“とき”を表わすことばだけを扱った一節があると指摘する。

Joseph De Becker, *The Nightless City: Or, the “History of the Yoshiwara Yūkwaku”, by an English Student of Sociology*（Z. P. Maruya, 1899）も参照。De Becker はかつての吉原について、こう書いている。「夜、大通りを見下ろすと、色とりどりの鮮やかな提灯やきらめく電灯が灯ったあとには、吉原一帯が花に埋め尽くされたように見える……」

De Becker は、吉原の“昼”は正午から午後 3 時まで、“夜”は午後 5 時から 10 時までだったと付け加える。「午後 10 時は“店”を閉めるには早すぎると気づ

いて、どこかの天才が、現実には寺の鐘が真夜中を知らせているのに、火の番に10時の拍子木を打たせるという楽しい嘘を考案した——“鐘四《よ》つ”と“引け四つ”ということばは、ここから来ている……」（*The Nightless City*, pp. 287-8）

De Becker はさらに、19 世紀に書かれた『吉原大鑑《おおかがみ》』を引いている。終了の時刻は「10 時と決まっていたが、のちにこれは早すぎると考えられるようになり、この時刻に拍子木は……打たれなくなった。大門は 10 時きっかりに閉まるけれども、そのあともくぐり戸を通って出入りすることはできた。真夜中（九つ）が来ると、拍子木が四つ打たれ、ようやく店じまいとなった」（p. 246）

目　白——幕府転覆ならず

1　William H. Coaldrake, ‘Metaphors of the Metropolis: Architectural and Artistic Representations of the Identity of Edo’, in *Japanese Capitals in Historical Perspective: Place, Power and Memory in Kyoto, Edo and Tokyo*（Nicolas Fiévé and Paul Waley, eds., RoutledgeCurzon, 2003）, p. 130. Coldrake は内藤昌『江戸の都市と建築』（毎日新聞社、1972 年）、pp. 16-9 を参照している。

2　“不動”という名は文字どおり“動かない”ことを意味する。不動は、「密教では大日如来の行動の放射と様式をあらわすという五大明王として知られる神格の中でも、中心的な至高の表象である。大日如来が静的で、動かず、行動から遠ざかっている存在である時に、五大明王は彼の代理の使者として行動する。……右手に利剣、左手に羂索《けんさく》を持ち、多くの仏教の神格のように動物に乗ったり、蓮華に座しているのではなく、動かない岩の上に立ち、時にはその岩は逆巻く波間から浮上している。彼は常に火炎によってとり囲まれている。……これこそ行者の大多数が守護神として仰ぎ、夢の中にあらわれ、修行の指図をし、生命力を与え、その力を授ける神格なのである」（C・ブラッカー『あずさ弓：日本におけるシャーマン的行為』（秋山さと子訳、岩波書店、1995 年）下巻 pp. 16-7）。Mareile Flitsch, ed., *Tokens of the Path: Japanese Devotional and Pilgrimage Images: The Wilfried Spinner Collection (1854-1918)*（Arnoldsche Art Publishers, 2014）も参照。「彼（不動明王）は、くすんだ青緑色をしていて、それは世俗の“沼”を踏み渡るときについたものだと言われている」（p. 152）

3　ラフカディオ・ハーンは次のように書いている。「ただの道の司《つかさ》である庚申、これだけはまだわれわれといっしょにある。しかし、その庚申もここでは、すでに名前が変わって、神道の神になっている。庚申は今では猿《さる》田《た》彦命《ひこのみこと》だ。この神がい

ますことは、この神のお使い姫の三猿の像があることによって、ようやく示されているにすぎない。見猿は、両手で耳を蔽うて、悪いことを見ざる。／聞か猿は、両手で耳を蔽うて、悪いことを聞かざる。／言わ猿は、両手で口を蔽うて、悪いことを言わざる。」（『日本瞥見記』平井呈一訳、恒文社、1975年）

三猿の小像やお守りは「買った人の健康を守る、すなわち、他人の弱みや世間の悪いことを見たり、聞いたり、口にしたりしなければ、心は安らか、体は健やかでいられるとの信仰から」いまも売られている。大貫恵美子（Emiko Ohnuki-Tierney）は1980年代の著作のなかで、「猿の頭を黒焼きにして粉にしたものは、精神疾患、知的障害、頭痛などの病気に効く薬として使われていた。もっとも、猿をこのように利用することは、当然、今よりも昔のほうがずっと広く行なわれていたが」と主張している。（*The Monkey as Mirror: Symbolic Transformations in Japanese History and Ritual*, Princeton University Press, 1987, pp. 50, 69）

4　『慶安太平記』については、『名作歌舞伎集全集第二十三巻　河竹黙阿弥集4』所収の「樟紀流花見幕張」（東京創元社、1971年）を参照。この演目のなかでは、時の鐘はそれ自体がほとんど登場人物のようである。

江戸時代にこの話がひそかにひろまっていったことについては、Peter Kornicki, 'Manuscript, Not Print: Scribal Culture in the Edo Period', *Journal of Japanese Studies*, 32:1（2006）, pp. 41-3を参照。「幕府に与えた脅威は本物で、余波は数年収まらなかった」。徳川幕府が権力の座にあるあいだは、丸橋による幕府転覆未遂の話は、手書きの写本としてひろめるしかなく、のちにそれらは日本各地で発見されている。「このテクストがうまく伝えられたということは、この話が永続的な魅力を持っていたことを示している」とKornickiは書いている。「出版を阻むものがもはやなくなった明治初期以降、無数の印刷版が出まわるようになった」

5　William H. Coaldrake, *Architecture and Authority in Japan*（Routledge, 1996）, pp. 134ff. Coaldrakeは、17世紀に建てられた三つの城の天守について論じている。「各天守は権力の創出と強化という意味で、それぞれ異なる時代を代表していた。……政治的環境だけでなく、建造された環境をも制御することによる支配を旨とした一時代のなかで、それぞれの城はその（建設された）時期の一表現となっていた。また、それぞれの城はその時代の政治的状況を直接示す指針でもあったから……状況が変われば、城もすぐに破壊された……」（p. 137）

江戸城の説明についてはHenry D. Smith IIの各種論文、とくに、*Japan: A Comparative View*（Albert M. Craig, ed., Princeton University Press, 1979）所収の'Tokyo and London: Comparative Conceptions of the City'を参照。Henry D. Smith II

のコロンビア大学のウェブサイト（http://columbia.edu/~hds2/）には、同氏のほとんどの出版物のPDFへのリンクが掲載されており、印刷版があまり出ていないため有用である。Henry D. Smith IIの'World Without Walls: Kuwagata Keisai's Panoramic Vision of Japan'（*Japan and the World: Essays on Japanese History and Politics in Honour of Ishida Takeshi,* Gail Lee Bernstein and Haruhiro Fukui, eds.,（Macmillan, 1988）所収）, および内藤昌の英文版『江戸の町 – Edo, The City That Became Tokyo』（マック・ホートン訳、草思社、2010年）のとくにpp. 22-5は、1657年の明暦の大火で天守が焼け落ちてから約50年後に描かれた脈絡のない（矛盾の多い）六曲屛風絵を通しておもに知られているだけの場所の様子を見事に伝えている。Morton S. Schmorleitz, *Castles in Japan*（Tuttle, 1974）も参照。

Henry D. Smith IIは、江戸は長安のような古代中国の都市に見られる非常に中央集中型の構想にならって建設されたと書いている。「[長安は] 軸となる大通りと門を抜けて外へ、帝国全体へと手を差し伸べ、また、階層の異なる区域を次々に抜けて上へ、皇帝の宮殿、すなわち天との接点に達する。町全体が帝国という体制の権力と宇宙観を表現するものであり、おそらくはいまだかつて世界に類を見ない壮麗な都市性のもっとも純粋な例であった」

しかし長安とは異なり、江戸はそもそも「一国の首都としてではなく、たんに有力な封建領主の私有の城下町として築かれたものだった。江戸が真に国家的な性格を帯びてきたのは、1600年以降、天下の覇者として家康が登場し、地方大名が江戸と国許に一年ずつ交代で居住することが求められた参勤交代の制度がしだいに整ってきてからのことだった。だが、それでも江戸はけっして“都”ではなかった。“都”とは旧来からの朝廷の概念であり、それは依然として、政治的に無力な天皇と公家らがまだ住んでいる京都を意味した……

軍事面では、懸念されたのは町全体の守りではなく、ましてや国家を守ることなど念頭になく、純粋に将軍と側近らの安全保障のみであった。町を囲う壁はなかったから、町はそれとわからぬままに田園地帯に溶けこみ、あるのは町の中心に鎮座する将軍の城を囲む壁だけだった……

江戸は長安と同様、耐久性の低い建材を用いた建設による“計画された短命”という性格を持ち、20年たたないうちに明暦の大火で焼け落ちた天守閣は二度と再建されることはなかった。やがて江戸城の内外には樹木がうっそうと生い茂り、城にひっそりと秘密めいた様相を与えるようになった」（'Tokyo and London', p. 64）

6　塚田泰三郎『和時計』（東峰書院、1960年）、pp. 24-34、とくにpp. 33-4。また、Dylan McGee, 'Turrets of Time: Clocks and Early Configurations of Chronometric Time in Edo Fiction（1780-96）', *Early Modern Japan: An Interdisciplinary Journal,*

volume 19（2011）, p. 47-8には次の記載がある。

> 17世紀半ばまでには、江戸城はまぎれもない時間厳守の要塞となっていた。午前6時（明け六つ）の開門、午前10時（四つ時）に大名の登城をうながす太鼓、午後6時（暮れ六つ）の閉門といった城のおもな業務は、土圭の間と呼ばれる部屋に置かれた大きな時計がさす時刻にあわせておこなわれた。正確性は、城じゅうに置かれたいくつもの補助的な時計と、ろうそくや線香など時間管理を支えるさまざまな方法によって保証された……
>
> 城のなかでは、洗練された——そしてじつに手間のかかる——時報システムが開発され、それに従って係のものが城じゅうのさまざまな場所で太鼓を打ち鳴らし、近隣に住む人々と大名に重要なときを知らせた。概して、徳川家は時計に魅せられており、それが将軍の支配を機械的な精度をもって宇宙のリズムに合わせようとみなが力を合わせる、というかたちをとって現われたと言えるだろう。しかしながら、こう熱心に技術を取りいれることには障害がなかったわけではない。実際のところ、時計の調達と維持はもちろん、そうした事柄に従事する能力をそなえた人員を雇い入れる費用も含め、財源に大きな負担となった。

1701年には、土圭の間で時計を取り扱う仕事についていた50人が「城の運営費削減のために」解雇された。（'Turrets of Time', pp. 47-8）

7 「城は別として、江戸はひじょうに防衛的な配置になっていたが、それはほとんどの都市がそうであるような外敵の侵入にたいする懸念からではなく、むしろ江戸に居住する大名や庶民の悪党から、つまり内部からの脅威を念頭に置いてのことだった。階級別に居住地を厳格に分けることが基本的原則だった。江戸の全体的な形は、したがって宇宙に対応する理想的な幾何学模様ではなく、むしろ城を中心として時計まわりに不規則なうずまきを描きながらひろがり、外へいくほど社会階級の低いほうへと向かっていく。大名屋敷を通り抜け、旗本の居住地域へとはいり、最後は日本橋の町地を通って江戸へ通じる主要な道であった東海道へ出た」（Henry D. Smith II, 'Tokyo and London', pp. 65-6）。Roman Cybriwsky, *Tokyo: The Shogun's City at the Twenty-First Century*（John Wiley, 1998）, p. 53も参照。

8 「この螺旋構造は、江戸に特有のものに思われ、またおそらくは知的に考案されて設計されたものではないが、螺旋の輪郭をつくっていたのは道路ではなく、市中の守りと主な輸送手段として機能した幅のある堀と運河だった。防衛計画は各居

住地区でも実行された。庶民の住む町地は……厳重で効率のよい管制ができるよう、大きな交差点ごとに障壁をそなえた規則的な碁盤の目に沿った町割となっていた。武家地においても同様に障壁と検問所は数多く置かれ、また、反乱分子がまっすぐ通り抜けられないよう、交差点は四辻よりも丁字路が多くつくられた。これは現在の東京にも引き継がれている。ある野心的な都市地理学者が東京にあるすべての交差点を数え（全部で15万5767あった）たところ、丁字路の数が四つ角の二倍あったことがわかった……」（Henry D. Smith II, 'Tokyo and London', p. 66 note 28を参照）

9 『血塗られた慈悲、笞打つ帝国。』のなかで、著者のボツマンは書いている。「磔や火刑など刑罰が高札制度の延長にあった……。処刑そのものは原則として大群衆の前では行わないものの、死体の一部を切断して磔柱や杭に縛り付け、衆人の目に晒したのである。見世物としての死体の横には普通の高札が立てられ、処刑された罪人の氏名、犯した罪、執行された刑罰などが記された。……この手法から、一つ重要な推論を導き出すことができる。処刑される罪人に苦痛を与えることはもちろん大事だが、身の毛もよだつ光景（絶対に忘れられない見世物）を作ることも、劣らず大切だったという点だ。つまり、死ねば刑罰は終わりだというわけではなかったのである。たとえば、磔を言い渡された人物が刑の執行前に死んだ場合、その遺体は塩漬けにされ、生きているのと同じように磔にされることが多かった。……死んで終わりではない……あとで晒すためにずたずたにされたグロテスクな死体となってようやく終わったのである」（p. 34-5）［一部、訳者が改変］

10 Coaldrake, *Architecture and Authority*, p. 137を参照。「家宣の治世（1709-1712）に、幕府は一時、天守の再度の建て直しを考えた。事業にかかる費用が確定すると、詳細な図面を引くところまで企画は進行していったが、建設自体はまもなく見送られた。すでに天守は、政治的時代錯誤となっていたのだった」

11 敬語がうまく伝わらない例として私が気に入っている話は、ドナルド・リチー『素顔を見せたニッポン人』（菊池淳子訳、フィルムアート社、2003年）のなかにある。著者は、黒澤明の『蜘蛛巣城』で鷲津浅茅（マクベス夫人）を演じた、自身のあこがれのひとりでもある女優の山田五十鈴とテレビで対談したときのエピソードを語っている。

12 YouTubeでいろいろなバージョンを聴くことができる。1970年代のノスタルジア。

根　津——徳川の時計

1　Timon Screech, 'Clock Metaphors in Edo Period Japan', *Japan Quarterly*, 43.4（Oct.-Dec. 1996）, p. 66.

英語の"time（タイム）"に相当する現代日本語でもっとも一般的なことば（時間）は、19世紀末の小学校の国語の教科書のなかで使われたのが最初である。最初の文字"時"は二つの構成要素から成り、左側は日（太陽）を表わし、右側は寺の字になっている。この文字はもともとは"変わること"を意味し、季節の移り変わりを表わしていた。"分"、"秒"の概念が日本に入ってきたのは19世紀初頭になってからのことで、西洋で書かれた天文学の本の翻訳とともに紹介された。（Nishimoto Ikuko, 'The "Civilization" of Time', *Time & Society*, volume 6 #2-3（July 1997）, pp. 237-59）

"時間"の"時"（「じ」または「とき」）の語源について、国語学者大野晋はその著書『日本語をさかのぼる』（岩波新書、1974年）第2章「語の意味」のなかで、おそらく古代語の動詞「とく」（溶ける、溶かす）から来ていると推測し、「存在するものがゆるみ流動して行くこととして把握し、その意味を表わすトクという動詞の名詞形トキをもってこれにあてたのではないか」（p. 188）と述べている。Günter Nitschke, *From Shinto to Ando: Studies in Architectual Anthropology in Japan*（Academy Editions and Ernst & Sohn, 1993）, p. 53 note 9を参照。

英語のhourに相当する"時間"については、前掲Yulia Frumer, *Making Time: Astronomical Time Measurement in Tokugawa Japan*を参照。「江戸時代のほとんどの期間において、時（とき、じ)、刻（こく)、剋（とき、こく)、辰（とき、こく、しん）は互換的に使用されていた。夜間の時については別の分類法が使われることもあり、それによれば夜間の時は"更《こう》"で表わし、更を五等分したものを"点《てん》"と呼んでいた。鐘の管理人は、どの時が各更の始まりにあたるのかを知るための特別な換算表をもっていた」（p. 220 note 1）

イギリスの外交官アーネスト・サトウは、来日間もないころの19世紀後半の東京について以下のように指摘している。「当時は一般の人々は時計を持たなかったし、また時間の厳守ということもなかったのである。二時に招かれたとしても、一時に行くこともあり、三時になることもあり、もっとおそく出かける場合もよくある。実際、日本の時刻は二週間ごとに長さが変わるので、日の出、正午、日没、真夜中を除けば、一日の時間について正確を期することはきわめてむずかしいのだ……」（アーネスト・サトウ『一外交官の見た明治維新』（下）坂田精一訳、岩波書店、1960年、p. 7）

2　ドナルド・キーン『明治天皇（二）』角地幸男訳（新潮文庫、2007年）、とくにp. 120-1を参照。「十一月九日、改暦の式が行われた。午前十時、天皇は賢所《かしこどころ》便殿に出御した。伊勢神宮を遥拝《ようはい》した後、天皇は次のことを告げた。明治五年十二月三日を以《もつ》て明治六年一月一日となす、と。天皇は続いて改暦のことを皇霊に報告し」た。

そのあと、天皇は改暦の理由を記した詔書を授けた――

「第一に天皇が指摘したのは、次のことだった。太陽の軌道に合わせるため、二、三年ごとに閏月《うるうづき》を挿入《そうにゅう》しなければならない太陰暦は極めて不便である。太陽暦は遥《はる》かに正確で、四年ごとに一日を加えるだけでよい。しかも、そこから生じる誤差は七千年に一日の割合に過ぎない。この比類のない精密さこそ、太陽暦採用を決断した理由である」

しかし、天皇は太陽暦採用のいちばんの理由であったかもしれない事実について触れなかったと、キーンは指摘する。「もし太陰暦に従えば、閏月のある年には十三カ月分の給与が支払われなければならなかった。明らかに、これは政府にとっては望ましいことではなかった」

3　徳川幕府が倒れ、太陽暦が導入されたころの時間の計り方を叙情的に説明したStefan Tanaka, *New Times in Modern Japan*（Princeton University Press, 2004）, pp. 7-8から直接引用した。Tanakaは、明治初期に旧式の時間の計り方が廃止されてから数日後の新聞記事を引用している。「月末に月が昇ってきたら、現実感は失われないだろうか？」さらに、「なぜ政府は突然に廃止を決めたのか？　まったくもって不快である。旧来の方式は、季節、天候、それに潮の満ち引きにもかなっていた。仕事であれ、着るものであれ、実質的にほかのなんであれ、それにそって予定を立てることができた。改正以来……あるべき姿にとどまるものはなにひとつなかった」（pp. 7-8）

新しい暦は、「前の政治体制である徳川幕府との比較で、新体制のほうが正当であるとする」政治のレトリックにうまく当てはまったのだと、Tanakaは結論づけている。「太陽暦によって伝えられたのは、それまで人々の指針であった太陰暦は無知と後進性から来る恣意的なもので、知の達成を妨害するというメッセージだった」しかしながら、ドナルド・キーンが著書である明治天皇の伝記（前出）のなかで指摘しているように、公式には廃止されたものの、宗教儀式には太陰暦が使われていたし、現在も使われている。

新しい暦はイギリス海軍の航海暦をもとにつくられた。Jessica Kennett Corkの修士論文*The Lunisolar Calendar: A Sociology of Japanese Time*（University of

Sheffield, 2010), pp. 49ff を参照されたい。Cork は渡邊敏夫の『日本の暦』（雄山閣、1976 年）を引いている。この最初の暦には前書きがついていて、新旧の時間の計算法の違いが説明されている。しかし、「ひじょうに複雑な専門用語のために（“赤道緯度” や “太陽の視半径”）」、前書きも暦も「平均的な利用者にはまったく不可解なものだった」。

前掲 Dylan McGee, 'Turrets of Time' は、素晴らしい図版とともに、この分野の文献の詳しい概観を提供している。Cecilia Segawa Seigle, *A Courtesan's Day: Hour by Hour*（Hotei, 2004）は、江戸の遊郭吉原に住む人々にとって、時間がなにを意味し、どのように計測されたかを述べている。Nishimoto Ikuko, 'Teaching Punctuality: Inside and Outside the Primary School', *Japan Review*, 14（2002）, pp. 121-33 も参照。

和時計そのものについては、家業だったアヘン取引の利益で買い集めた著者の膨大な時計コレクションを写真に収めた N. H. N. Mody, *Japanese Clocks*（Charles E. Tuttle, 1967）［『日本時計彙集』］を参照。J. Drummond Robertson, *The Evolution of Clockwork* も参照。

4　Jessica Kennett Cork, *The Lunisolar Calendar*, p. 57 を参照。「福井、鳥取、京都、福岡の各府県で起きた暴動の参加者らは、要求のひとつとして太陰暦の復活を挙げていた」。Cork は、岡田芳朗『明治改暦　「時」の文明開化』（大修館書店、1994 年）pp. 244-5 を引用元としている。

5　かつて “時計” を表わすのに使われていた、影や星に関係するいくつもの異なる漢字については前掲 Yulia Frumer, *Making Time* を参照。「現代ではこれを表わすのに使われるのは “時計” という文字で、時は “時間／時刻”、計は “寸法／計量” を意味する」。しかしながら、20 世紀になるまで “時計” というのは、いくつも書き表わし方のあるうちのひとつにすぎなかった。「ほかに使われていた漢字の組み合わせには、時の経過を計るための無数の非機械的方法との関連性があらわれている。江戸時代の資料にあたっていくと、“土景”（土と影）、“斗計”（北斗七星を計る）、“土卦”（土と易の図形）といった表記が見られる」（*Making Time*, p. 40）

6　Kenneth Ullyett, *In Quest of Clocks*（Rockliff, 1950）, p. 235 を参照。

7　前掲 Jessica Kennett Cork, p. 38 を参照。「ときを告げる鐘は、まず陽の極数である九から打ちはじめ、鐘を九つ打つ時刻を「九つ」どきとした。次には九の二倍

の一八を打つことにしたが、一八では多すぎるので一桁目の一〇を除いて、いっとき後の午前（午後）二時を「八つ」とした。さらに九の三倍の二七鐘を打つ代わりに二〇を引いて七つ打ち、午前（午後）四時を「七つ」と定め、以下六つ、五つ、四つとしたものである」。Cork は、永田久『年中行事を「科学」する――暦のなかの文化と知恵』（日本経済新聞社、1989 年）p. 179 および後藤晶男「時刻法」（岡田芳朗他著『暦を知る事典』東京堂出版、2006 年、第五章）を参照元としている。

Yulia Frumer, *Making Time* の以下の部分も参照。「“なぜわれわれは、いまわれわれがやっているように時間を数えるのだろうか”と不思議に思った 18 世紀初頭の何人かの［徳川の］学者たちは中国の古典を調べ、この倍々に進む方法の起源は古代中国の『易経』にあるのではないかとの結論に達した。その計時体系は、十二刻、十二カ月、そして一年周期で繰りかえされる誕生と衰退のサイクルが対応関係にあることをを表わしているはずだと信じるようになった……」（pp. 20-1, 193）

8　谷中にある大名時計博物館所蔵の上口愚朗氏の来歴に関する小文より。

9　東芝国際交流財団による 2014 年の展覧会の図録 ‘A Close Relationship between Japanese Art and Science with Roots in the Edo Period: Exploring the Man-nen Dokei, Western Timekeeping and the Japanese Flow of Time’ を参照。この図録には、万年時計の内部の素晴らしい機構図が掲載されている。

また、「永遠に正確な時を刻みつづける普遍的な装置がありうる、あるはずだという楽観的な――そしてどこか純真な――信念」を表わすものとしての時計の分析については、Yulia Frumer, *Making Time*（pp. 169-74）を参照。

10　時計づくりに関わる魅惑的な語彙については、Yulia Frumer, *Making Time* を参照。「雪輪《ゆきのわ》」（鈴打棒を制御する歯数六つの歯車）、「行司輪《ぎようじわ》」（時計の冠歯車）、それに“天空の座”という意味を持つ「天府」（pp. 41, 223, notes 10-15）。

上　野――最後の将軍

1　江部鴨村訳『口語全訳 華厳経』（国書刊行会、平成 8 年復刻版）下巻 p. 1187-8）

2　Conrad Totman, *The Collapse of the Tokugawa Bakufu, 1862-1868*（University of Hawaii Press, 1980）を参照。「この災難が起きた当時、江戸幕府の指導者たちは西で起きていた物騒な出来事に気づかぬままに事を進めていた……幕府は、生きるか

死ぬかの問題をついに突きつけられていたのだと江戸の指導者たちが気づきさえしないうちに、戦いに敗れ死んだ……敗退した軍がなんとか町にはいると、診療施設は怪我や病気に苦しむ生存者であふれ、仕事を失ったばかりの歩兵やその他の者たちが略奪を始め、騒ぎを起こしていた」（pp. 437ff）

彰義隊とその最後の抵抗については、燃えている寺から貫主に付き添ってともに逃げた若い僧侶の回想をもとに書かれた、吉村昭の『彰義隊』（新潮文庫、2009年ほか）によく説明されている。

M. William Steeleは、勝海舟と西郷隆盛のあいだの交渉会談は日本史上よく知られたエピソードだが、よく理解されているとは言い難い出来事でもある、と書いている。通俗的な話では、男二人の腹芸とでも言うべき精神的な特質が美化され、政治よりも人間の個性のほうがおもな焦点となる。だがよく見れば、二人の実力者のあいだで「この点はこちらが譲る代わりにあの点はそちらが受け容れよ」という緊迫した討議がなされたことがわかる。

大政奉還の数カ月前、勝は、我々は国家が崩壊する可能性を懸念しなければならない、と書いた（『勝海舟全集19』勁草書房、1974年、p. 7-8）。武力に訴えるのでなく、交渉による抵抗を選び、服従の姿勢を見せたのは、徳川家の命運逆転を意図した戦術であった。

しかし、双方とも戦争の可能性は承知していた。江戸の町を端から端まで焼き払う計画（同書 p. 30）は勝の準備の一部ではあったが、実際には決してそのような事態に陥らないよう、彼は全力を尽くした。勝は西郷に宛ててこう書いた。「今……官軍、鄙府に逼るといえども、君臣謹んで恭順の道を守るは、我徳川氏の士民といえども、皇国の一民成るを以てのゆえなり」（同 p. 27-8）。勝は、しかし、徳川に対する処分は公正であるべきだと警告する。「正ならば、皇国の大幸、一点不正の御挙あらば、皇国の瓦解」（同 p. 28）。

二陣営を代表する西郷と勝の最初の会談は、妥協の限界を定めることを目的とした、ギブアンドテイクの強気な応酬だった。西郷がまず出してきた条件は、徳川幕府を完全に解体しようとするものだったが、これに対し勝は、徳川家が独立して存在することを保証するという条件を出した。

勝は熟慮を求め、国家全体の利益を考えた行動、外国からの内政干渉のおそれを論じ、慶喜の恭順に偽りはないことを主張して、望み通りの成果を上げた。

双方の妥協の結果、勝が江戸の町を焼き払う計画を実行する必要はなくなり、江戸は命拾いして東京となった。

明治維新が成功しなければ、政治的大混乱は避けられなかった――江戸から明治への転換が比較的平和裏に実現したのは、（「言語同断人間業には無之（その所業は並々ならぬ）」と西郷に言わしめた）勝のおかげであった。

英文資料としては、M. William Steele, 'Against the Restoration: Katsu Kaishū's Attempt to Reinstate the Tokugawa Family', *Monumenta Nipponica*, volume 36 #3（Autumn 1981）, pp. 299-316、同じ筆者による 'Katsu Kaishū and the Limits of Bakumatsu Nationalism', *Asian Cultural Studies* #10（1978）, pp. 65-76、また、Mark Ravina, *The Last Samurai: The Life and Battles of Saigō Takamori*（John Wiley and Sons, 2004）、とくに Chapter 5 'To Tear Asunder the Clouds' を参照した。

江戸城明け渡しについての専門的な解説については、原口清『明治前期地方政治史研究　上』（塙書房、1972 年）を参照。Najita Tetsuo and J. Victor Koschmann, eds., *Conflict in Modern Japanese History: The Neglected Tradition*（Cornell University Press, 2005）も参照した。

徳川慶喜の江戸からの退去については、司馬遼太郎『最後の将軍』（文春文庫、1997 年）が読みやすいが、あまり厳密な記述ではない。『日本人の遺伝子』（PHP 研究所、2012 年）のなかで、著者の徳川恒孝は徳川家の自分の系統が、いかに 20 世紀の政治に順応していったかを述べている。同書は将軍家の歴史的遺産の名誉回復を意図した彼の試みである。Takie Sugiyama Lebra, *Above the Clouds: Status Culture of the Modern Japanese Nobility*（University of California Press, 1993）は、日本の貴族階級とその消えた文化を人類学的に概観するものである。

Henry D. Smith II は、徳川慶喜が江戸を離れたあとの 7 年間で、（それ以前は百万人を超えていたと推計される）江戸の人口は半分に減ったと推計している（'The Edo-Tokyo Transition: In Seach of Common Ground', *Japan in Transition: From Tokugawa to Meiji*, Marius B. Jansen and Gilbert Rozman, eds., Princeton University Press, 1986, p. 347）。

明治初期の政策立案者たちは、この町を捨ててしまおうとさえ考えていた。1868 年 9 月 5 日付の *Japan Times' Overland Mail* 紙は次のように伝えている。「造幣局と砲兵工廠はどちらもすでに大阪へ移された。大名屋敷の多くは解体されて、蝶番や重い青銅製の装飾品は扉から引きはがされ、多くの場合、建物は取り壊され、礎石や木材は建設業者に売り渡された。城の二番目の壁を支える要の部分で地すべりが起きたせいで、幅 40 から 50 ロッドの裂け目ができ、そこから落ちた瓦礫で濠が浅くなってしまった。これを修復しようという努力はなされていない……」（M. William Steele, 'Edo in 1868: The View From Below', *Monumenta Nipponica* volume45 #2（1990）p. 148 より）

また、J. H. Gubbins, *The Progress of Japan: 1853-1871*（Clarendon Press, 1911）にはこうある。「またたく間に、栄えていた江戸の町は砂漠のようになった……そして、300 年もちこたえた徳川家の威光もまた……一朝にして失墜した」（p. 142）

3　1868年9月7日付の *London and China Telegraph* 紙。

4「転換期であったことは町の名前を見てもわかる。おおよそ1868年から1889年までの期間、今日では“とうきょう”と発音される漢字は“とうけい”と読まれていた。町はもはや江戸ではなかったが、まだ完全に東京にはなっていなかった」（Iwatake Mikako, 'From a Shogunal City to a Life City: Tokyo Between Two Fin-de-Siècles', *Japanese Capitals in Historical Perspective: Place, Power and Memory in Kyoto, Edo and Tokyo*, Nicolas Fiévé and Paul Waley, eds., RoutledgeCurzon, 2003, p. 253 note 3）

また、Henry D. Smith IIは、候補にあった帝国主義的な名前「帝都」について「うぬぼれた中国風（の名前）で……視覚的に、東京は帝都などという壮麗な響きに似つかわしい都市だったことはなかった」と述べている。（'Tokyo and London: Comparative Conceptions of the City'）

5　前掲『口語全訳 華厳経』。

6「その僧侶の力は伝説的で、存命中は厄払いの腕で尊敬をあつめていた。邪悪なものを追い払う能力のために信仰をあつめ、死後は崇拝の対象となった。ある説によると、あるとき疫病が僧侶の住む寺を襲った。そのとき僧侶は強力な悪鬼に姿を変えて病魔と闘い、もしもまた疫病がだれかを襲ったときには追い払うことができるようにと、のちの世代のために、悪鬼に姿を変えた自分の絵を描くよう求めた……」Mareilie Flitsch, ed., *Tokens of the Path: Japanese Devotional and Pilgrimage Images: The Wilfried Spinner Collection (1854-1918)*, pp. 86-7を参照。

7　三個の鐘については、S. Katsumata, *Gleams from Japan*（Routledge, 2011）, p. 342を参照［勝俣銓吉郎『和光集』（1937年）］。Katsumataは、吉田兼好が13世紀に著した『徒然草』（英語版 *Essays in Idleness*（Meredith McKinney, trans., Penguin Classics, 2013）, pp. 127-8およびp. 182 notes 388-9を参照）を引いている。「凡《およ》そ鐘の声は黄鐘調《おうしきちょう》なるべし。これ無常の調子」［兼好法師『新版　徒然草　現代語訳付き』（小川剛生訳注　角川ソフィア文庫、2005年、p. 205)］。McKinneyによる注では、「黄鐘調は西洋音楽におけるCマイナーにだいたい等しい」としている［訳者注：黄鐘はAに相当するとされる］。

また、Katasumataの以下の記述も参照。鐘の音は「四季をとおして一定でない――大気の状態と鐘そのものの密度によって変化する。鐘のいちばんよい音を聴くには……ちょうどよい時と場所を知っておくことが重要である」（p. 335）。

8　これら石垣の特徴と用途については日本建築美術史用語辞典（JAANUS）のウェブサイトの説明を参照した。石にはしばしばその形（「栗石」）や切り方（「亀甲積」）によって名前がつけられた。

9　『犬将軍：綱吉は名君か暴君か』（早川朝子訳、柏書房、2015年）のなかで、著者のベアトリス・M・ボダルト＝ベイリーはこう主張している。「問題の核心にあったのは犬の保護ではなかった。綱吉の治世を、その前後とは異なったものにしているその他の政策と同じように、武士の特権が問題だったのである。不要となった犬を塀に囲まれた屋敷の外に放し、庶民が暮らす地域で餌を探させるような権利を武士は有したのであろうか。庶民は狭苦しい地区に、そのような塀に守られることなく生活していた」（p. 284）

10　Paul Waleyの古典ともいうべき*Tokyo Now & Then: An Explorer's Guide*（John Weatherhill, 1984）, p. 159より。

石川淳「焼け跡のイエス」、『焼跡のイエス　善財』（講談社学術文庫、2006年）所収。

トマス・ロオカ『御遠足』（空前社、1927年）のなかには、上野の変化を描いたユーモラスな一節がある。「東京、1922年6月10日土曜日、午後3時。土砂降りの夜が明け、燃えるような太陽が燦燦と輝いている。上野公園は平和記念東京博覧会で大賑わいだ。色とりどりの人の群れが、ありとあらゆる建築様式を組みあわせ、どこにもまさる多彩な品々を収めた見慣れない建造物群のまわりに集まっている。しかし、一般大衆にとってのいちばんのお愉しみは上野の池にあった。昨年の夏、ここはまだ淡い紅色の蓮の花におおわれた静かな湿地だった。小さなお堂がひとつ、ひっそりと島の上に建っていた。今日、池は立派なコンクリートの橋でふたつに切り分けられている。噴水が池から吹きあがり、夜は提灯の明かりが水中深くまで輝かせる。日中ずっと騒々しい機械が二台、水を撥ねあげながら池の上をいったりきたりしているのを群衆が驚嘆しながら眺めている。水上飛行機である……」

11　「この世には緑の柳の木があり」、「天からの風……」のフレーズが含まれるパフォーマンスは光田憲雄氏のYouTubeチャンネルで見ることができる。

12　鐘を鳴らしていた女性たちについては前掲S. Katsumata, *Gleams from Japan*, p. 341に、つぎのような記述がある。「1921年、“正確な時間”の宣伝活動は文部省の支援のもとに実施され、およそ80人の鐘つき役が、長きにわたる忠実な職務に

たいして表彰を受けた。功労者のなかには……女性ふたりが含まれており、そのうちのひとりが小畑松さん、82歳だった。50年間、1日24回、彼女は鐘を撞き、大変な注意力が必要とされるその仕事の正確さで称賛されていた……」

13 J. J. Hoffmann, *Japanische Sprachlehre*（Leiden, 1877）。「江戸での慣習はつぎのようであった。まず鐘が1回撞かれ、それから1分ほどのあいだをあけたあとに、2回目、3回目が間をおかず続く。そのあとまた長めの間隔があり、それからようやく時刻を示す数だけ鐘が鳴る。だいたい10秒おきの間隔で、ただし、最後の2回だけはべつで、いちばん最後の鐘はその前の鐘から間髪をいれず鳴らされ、全部の鐘が鳴ったことが示される」。以下の文献中の引用より。J. Drummond Robertson, *The Evolution of Clockwork*, p. 200 note 1.

これより早い時期に書かれた、外国人による時の鐘の記述については、Yulia Frumer, *Making Time* を参照。同書には19世紀のロシアの艦長のことばが引用されている。「最初に1回鐘を撞き、それから約1分半後に、あいだを置かずに2回撞く。この3回の鐘の音が、間もなく時を告げる鐘が鳴ることを知らせる。あたかも、聴きなさい！　と言っているかのように。そして、さらに1分半が過ぎたとき、時間の数だけ鐘が撞かれる。15秒ほどの間隔でつぎつぎと。ただし、最後の2回だけは間を置かずに続けて撞かれる。もう充分数えた！　と示すかのように」（p. 33）

14 オーストリア気象地球学研究所（The Central Institute for Meteorology and Geodynamics）、*New Scientist*, 24 March 2011の記事より。

15 震災後の福島の不安に満ちた空気を叙情的に綴った資料としては、Andrew Fitzsimonsの句集『A fire in the head：震災後にこしらえたハイク』栩木伸明・大野光子訳（Isobar Press、2014年）を参照。リチャード・ロイド・パリー『津波の霊たち――3・11死と生の物語』（濱野大道訳、早川書房、2018年）も参照。

視覚的に伝える資料としては、*In the Wake: Japanese Photographers Respond to 3/11*, Anne E. Havinga and Anne Nishimura Morse, curators, Museum of Fine Arts（Boston, 2015）を参照。

鹿鳴館――明治維新

1 エルウィン・ベルツ『ベルツの日記』（トク・ベルツ編、菅沼竜太郎訳、岩波文庫、1992年）上巻p. 47。George Macklin Wilson, 'Time and History in Japan',

American Historical Review 85 #3（1980）, p. 570への引用より。ベルツは話をしている相手の意図を取り違えていたのかもしれない。

2　Ellen P. Conant, *Challenging Past and Present: The Metamorphosis of Nineteenth-Century Japanese Art*（University of Hawaii Press, 2006）, p. 231.

3　著者がオリジナル英語版に使用した詩経の一節からの英訳文は、19世紀のスコットランド人宣教師ジェームズ・レッグによるもの（*The Chinese Classics: with a Translation, Critical & Exegetical Notes, Prolegomena & Copious Indexes*, volume 4, Oxford University Press, 1893-5, p. 246）。アーサー・ウェイリー（'Yu, yu, cry the deer/ nibbling the black southernwood...'）やエズラ・パウンド（' "Salt/ lick!" Deer on waste sing...'）による、大きく異なる英訳もある。

4　英訳版は *My Friend Hitler and Other Plays*（Sato Hiroaki, trans., Columbia University Press, 2002）に収録されている。

鹿鳴館の建物そのものについては、Dallas Finnのことばがいちばんよく説明しているかもしれない。「軽快でありながら、たいへんな重さを背負った建物」である鹿鳴館は「明治建築中の淫婦——あいまいで妖艶な……失われたその建物は伝説となった」（*Meiji Revisited: The Sites of Victorian Japan*, Weatherhill, 1995, pp. 95-6）

Pat Barrは、その建物を文化の文脈に置いて『鹿鳴館：やって来た異人たち』（内藤豊訳、早川書房、1970年）を書いた。構造そのものについては、Ellen Conantの *Challenging Past and Present* を参照。太平洋に浮かぶパッラーディオ建築の館にたいする西洋人の反応については、*The Pink Notebook of Madame Chrysanthème and Other Documents of French Japonisme*（Christopher Read, trans., University of Hawaii Press, 2010）を参照。ピエール・ロティ（『お菊さん』の著者）への日本人の反応については、芥川龍之介の短篇「舞踏会」およびDavid Rosenfeld, 'Counter-Orientalism and Textual Play in Akutagawa's "The Ball",' *Japan Forum*, volume 12 #1（2000）, pp. 53-63を参照。

5　William Coaldrakeの論文 'Metaphors of the Metropolis'（*Japanese Capitals in Historical Perspective: Place, Power and Memory in Kyoto, Edo and Tokyo* 所収、pp. 130-1）に引用された内藤昌の記述。Coaldrake, *Architecture and Authority in Japan*, p. 137も参照。「その城は技術決定論の結果をはるかに超えていた——それは俗と聖の境界線上に建ち、地上の居所から大胆不敵にも天に手をのばそうとするものたちの、永遠と聖なるものへのあこがれを表現していた」

徳川初代将軍が江戸と江戸の山、丘、川の景観に加えた変更については、A. L. Sadler の古典的著作 *The Maker of Modern Japan: The Life of Shogun Tokugawa Ieyasu*（Tuttle, 1978）の、とくに pp. 163-75（1590 年に徳川家康が手に入れた小さな村としての江戸を描く）、および pp. 224-32（その景観に家康が加えた変更を概観する）を参照。Roman Cybriwsky, *Tokyo: The Shogun's City at the Twenty-First Century*, p. 53 も参照。

6 「江戸城明け渡しにより、日本の歴史学者が戊辰戦争と呼ぶものの第一段階が終結した——'戊（土）'と'辰（龍）'は十干十二支で 1868 年を表わす漢字である」Mark Ravina, *The Last Samurai*, p. 157.

築　地——帝国日本

1 テオドル・ベスター『築地』（和波雅子・福岡伸一訳、木楽舎、2007 年）p. 64-5。［一部、訳者が改変］

2 Timon Screech, *The Shogun's Painted Culture: Fear and Creativity in the Japanese States, 1760-1829*（Reaktion Books, 2000）、とくに pp. 24-5 および pp. 210-16。［タイモン・スクリーチ『定信お見通し：寛政視覚改革の治世学』（高山宏訳、青土社、2003 年）］

Peter Constantine, *Japanese Slang: Uncensored* には、内部のものにしかわからない、魚市場の特殊用語（隠語）を扱った素晴らしいセクションがある。18 世紀初頭には築地に 80 軒近くも寺があっただけに、市場の隠語には仏教由来の語彙の影響がいまも見られる。前掲ベスター『築地』参照。「市場で交わされる会話は、そこここにべらんめえ口調のことばが差しはさまれて生き生きしている。"べらんめえ"とは威勢のいい下町ことばで、これを使うと、ひじょうに丁寧な依頼ですら喧嘩を売っているかのように聞こえ、そう受け取られる……」

また、『築地』の注にはこうある。「ことば遊びは隠語の大事な要素だ。"シャリ"は寿司職人にとっては米飯を意味するが、もともとは釈迦の白い遺骨をあらわす宗教用語（舎利）だった……」また、生きている魚が死ぬと、魚屋は「あがった！」つまり「魚の魂が昇天した！」と叫ぶことがある。

築地市場のバウハウス建築、すなわち「市場の物理的機能——バラ荷の積み降ろし——を理想的な姿で体現した、ほぼ完璧な曼陀羅」については、前掲ベスター『築地』を参照。ベスターの著書を読むと、あの古い市場を訪れたのとほとんど——ほとんど！——おなじ体験ができる。

3　以下を参照。Richard M. Jaffe, 'Buddhist Material Culture, "Indianism," and the Construction of Pan-Asian Buddhism in Pre war Japan', *Material Religion : The Journal of Objects, Art and Belief*, volume2 #3（2006）, pp. 266-93, Cherie Wendelken, 'The Tectonics of Japanese Style: Architect and Carpenter in the Late Meiji Period', *Art Journal* 55(3)（Autumn 1996）. また、本願寺の象やライオンの写実性について、英国のインド・サラセン風植民地様式の影響について、本願寺を理解する鍵としての「旅」については（本願寺に見られるインドの影響は、歴史上存在した釈迦が伝えたもともとのメッセージに可能な限り近い意味に到達したいという願望を反映している）、Paride Stortini, 'East and West of the Tsukiji Honganji'（オンライン出版）を参照。Stortini によると、それは「近代のアイデンティティ探し」を反映した「裏返しのオリエンタリズム」であり、帝国日本の支配下にある同時代のアジアの国々のあいだで共有される文化的要素としての仏教の役割を強調するものだった。

日本の帝国主義の化身としての象については、Ian Jared Miller の *The Nature of the Beasts: Empire and Exhibition at the Tokyo Imperial Zoo*（University of California Press, 2013）を参照。象がいたのは上野公園で、そこは明治のあいだに「国家の事業に国民を誘いだすべく設計された新種の空間（になった）――［上野は］国民と政府、日本と世界のあたらしい関係を実演するための舞台だった」（p. 37）。動物園と博物館はどちらも「民衆の思考と行動をある形につくりあげようと意図して」建てられた（p. 38）。

この Miller の著書のなかでも、'The Great Zoo Massacre'（動物園大虐殺）の章は必読である。そこでは、1943 年の夏、上野動物園が国民によく知られた貴重な動物たちを次々と計画的に惨殺した事件が詳述されている――その出来事は「すでに擦り切れそうになっていた戦時の官僚文化という布に、早い時期にできたほころびだった。その文化とは、2 年という短い期間に、すべての臣民を喚起し、アメリカの圧倒的な軍事力にたいする、善か悪かの二元論的闘争に自分と家族の身を捧げる覚悟をさせるような文化である」（p. 130）。

Miller は、東京都長官だった大達茂雄はこの動物園での動物殺処分を「当時の日本で、公式の場での発言における大きなタブーのひとつ――敗戦――に対処する手段として」利用した、と論じている。「戦況悪化のために犠牲にならざるをえなかった“殉死動物”を悼むために、老若男女が列をなして動物園へはいっていく劇的な光景を大衆に見せることが、衰えゆく帝国が求めるものに東京都民を慣れさせようとする都長官の政治的宣伝活動の始まりだった……それはまた、戦争を 1945 年の血みどろのクライマックスへと導いた悲劇的な集団自決や望みのない非武装の特攻へと向かっていく、小さくはあるが重要な一歩だったと見られるかもしれない」

(p. 128)。「このときからあと、殉死という狂信は、もはや前線の兵士だけにかぎられたものではなくなった」(pp. 130-31)

殉難猛獣慰霊法要(処分動物慰霊祭)は、「犠牲となった動物たち、なかでも人気のあった象たちを、日本国民とともに苦しみに耐える仲間に変えた。国民も、より大きな国家の善のために喜んでみずからの命をさしだすことをいとわず、……敗戦という、精神的な深傷となる国家的体験を共にする覚悟を決めている……。殺された象たちは、児童文学に描かれ、やがては国の神話のなかにおさめられ、奉《たてまつ》られた。象たちは日本国民の代表とされ、ゆえに日本の人々も同様に、戦争の当事者ではなく、戦争のたんなる犠牲者として定義づけられたのだった」(Harriet Ritvoによる序文、p. xix)。

4 hide周辺の文化については、Hashimoto Miyuki, 'Visual Kei Otaku Identity'を参照。

5 S. Katsumata, *Gleams from Japan*(『和光集』)、勝俣銓吉郎が、ジャパン・ツーリスト・ビューロー(現JTB、旧日本交通公社の前身)のために英語で書いた小品を集めたものによる。初版は1937年だが、Routledgeにより2011年に再版、pp. 330-42。

Katsumataは次のように書いている。「ビロードのような音色を響かせる寺の鐘の音は、クラクションを鳴らす車やベルを鳴らしながら走る路面電車、それにいたるところで流れているおしゃべりなラジオの声が混じりあい、戸惑うほどの雑音があふれる大都市では、おそらくはいちばんの鎮静剤だ。その音にはロマンティックな過去の香りがあり、都市に住む人々にとっては、飲めば昔を忘れるという忘却の川の水とは正反対に、醜い現在を忘れて夢のような過去に生きることを可能にするという効果がある。忙しいアメリカの都市に住み、頭のおかしくなるような毎日の騒音に悩む人々に、私から提案しよう。そんな苦痛を緩和するもっとも単純でいて、もっとも効果的な方法は、寺の鐘の聞こえる場所に住むことだ。その音は魔法のように心を慰めてくれる。……これを実行すれば、何万人ものアメリカ人が理性の破綻から[救われることだろう]」(pp. 334-5)。

6 東京は1950年代までは運河と川の町だった。

19〜20世紀の日本の環境歴史学を専門とするRoderick Ike Wilsonから著者への私信には、「19世紀の江戸っ子があの河畔と港湾を見たら、現在は言うまでもなく、太平洋戦争直後でも、あまりの変わりように、とても自分が知っているのとおなじ場所だとはわからない、そう言い切っていいと思います」とある。

Wilson, ‘Placing Edomae, *Resilience*, volume 3（2016）, pp. 242-89 を参照。

「江戸前とは」、と Wilson は築地に近い一区域のことをこう書いている。「岬や洲崎や棒杭でくっきり分割された、たくさんの“海”のひとつを意味し、それらの海はすべて深さのある“内海”へと注ぎこんでいた」

「1日2回、潮が引くと、入江は後退して、砂洲や浅い潮だまり、海水より冷たい淡水が流れる小水路のなす景色があらわれる……。この泥と砂の表面全体に、絶え間なく流れる水が砂洲を彫りだし、それはまぼろしの島となって1日に2度だけ姿をあらわす。砂洲のなかには定期的にあらわれるので、“Appearing（出洲）”、“Front（前洲）”、“Offing（沖洲）”と名前がついたものもある」

隅田川沿いの埋め立て地を歩きまわる、めくるめく体験については、三島由紀夫の底意地の悪い短篇「橋づくし」を参照。この話のなかでは、ひと言も口をきかずに七つの橋を渡りきると願い事が叶うという迷信にしたがって、満月の夜に四人の芸者が築地のあたりを縦横に歩きまわる。

本所横川——川の東

1　寺門静軒「墨水櫻花」『江戸繁昌記』（朝倉治彦、安藤菊二校注、平凡社、1974-76年ほか)。
本所横川については、Andrew Markus, *The Willow in Autumn: Ryūtei Tanehiko, 1783-1842*（Harvard University Press, 1992)、とくに pp. 8-11 を参照。南北縦断運河である本所横川を18世紀に有名にしたのは、時の鐘と切《きり》見《み》世《せ》、すなわち「時間ぎめで料金を取る下級の遊女屋と、店に属さずやりたいようにやる街娼だった。こういう女たち——多くは年がいって深川の岡場所ではもう働かせてもらえなくなった女——はなりふりかまわず客をとることで知られていた」。湿地帯にある本所は下級武士や小役人のたまり場で、「他にまさることはひとつだけ——あり余るほど蚊がいる」という、ありがたくない評判を得ていた。
Markus は、1774年の洒落本『婦《ふ》美車《みぐるま》紫《むらさき》鹿子《かのこ》』と、そこに描かれた本所横川の様子を引いている。「すれ違いざま、飛びかかられ、捉まる。たとえ雷鳴が轟こうと、女は餌食となった男を離しはしない。おそろしい場所だ。“時間ぎめの遊女”はここからもやってくる」
Alan S. Woodhull による1978年のスタンフォード大学の博士論文（未刊行）*Romantic Edo Fiction: A Study of the Ninjōbon and Complete Translation of Shunshoku Umegoyomi* もよい情報源となる。Woodhull は隅田川東岸の深川および江戸川の失われた世界について詳細を多く盛りこんでいる。「四角い網とたいまつが照らしだす釣り船は……産卵のために白魚が川をのぼってくる冬から早春にかけて、隅田川

沿いでよく見られる風物詩だった」。また、亀戸の広大な梅園、遊里へと客をこっそり送り迎えする隅田川の渡し舟や猪牙舟《ちょきぶね》なども描いている。

Markusのいう時間ぎめの遊女たちと、江戸城の南東に位置する彼女たちの茶屋のある地区をWoodhullはいくぶん好意的に見ている。「もともと港だった深川には、当然のことながら船宿がたくさんあった。18世紀後半のある時期から、逢引や小宴会などを目的にそうした場所へでかけることが流行し、しだいにその習慣が拡大して、茶屋の仕事が商売の大部分を占めるまでになっていった。また、猪牙舟は最速の移動手段であったからこそ、こうした船宿はとても便利な場所にあった」（p. 357 note 47）

「深川は幕府公認の遊郭ではなかったので花魁はおらず、いるのは自営の芸者だけだった。“いき”の世界の流行を牽引したのは、“羽織芸者”と呼ばれた深川芸者たちだった」（p. 363）。Woodhullは19世紀の戯作者為永春水を引き、こんなふうに訳している。「Fukagawa is/ port harbor of Romance./ Along the river banks are lined/ Storehouses filled with Love. / The gondolas which come and go/ Love-laden cross their paths,/ The shouts of boatmen to the docks/ “Ho, Master So-and-So's/ Arrived,” ring out along beside/ the raucous, lively songs/ Which endless as this world drift forth, /from teahouse parlors ring（婦多川《ふたがは》の色の湊《みなと》に情《なさけ》の川岸蔵《かしぐら》。恋《こひ》の入船迎船《いりふねむかひぶね》。たれ桟橋《さんばし》といふ声《こゑ》と、意気《ゐき》な調子《てうし》の騒唄《さはぎうた》。)」（p. 228）

今日の横網については、Kit Nagamuraの思慮に富むコラム‘Cool（Old）Japan Flourishes along Flowing Rivers of Edo’, *The Japan Times*, 27 June 2010を参照。Nagamuraは、この周辺地区はかつて将軍の——のちには天皇の——貯木場だった、と書いている。その木材は「山の手の庭園と邸宅」の建設に欠かせないものだった。

2　隅田川についての英語文献は不思議なことに少ない。

事実に関する記載の多くについては、Roderick Ike Wilsonの素晴らしい論文‘Changing River Regimes on the Kantō Plain, Japan, 1600-1900’（*A History of Water: Rivers and Society*, volume 2（Terje Tvedt and Richard Coopey, eds., I. B. Tauris, 2010）所収）を参考にした。

Helen Craig McCulloughによる『伊勢物語』の評釈書*The Tales of Ise: Lyrical Episodes from Tenth Century Japan*（Stanford University Press, 1968）では、理解に限界があることを次のように要約している。「ひとつの川が流域ごとに異なる名前をもつのはいまもめずらしいことではない。1621年から1654年にかけて、幕府は利根川の進路を現在のように変えた。この新しい流路は五県からの水を集め、銚子で太平洋に注ぐ。古い河床が正確にどこを通っていたかについては意見が分かれている……現在の隅田川は、東京の東部を流れて東京湾に注ぐ川であるが、かつては

もっと上流、いまも荒川として知られるあたりで旧利根川に合流する支流だったらしい。現在の流路を流れるようになり、隅田川という現在の名前を獲得したのは、利根川の付け替えが終わってからのようである」（p. 205 note 8）

Patricia Sippelは江戸期における隅田川の氾濫のパターンとその水路について調査をおこなっている（'Japan's First Urban Water Disaster: The Great Kantō Flood of 1742', オンライン版）。この論文は、隅田川流域の歴史地図の記載があることでとくに価値が高い。

Gregory Smits, *Seismic Japan: The Long History and Continuing Legacy of the Ansei Edo Earthquake*（University of Hawaii Press, 2013）も参照。Smitsは、東京湾の海底の下には「およそ2万年前の東京を流れていた古い川の流れによってできた大きな谷あるいはトラフ」があると指摘する。「この古代の谷の上に堆積物が徐々にたまっていった」のだと。徳川幕府は「水深約5メートル」のこの貧弱な土壌基盤の上に、土嚢を積みあげて砲台（お台場）を築いた。当然の結果として、五つの砲台がすべて崩れたとき、人々はその出来事を「宇宙の力が幕府の戦力を直撃した」との見方をした（p. 115）。

3　『新編武蔵風土記稿』（蘆田伊人編・校訂、雄山閣、1996年ほか）には、隅田川の「すみ」を表わすさまざまな漢字の最古の用例が示されている。Marky Starのブログ*Japan This!*　2014年5月31日付のエントリーから教示された。

4　Andrew Markus, 'Terakado Seiken's *Blossoms Along the Sumida*', *Sino-Japanese Studies* 3 #2（April 1991）, pp. 9-29より。Markusは静軒の文章を「断片をとおして見える全体像」として説明している。「テクストの飛躍や跳躍や反復が示すのは整然と展開するパノラマではないが、それは真の鳥瞰図であり、ひとつの際立った特徴から次へと矢のように移っていく……」

5　前掲*Sino-Japanese Studies*掲載のMarkusの注を参照。「隅田川の堤防や土手は途切れ途切れにおよそ50マイルつづいていたが、"隅田堤"というと通常、南は三囲《みめぐり》神社から北は木母寺《もくぼじ》までの限られた範囲をさす。周辺の低い土地よりもゆうに12フィート高く築かれた堤防からは、隅田川と江戸の"下町"波止場が一望できた……将軍吉宗の命により、1725～26年のあいだに、隅田川の堤防には桃、桜、柳の木が植えられた。1790年、家斉がその事業を拡大し、1831年には枯れ木をあたらしい木に植え替えた。それらの樹木は――おそらくは堤防の浸食防止のために植えられた――蕾と花が隙間なくつづくひさしを提供した。いつもは地味な表現の多い『江戸名所図会』すら"[二月《きさらぎ》の末より、] 彌生《やよい》の末まで、紅紫翠白枝《こうしすいはくえだ》を交へ、

さながら錦繡《きんしう》を晒すがごとく、幽艶《いうえん》賞するに堪へたり。” と書いている」（p. 19）。

6　永井荷風『すみだ川』より引用。

7　文化地理学者の Cary Karacas からの私信によると、「土屋ははっきりした意図をもっていたのに……それは土屋が設計したように、つまり、訪れた人が実際になかに入り、戦没者名簿を閲覧できるようには、使われていません。もうひとつ、この記念碑のおもしろい側面は、彼のそれまでの作品の流れを汲んでいながら、［横網は］はからずも戦時中のある種の防空壕にそっくりだという事実です。この記念碑を見たある東京大空襲経験者はこんなことを述べています――「“まるで彼ら（空襲で亡くなった人々）が、［あんなにたくさんの人が死んだ］防空壕にまた無理やり押しこまれたみたいだ……”」。

Karacas による東京大空襲についての広範囲にわたる研究については本書巻末の参考文献リストを参照のこと。

8　2001 年刊行の土屋公雄作品集『記憶』（美術出版社）は、土屋の作品と哲学についての概観を提供する。英訳つきのエッセイ数点、東京大空襲の犠牲者のための慰霊碑内部の写真もここに収録されている。『記憶』所収の塩田純一によるエッセイを参照。「灰はきわめて扱いにくい物質である。物質としてのまとまりも堅さもなく、それゆえにヴォリュームを欠き、固有の形状も持ち得ない。……それは生を超えたもの、彼岸の象徴でもある。生の妄執や煩悩を燃やし尽くした後の無の状態であり、ときには清浄さすら感じさせる。さらに言えば、ある種の呪術性すら付与された、死の果てにおける再生への緒であり、その意味で両義的な物質でもある」（p. 9）

塩田は土屋を日本における最初の “失われた十年” のアーティストと見ている。「それは不在の時代、実質を欠いた影の時代であった。新しい世紀が始まっても、私たちは虚脱状態を抜け出せず、失った実質を取り戻せないでいる。……」（p. 8）

丸の内――あらたな起源

1　「拡張主義を支持して、そのころ広く呼びかけられていた言い回しで、神武天皇がその先駆けとなっていた」ケネス・ルオフ『紀元二千六百年：消費と観光のナショナリズム』（木村剛久訳、朝日新聞出版、2010 年）p. 39。Walter Edwards, ‘Forging Traditions for a Holy War’, *Journal of Japanese Studies 29 #2*（2003）, pp. 289-324 も参照。Nanette Gottlieb はこのフレーズを「ユニバーサル・ブラザーフッド

（全世界的同胞関係）」と訳した（*Kanji Politics: Language Policy and Japanese Script*, Kegan Paul International, 1995, p. 98）。

現在を肯定するために過去が引き合いに出された――神話上の神武天皇の即位は「時間、歴史、あるいは物語のはじまり」を示すものになった（Fujitani Takashi, *Splendid Monarchy: Power and Pageantry in Modern Japan*, University of California Press, 1996）。

2　著者は『浅草の見世物・宗教性・エロス』（和田博文・一柳廣孝・石角春之助・泰豊吉、ゆまに書房、2005年）のなかに、まったくの偶然で、この東京を見つけた。この本には、ランドマークになるほどには長持ちしなかった劇場や階段、橋や建物の図版が含まれている。とはいえ、だれもが東京のこの一面に心奪われていたわけではなかった。永井荷風は「所謂山師の玄関に異ならず。愚民を欺くいかさま物」と言った（*Kafū the Scribbler: The Life and Writings of Nagai Kafū*, Edward Seidensticker, ed., Stanford University Press, 1965, p. 108）［『断腸亭日乗』大正12年10月3日より］。

3　この勅語は東京都発行の *The Reconstruction of Tokyo*（Tokyo Municipal Office, 1933）に再掲されている。（帝都復興完成に就き賜はりたる勅語（昭和五年三月二十六日）国立国会図書館デジタルコレクション）

4　ここで示される“裏も表も知り抜いた目”は、ジェニファー・ワイゼンフェルドの視線である。彼女の著作『関東大震災の想像力：災害と復興の視覚文化論』（篠儀直子訳、青土社、2014年）p. 88および354を参照。「日本在住の植民地臣民や、政治的異端者たちを襲った残酷な報復における、震災の『罪なき』犠牲者と救国者たちとの共謀関係は……いまだ充分には認識されていない」と、ワイゼンフェルドは述べる。「『不逞《ふてい》鮮人』が暴動をおこし、爆弾を仕掛けたり井戸に毒を入れたりしているという流言蜚語が大量に流れ、地区ごとに組織された自警団を中心とする報復的暴力が各地で起こったのだ。研究者たちによれば、朝鮮人は、混乱時における偏狭な外国人恐怖の犠牲になったというだけではなかった。彼らはかねてから母国の日本支配からの独立を求める気持ちを口にし、日本人の想像力のなかに強い恐怖をかきたてる、脅威的な植民地臣民として意図的に標的にされたのだという。攻撃対象となりやすいこれらの人々を守っていたと軍も警察も主張したが、のちにメディアは、この権威的存在こそが自警団の組織者であり、扇動者であり、迫害行為における仲間であったことを暴露した」

ワイゼンフェルドはさらにこうつけ加えている。「遺体など、治安を乱す可能性

のあるものの表象は厳格な検閲法によって禁じられており、禁止対象には朝鮮人虐殺の件も含まれていた（とはいえこうした処置も、すでに見てきたとおり、街中で見られた焼死体やふくれ上がった死体などの禁止イメージが市中に流出するのを止めることはできなかった）。……視覚文化はその視覚化において、暴露と隠蔽とを同時に行なう。震災のフォトドキュメンタリーのなかのイメージは、遺体たちの物語を何ひとつ隠さずに提示しているかのように見えるけれども、実際は、ずたずたにされた遺体たちの持つ多様な人生を、ひとつの一般的な語りへと融合してしまっていた。提示された地震像の裏側にはもうひとつの歴史が隠されていたのであり、それが見えていたのは直接に知る者だけだった……」（pp. 89-90）。メディアの視覚的権威は「復活と団結、罪のなさという概念を――実際にはその反対を表す証拠が圧倒的に存在していたにもかかわらず――不朽のものとした」（p. 91）。

5　川端は、この記述から何食わぬ顔で切れ目なく、震災から立ちあがるあたらしい街の記述へと移っていく。「だがしかし、昭和五年の春は、東京の花々しい復興祭だ……」（川端康成『浅草紅団』）

6　「年号の制度は、2世紀ごろの中国にその起源をさかのぼるといわれている。やがて漢字文化圏全体にひろがり、日本では7世紀半ばから8世紀ごろに使われはじめた。記録文書における年号の採用は、それにより天皇を国内はもとより、国外のより広域の東アジア世界の体制における国家支配者として表わす手段だった……明治時代（1868-1912）になる前までは、在位期間中に重大な局面を迎えたときには、天皇は年号を改め、あらたな年号を採用した。つねに漢字二文字からなる年号は、あたらしい時代の始まりを象徴的に示すものと考えられていたため、新天皇の即位に合わせて変えられた。また地震や洪水、飢饉、疫病、火事のあと、彗星が観測されたときや戦争のあとにも年号は改められた。天災とおなじく人災のあとにも、あたらしい時代の名前が与えられ、あたらしい年がそこから始まった。そうすることで汚れた時間が無効化されて、あたらしい時間と秩序がもたらされると考えられたのだ。

どのような社会組織でも、時間はまとまりを保つためのもっとも基本的な原則のひとつである。時間を制するものが支配力をもち、それゆえに、時間の支配を求める戦いが起きてきた。将軍やその他の武将たちは、時間を制する力を手にしようと、何度となくこころみた。たとえば江戸時代の初期には、あたらしい将軍が就任すると年号が改められた。将軍は天皇とちがい、その“即位”は年号改変の理由になりはしないのだが」（Iwatake Mikako, ‘From a Shogunal City to a Life City: Tokyo Between Two Fin-de-Siècles’, *Japanese Capitals in Historical Perspective: Place, Power*

and Memory in Kyoto, Edo and Tokyo, pp. 235-6）。

「1868 年の明治維新につづいて、あたらしい天皇と年号の制度がつくられた。天皇は生涯在位となって、もはや政治のパワーゲームに脅かされることはなくなり、そして崩御のさいには、いちばん年上の息子が皇位を継承することとなった。年号は新天皇の即位のときに始まり、その天皇が亡くなるまで改められることはなくなった。この制度の重要性は、時間が天皇の肉体と結びついていることにある……」（同 p. 237）。

M. William Steele は「明治」の年号導入には賛否両論があったと指摘する。「当時江戸では新元号を茶化したこんな狂歌が流行った——“上からは明治だなどといふけれど治明（おさまるめい）と下からは読む”。この狂歌は、江戸の人々のあいだにまだのこっていた徳川時代への愛着を表現したものとしてしばしば解釈される。たしかに、人々は天皇に支配されることに憤っていた。とりわけそれは実質的には薩摩と長州から来た田舎者の支配を意味したからだった。しかし同時に、徳川家に対する信頼も失われていた。“おさまるめい”ということばで、江戸の庶民はあらゆる形態の政治権力への軽蔑を表現していたのである」（*Monumenta Nipponica*, volume 45 #2（1990）, p. 150）。

古代日本でおこなわれた年号改変の一例として、Delmer M. Brown and Ishida Ichirō, *The Future and the Past: A Translation and Study of the* Gukanshō*: An Interpretive History of Japan Written in 1219*（University of California Press, 1979）, p. 67 には次のような記述がある。「986 年に一条天皇が 7 歳で即位したのち、989 年 6 月下旬《ママ》に、彗星が観測された。その年の 8 月、時代の名称が永祚《えいそ》と改められた。そのあと、永祚台風として知られる未曾有の大災害が起きた。そしてその翌年、時代の名称は正暦《しょうりやく》と改められた……」

災害ではなく吉兆を示す出来事があったために年号改変がおこなわれたひとつの例については、Herbert E. Plutschow, *Matsuri: The Festivals of Japan*（Japan Library, 1996）を参照。「吉兆を示す出来事を反映して時代が改められることもあった。そのひとつは、京都御所で白鷺《ママ》が見つかったことだった……」（p. 34）。

7 Günter Nitschke, *From Shinto to Ando: Studies in Architectural Anthropology in Japan*, pp. 9-10. Vinayak Bharne, *Zen Spaces and Neon Places*（ORO Editions, 2014）, p. 102 への引用より。昭和天皇が亡くなる前の何週かのあいだ、メディアは来るべきその日を〈X デー〉とカタカナ語を使って呼んでいた（Leo J. Loveday, *Language Contact in Japan: A Socio-linguistic History*, Clarendon Press, 1996, p. 197）。

8 太平洋戦争のあと、占領軍当局は年号制度を維持することを決定し、「中断し

なかった。これは暦を利用した過去との連続性の宣言であった」［ジョン・ダワー『敗北を抱きしめて　増補版』（三浦陽一・高杉忠明・田代泰子訳、岩波書店、2004年）下巻 p. 5ほか］

9　Ben-Ami Shillony, *Enigma of the Emperors: Sacred Subservience in Japanese History*（Global Oriental, 2005）［ベン＝アミー・シロニー『母なる天皇：女性的君主制の過去・現在・未来』（大谷堅志郎訳、講談社、2003年）］を参照。「日本の皇室は万世一系であるから日本は他の国とは根本的にちがうという考え方は、皇室そのものとほとんど同じくらい古くから続いてきたものだ……［8世紀の］年代記『日本書紀』はその始まりを、最初の「人皇《にんのう》」の統治者である神武天皇が帝国を築いた紀元前660年に相当する年の最初の月の最初の日としている。この年月日は、7世紀初頭に聖徳太子がはじめて世に知らせた。朝廷の悠久の歴史を強調したいとの思いから、太子は601年から十干十二支の60年周期の21倍さかのぼり…… 紀元の年を推定したのである。この日付に歴史的根拠はなく、実際の建国はおそらくそれより一千年近くあとのことだったと考えられるが、日本の歴史のなかでそれはほとんどの期間受けいれられ、日本の政治構造の不変性の証としてしばしば引かれてきた……」（pp. 5-6）

皮肉なことに、記念日という概念は西洋のものであるので、建国が祝われるようになったのは19世紀にはいってからのことだった（p. 8）。“紀元”の発明と国民によるその受容については、Jessica Kennett Cork, *The Lunisolar Calendar*, pp. 54-5に引かれている林若樹の随筆「改暦の影響」（集古会誌、1915年所収）を参照。Corkはまた、宮田登も引いている。「五節句盆などという大切なる物日《ものび》を廃し、……紀元節などというわけもわからぬ日を祝ふ……」（宮田登『日本民俗文化大系9　暦と祭事：日本人の季節感覚』（小学館、1984年）p. 19）

10　この一節は、1896年初版のW. G. Aston版*Nihongi*（『日本紀』）から抜粋、要約した。藤谷みさをの引用については、ケネス・ルオフ『紀元二千六百年：消費と観光のナショナリズム』（前掲）pp. 88-89を参照。大日本帝国陸軍と中国における戦死者数については、前掲ルオフ『紀元二千六百年』p. 40ほかを参照。ルオフは、神武天皇は日本におけるファシズムの表看板としての役割を果たしたと論じ、戦時中でさえ日本では選挙がおこなわれていたと指摘する一方で、国民を総動員するうえでの「万世一系崇拝」の重要性を強調する。昭和天皇は「バルコニーから熱烈なスピーチをしたこともないし、ヒトラーやムッソリーニのようにカリスマ的に振る舞ったこともない。また当時の日本は、ドイツの総統《フューラー》やイタリアの統帥《ドゥーチェ》に近いカリスマ的政治指導者をもたなかった」が、神武天皇が「この点ではその代わりとなる

役割を果たした」のだった（pp. 42-3）。

神武天皇については『古事記』も参照。712年に書かれたこの「ひじょうに政治的な」テクストは「支配者一族の系譜を世界のそもそものはじまりまでたどることによって過去を発明した。その方法はおもに神話の形態をとり、短い挿話と詩をとおして物語を語るものだった」。『古事記』の語りが説明するのは、「人間存在をめぐる最大の難問の数々である。なぜ太陽と月があるのか、なぜ死があるのか、生命はどのように始まるのか、万物の法理においてわれわれはどこに位置づけられるのか……創造主の不在は明らかで、絶対的な起源を特定しようとするこころみは見られない」（Richard Bowring, *The Religious Traditions of Japan 500-1600*, Cambridge University Press, 2005, pp. 46-50）。

帝国日本の時間管理を冷笑的に描いた作品としては、第二次世界大戦中に書かれた、太宰治の薄気味悪い短篇小説「十二月八日」がある（『太宰治全集　5』（ちくま文庫、1989年）ほか所収）。日本の歴史家たちが神武天皇の神話について自由に批評できるようになったのは、第二次世界大戦が終わってからのことだった。1946年2月、東京帝国大学総長が「以前はほぼ立ち入り禁止領域だった皇国史を批判的に分析するよう求めた。『そもそもわれわれの祖先は、わが民族を永遠の昔より皇室を国祖と仰ぎ、永遠に行き来たったものと信じ、最近までさように教えられて来たのである。それは必ずしも伝うるがごとく、今日が二千六百年でないかも知れぬ。果たしてどこまでが歴史の真実であって、どこまでが神話と物語であるかは、実証的歴史学や比較史学の研究にまつべき事柄であって……』」（ルオフ『紀元二千六百年』p. 291）

11　祝賀行事そのものについてはハーバート・ビックス『昭和天皇』（吉田裕監修、岡部牧夫・川島高峰・永井均訳、講談社学術文庫、2005年）を参照。「祝典開始の前日の11月9日、政府は、総力戦に備えて国民の『精神動員」を推進するために内務省に「神祇院《じんぎいん》」を設置した。……記念祝典が最高潮に達した11月10日と11日には、延べ5000万人が祝宴に参加した。前線の兵士を偲《しの》んで、野戦食が用意され、宮城外苑に参集した人々にふるまわれた。」（p. 29-30）アメリカ人の視点からみた紀元二千六百年祝賀行事については、ジョセフ・C・グルー『滞日十年（下)』（石川欣一訳、ちくま学芸文庫、2011年）p. 109を参照。

12　ウンゲレール香織さんに翻訳をお手伝いいただいた。

Chris Drakeはこう述べている。「この詩は昭和天皇が1933年につくられたものです。1940年、紀元祝賀行事の期間中に帝国の津々浦々で披露された新作舞楽にのせて、そのことばはゆっくりと歌われました。さまざまな対立する意味が歴史

のなかで渦をなしていて、この詩を翻訳・説明するのはひじょうに難しい。なにしろ、これはじつはふたつの詩で、ひとつは戦前から戦争初期（詩が詠まれたとき）に、もうひとつは戦後（人口に膾炙し、舞楽として多く演じられたとき）に属するものといってもよい［ほど、戦前と戦後では意味合いが違う］のです。

詩は五・七・五・七・七の形式の“短歌”です。ここで天皇はふつうの散文の語順（動詞が最後に来る）を倒置しており、そのために詩のなかに強い緊張が生まれています。あたかも自身が神であるかのように、天皇が、この詩を使って宇宙を（再）創造しているようです。

冒頭は、目に見えない神の世界と目に見える自然・人間の世界を指しています。2600年つづいてきた天皇家の長大な系譜に見合った、広大無辺の宇宙のイメージです。

ここで、天皇はひとりの天の神、ひとりの地の神に祈っているのではありません。多数存在する神々のすべてに向かって祈っているのです。神道には無数の（八《や》百万《およろず》の）神々がおり、世界にはつねに新しいものが現われてくるので、神もつねに増えていく可能性があります。

英訳するときには、原文の“波たたぬ”のなかに（おそらく無意識に）“平穏”と“鎮静”のふたつの意味が重なって暗示されていることに注意を払うべきです。“帝国が平和であるように。心得違いの反乱分子が帝国のどこかで問題や、遺憾な騒乱や、暴力沙汰を起こすことがないように”。学術的には、このようなふたつの意味の重なりに留意し、歴史を平板な一般論として考えたり、あるいは歴史などどうでもいいと退けてしまったりすることなく、［歴史的背景を正しく理解したうえで］短歌の翻訳にあたる必要があります」（Chris Drake から著者への私信）。

13　『東洋音楽研究』81号（2016年）掲載の寺内直子の論文「『治乱太平』の響き～紀元二千六百年新作舞楽《悠久》と《昭和楽》」を参照。「この二つの舞楽は『古代』と『現代』、『純粋』と『多様』、『日本』と『西洋』、『日本（への収斂）』と『八紘（への拡張）』など、いくつかの反対方向へ延びる言説のベクトルの間で微妙にバランスをとりつつ、当時の宮内庁が考えた紀元二千六百の国民国家『日本』のあるイメージを芸能の形を借りて映し出している」。1964年の東京オリンピック開催時に、《悠久》は再演され、「舞を『武舞』の面影を払拭した清楚な巫女舞に」スタイルを変えて披露された。

寺内のこの研究が参考になると教えてくれたDavid Hughesの指摘によると、1940年に、作曲家（宮内省式部職楽部楽長でもあった）は天皇御製にもっともふさわしい音楽をつけたという。つまり「天皇［の神性］にもっともつながる音楽ということ……2600年前にそんな音楽や舞踊が存在したという証拠はないけれど、

まあよしとしましょう」（e メール）。

北　砂——一九四五年の焼夷弾

1　宗左近の長篇詩『炎える母』のなかにある「走っている」は、空襲の人的被害を題材とした作品のなかで、もっとも心にのこるもののひとつである。

東京大空襲については、英語資料では、Robert Guillain, *I Saw Tokyo Burning: An Eyewitness Narrative from Pearl Harbor to Hiroshima*（William Byron, translator, Doubleday, 1981）.［ロベール・ギラン『日本人と戦争』（根本長兵衛・天野恒雄訳、朝日新聞出版、1990 年）］、Hoito Edoin, *The Night Tokyo Burned: The Incendiary Campaign Against Japan, March-August, 1945*（St. Martin's Press, 1987）、Ron Greer and Mike Wicks, *Fire from the Sky: A Diary over Japan*（iUniverse, 2013）を参考にした。日本語資料では、二瓶治代さんの証言をはじめとする東京大空襲・戦災資料センターにある口伝の書き起こしと体験者が綴った証言集、NHK が 1978 年に制作した 3 月 9 日の空襲に関するドキュメンタリー番組、早乙女勝元『図説　東京大空襲』（河出書房新社、2003 年）を参照した。本所横川の原注 7 でも言及した Cary Karacas の研究は大変貴重である。

2　前掲 Ron Greer and Mike Wicks, *Fire from the Sky*, p. 115.

3　現代の日本では国粋主義者が都合よく使っているフレーズ。初出は『源氏物語』とされ、当時このことばは「漢才（中国渡来の学問）」に対する「和魂（日本の伝統的な精神）」をさしただけだった。（*The Tale of Genji*, Royall Tyler, trans., Penguin, 2003, p. 381 note 9）

4　とくに、井上有一『東京大空襲』（岩波書店、1995 年）を参照。死後に著者の書のあいだから見つかった“夢幻録”である。

5　「酔人たち」がかよう本所横川と、「昔の面影［が］まったくと言っていいほど感じられない」この場所で、いかに「名前」——「ほんのわずかな痕跡」——が大事かについては、前掲の吉村弘『大江戸　時の鐘　音歩記』pp. 41-2 を参照。

芝切通し——東京タワー

1　S. Katsumata, *Gleams from Japan*［『和光集』］, pp. 342-3. 現在ある鐘は、もともと

増上寺にあったものではない。

2　Kendall H. Brown, *Kawase Hasui: The Complete Woodblock Prints* (Hotei, 2003). 本文中の引用、「情緒面で生気に欠け、創造性の面でのびやかさに欠ける」は同書 p. 23 より、「やってきそうにもない」という市電の描写は p. 592 より。Lawrence Smith, *The Japanese Print Since 1900: Old Dreams and New Visions* (British Museum, 1983) には、巴水を「いかにもきれいだが、深みのない、観光客向けの絵」しか描けない画家だとする批評が載せられている。その他の資料としては、Helen Merritt, *Modern Japanese Woodblock Prints: The Early Years* (University of Hawaii Press, 1990)、Amy Reigle Newland, *Visions of Japan: Kawase Hasui's Masterpieces* (Hotei Publishing, 2008) 所収の 'Poet of Place: The Life and Art of Kawase Hasui' がある。

3　Nam-lin Hur, *Prayer and Play*, p. 103 を参照。増上寺は「江戸のために“魔法のような”宇宙観を創造するのに一役買った。この町の玄関口に左右対称に位置する敷地は、将軍が治める首都の内側にひとつの境界世界をつくり、そこでは宗教と娯楽が溶けあい、町なかから発散する社会悪や穢れが消えてなくなった……」。

4　Hank Glassman, *The Face of Jizō: Image and Cult in Medieval Japanese Buddhism* (University of Hawaii Press, 2012), p. 188 より。

5　芝の寺々での行儀の悪いおこないについては、ラドヤード・キプリングがこう書いている。「東京では距離は時間で割り出される。人力車が全速力で四十分走ると、ようやく市内に入る。上野公園から二時間で、有名な四十七士の墓に着く。その途中で芝のじつに見事な寺々の前を通るが、これらはさまざまな旅行案内書に詳しく書いてある。漆塗り、金象嵌をほどこした銅細工、梵字を彫りこんだ水晶……。ある寺の中には、金箔で飾った漆塗りの鏡板張りの部屋があった。“V・ゲイ”とやらいう人でなしが身勝手にも、自分のろくでもない名前を金の表面に引っ掻いて書きつけていた。V・ゲイには爪を切る習慣がなく、豚の餌箱より美しいものに近づけてはいけない輩だったということは、後の世まで人々の知るところとなるだろう……」(H・コータッツィ、G・ウェッブ編『キプリングの日本発見』(加納孝代訳、中央公論新社、2002 年) p. 324-5) [一部、訳者が改変]

6　アーネスト・サトウ『明治日本旅行案内』(庄田元男訳、平凡社、1996 年)。早い時期に来日した欧米人が見た日本については、メアリー・フレイザーの雄弁な回顧録『英国公使夫人の見た明治日本』(ヒュー・コータッツィ編、横山俊夫訳、

淡交社、1988年）も参照。

7　ジェームス・E・ケテラー『邪教／殉教の明治：廃仏毀釈と近代仏教』（岡田正彦訳、ぺりかん社、2006年）p. 172-3より。ケテラーは、造化三神と「皇祖天照大神」が徳川家の菩提寺に祀られたことを、「まさにイデオロギー上の介錯であった。この一刀で徳川幕府は面目を失い、国教の地位に奉じられていた仏教も打ち捨てられたのである」と説明している。

8　John Reddie Black, *Young Japan: Yokohama & Yedo. A Narrative of the Settlement and the City from the Signing of the Treaties in 1858, to the Close of the Year 1879. With a Glance at the Progress of Japan During a Period of Twenty-One Years*（Oxford University Press, 1968）, volume 2, p. 411［J・R・ブラック『ヤング・ジャパン：横浜と江戸　2』（ねずまさし、小池晴子訳、平凡社、1970年）］を参照。を参照。「1874年の元旦、東京では半鐘がけたたましく鳴り響き、それは頻繁にあることだからといって、恐ろしいことにかわりはなかった。芝の大寺院、増上寺が放火魔に火をつけられ、ものの1時間のうちに炎にのみこまれてしまった……大鐘が吊るされていた木造の鐘楼は崩れ、美しい音色をもつ鐘は落ち、いまだもとのように吊り直されていない。日本の四名鐘といわれたもののひとつであるが、三つは火事で損傷してしまい、いまでも吊り下げられているのはひとつだけになってしまった……」

9　A・J・ベイム『まさかの大統領：ハリー・S・トルーマンと世界を変えた四カ月』（河内隆弥訳、国書刊行会、2018年）p. 308に引用されている。［訳文は、一部、訳者が改変］

10　ある日本人の友人は、アーサーの訳した文を読んで、こう言った。「全部を訳そうとするからうまくいかない。なにかは言わないでおくことにしないと。たとえば、愛する人の涙しょっぱい、とか？」

サマータイム――占領下の東京

1　*Chuang-Tzŭ: Textual Notes to a Partial Translation*（A. C. Graham, SOAS, 1982）から。*Sources of Chinese Tradition*, volume 1（William Theodore de Bary and Irene Bloom, eds., Columbia University Press, 1999）, pp. 99-101への引用より。「本章［で扱うの］は、知識と言語、生と死、夢と現実のことである……」。太陽が「方《なら》

びに中《ちゅう》して方びに睨《かたむ》き（天頂に達すると同時に傾いている）」というように、「事物は生きていると同時に死んでいる」とは、紀元前4世紀の思想家恵施（恵子）が説いたパラドックスである。［和訳の引用元は『荘子　下　全訳注』（池田知久訳注、講談社学術文庫、2014年）p. 1068］

2　このパラグラフは、*Cartographic Japan: A History in Maps*（Kären Wigen, Fumiko Sugimoto and Cary Karacas, eds., University of Chicago Press, 2016）所収の、Cary Karacasの素晴らしい'Blackened Cities: Blackened Maps'および'The Occupied City'の各章の内容を簡約したもの。また、Lucy Herndon Crockett, *Popcorn on the Ginza: An Informal Portrait of Postwar Japan*（William Sloane Associates, 1949）も参考にした。

3　Nanette Gottliebの以下の記述を参照。「松坂忠則は……窓の外に見える東京の廃墟を指さし、日本国民は軍を批判することばをもっていなかったから、このような荒廃がもたらされたのだ、と主張することによって、改革案に批判的だった人々を黙らせた。彼らの目に入ったものは、言語を民主化する必要性を示す得難い証拠であった」

Gottliebは、終戦直後の不安定な時期、全体的な雰囲気としては、「戦時中の外国嫌悪、保守反動主義と国粋主義への反感があり、現代的で西洋的で合理的なものへのあこがれがあった」と付け加えている。（'Language and Politics: The Reversal of Postwar Script Reform Policy in Japan', *Journal of Asian Studies*, volume 53 #4, November 1994, p. 1178）

空襲によって新聞の印刷所や活字の鋳造所は壊滅的な被害を受けた。1945年、あたらしい活字の母型が必要になり、そこでひとつの倹約措置として印刷出版業界は国の言語体系の徹底的な見直しを支持した。第二次世界大戦以前、新聞に使われていた「漢字の活字は、同一書体同一サイズ一揃いで約7500個あり、漢字にふりがなを加えた活字を合わせると実際にはその2倍近い数があった」（John DeFrancis, *Visible Speech: The Diverse Oneness of Writing Systems*, University of Hawaii Press, 1989, p. 142）

口語の日本語で書かれた法令と憲法については、Kyoko Inoue, *MacArthur's Japanese Constitution: A Linguistic and Cultural Study of Its Making*（University of Chicago Press, 1991）, p. 29およびp. 31 note 35［キョウコ・イノウエ著・監訳『マッカーサーの日本国憲法』（古関彰一、五十嵐雅子訳、桐原書店、1994）］を参照。

4　Christopher Seeley, *A History of Writing in Japan*（University of Hawaii Press,

2000), p. 152に掲載の例より。1930年代に禁止されていた外国語からの借用語については、Nanette Gottlieb, *Kanji Politics: Language Policy and Japanese Script*, pp. 87-8を参照。ベースボール、ラジオアナウンサー、シャワー、スリッパ、スパナ、ボルト、ハンドルなどの語がリストに挙げられている。「目的は、たんに敵国の言語に属する外国の単語の使用を防ぐだけでなく、それらに付随して外国の考え方がはいってくるのを防ぐことでもあった」

5　Leo Loveday, *Language Contact in Japan*, p. 76に掲載の例より。Lovedayは、1946年に公布された文部省の当用漢字表から除外された漢字をユーモラスに並べている——「犬はいるが、猫はいない。松はあっても、杉はない」（p. 141）。「数の多さと複雑さと伝統に代わって、いまでは制限と単純さと利便性が支配している」（p. 147）

6　ジョン・ダワー『増補版　敗北を抱きしめて』上巻p. 114。
　占領期のサマータイムがこれほど嫌われた理由について、徳川恒孝氏は著者との会話のなかでごく現実的な説明をしてくれた。「始業時間が9時なら、みんな9時に間に合うように出社します。それで午後5時になれば、公式にはその日の仕事は終わりですが、みんなたいていもっと遅い時間、6時とか7時くらいまで会社にいる。のこっている仕事を片付けるためです。ところが始業時間が1時間早くなると、夕方4時で終業となりますが——まだお日さまが出ていて外は明るい！［退社時刻は変わらないので］サマータイムだと1時間余分に働くことになる。残業の問題です。わたしも昔は夜の10時か11時まで会社で仕事をしていました……することが山ほどありましたから。その種のサラリーマンにとっては、朝8時に仕事を始めるということは、1時間タダ働きをすることを意味したのです」

市　谷——戦後の繁栄

1　三島由紀夫『憂国』『花ざかりの森・憂国：自選短編集』（新潮文庫、1968年、2010年改版）所収。

2　人類学者のカーメン・ブラッカーによると、英語の“divination”にあたる日本語は「“占《うら》”もしくは“占い《うらな》”で、もともとは“背後にあって目に見えないもの”をさす語であったようである」（M. ローウェ、C. ブラッカー編『占いと神託』（島田裕巳他訳、海鳴社、1984年）p. 72)。
　ブラッカーは近代以前の日本の信仰体系について、シャーマン、神託、占いに焦

点を当てた興味深い論文と本をいくつか書いている。いくつかの儀式——亀卜《きぼく》や夢判断——は、中世のあいだに廃れた。一方で、1960年代半ば以降までのこったものもあった。ブラッカーは、眼通、すなわち透視能力をもつ職業的治療師にこれらの伝統の痕跡を認めた。「患者が彼女の前にすわるや、彼女の“透視眼”の前には狐、あるいは怒れる先祖の姿が現われるのだった……」。治療には般若心経を唱えたり、ある種の儀式を執り行なったりなどする。ブラッカーがインタビューした別の行者は「樹木や石が聖なるものかどうか」が目で見て判断できると主張していた（*The Collected Writings of Carmen Blacker*, Edition Synapse, 2000, p. 61）。

『あずさ弓：日本におけるシャーマン的行為』（秋山さと子訳、岩波書店、1995年）のなかで、ブラッカーはこう述べている。「われわれの住み慣れた人間世界は、今われわれの目の前に広がる宇宙の狭い一部分にすぎない。その向こうにはさらに別の領域、まったくの“異界”があり、そこには人間ならぬ力を持った人間ならぬものが棲み、彼らの存在秩序は曖昧模糊として奇怪である。これらふたつの世界のあいだには、通常の連続性はない。それぞれの世界は、塀をめぐらした庭のように、それぞれの存在秩序の中にあり、ふたつを分かつ障壁は、そこで平面が途切れている、存在という面に切れ目が生じていることを表わしている。この障壁は、ふつうの男や女には越すことができない。常人はこの危険な異界に随意に渡ることはできないし、そこに棲むものたちを見たり聞いたり、どのような形でも彼らに力を及ぼすことはできないのだ。

ふつうの人間は、こういった危険で曖昧模糊とした力に対して無力である。しかし、ある特殊な人間がふたつの世界のあいだの障壁を越える力を獲得することがある。この力というのは、われわれが持って生まれた肉体的な力や頭脳の機敏さとはなんの関係もない……。それは首尾よく壁を抜け、橋を渡り、向こう側のものたちに影響を与える、特殊な力である……」［邦訳は本書訳者による］

3　三島由紀夫については、ジョン・ネイスン『三島由紀夫：ある評伝』（野口武彦訳、新潮社、2000年）およびヘンリー・スコット＝ストークス『三島由紀夫：生と死』（徳岡孝夫訳、清流出版、1998年）をおもな資料として参照した。三島の作品に見られる、自身を様式化して表現した自画像的人物については、『仮面の告白』および『禁色』を参照。1985年制作のBBCドキュメンタリー *The Strange Case of Yukio Mishima*、ポール・シュレイダーの1985年の映画 *Mishima* も有用。

4　James Kirkup, *Tokyo*（Phoenix House, 1966）, pp. 155-8.

5　Nakazato Nariaki, *Neonationalist Mythology in Postwar Japan: Pal's Dissenting*

Judgment at the Tokyo War Crimes Tribunal（Lexington Books, 2016）, Part 1: 'Pal and the Tokyo Trial' の、とくに pp. 9-13。

戸谷由麻著・編訳『東京裁判：第二次大戦後の法と正義の追求』（みすず書房、2008年）も参照。「法廷が首都東京に設立された点も注目される……日本の庶民に対して歴史教育の機能をはたすこと……」（p. 13）

ナチスの戦犯を裁いたニュルンベルク裁判所が東京裁判の法廷のモデルになった点については、戸谷はこう書いている。「ある逸話によると、法廷の建設を担当した業者は、『ドイツの（ニュールンベルク）裁判の写真を見せられましてね。こんなのを設備するんだ』と占領軍当局のスタッフに指示されたという」（p. 11）

東京裁判とその遺産については、いまだ議論が分かれたままである。批判的立場からは、細菌兵器を開発していた大日本帝国陸軍の七三一部隊、おなじく旧日本軍による中国での化学兵器の使用については訴追しなかったこと、また連合国の戦争犯罪については自己免責がおこなわれたことを理由に、この裁判は公平さに欠ける「連合国の利害を反映した政治的裁判」以上のものではなかったとの見方が示されてきた。初期の研究家たちが東京裁判に一定の成果を認める一方で、あれは見せかけの裁判だったという批判があった。しかしながら粟屋憲太郎ら、その後の歴史学者たちは、あたらしく出てきた記録資料にあたりながら、「『復讐裁判』とみなすわけでもなく、かといって法と正義を百パーセント達成した国際裁判の見本というわけでもなく、そのふたつの要素が微妙かつ複雑に組みあわさった」ものであったとの解釈を示している（p. 356）。

6　この時代には、さまざまなフォトエッセイが出版された。渡辺眸『東大全共闘 1968 - 1969』（新潮社、2007年〔のち角川ソフィア文庫、2018年〕）は、懐古的ではあるが良書である。元東大全共闘代表の寄稿文も収録されている。また、吉本隆明『擬制の終焉』（現代思潮社、1962年）は、戦後日本の体制に対するカウンターカルチャー側からのもっとも理路整然とした批判である。新宿の抗議行動を外交政策の文脈に置いた視点としては、Thomas R. H. Havens, *Fire Across the Sea: The Vietnam War and Japan, 1965-1975*（Princeton University Press, 1987）, pp. 126-7 を参照。

Nick Kapur は、日本の当局は1964年のオリンピックを、東京の広場を閉鎖してしまう機会として利用したと論じている。「1950年代の大きな鉄道駅——新宿駅や渋谷駅——の写真を見ると、市電が出入りするとても幅のひろい空間があるのがわかる。［ところが、1960年代にはいると］これらの鉄道駅は細切れに分けられ、ほかの広場は幹線道路ができて分断された。［当局は］公共のスペースを減らし、デモ活動ができる余地を狭めた。国会議事堂前の大通りには［通行人と参議院およ

び衆議院とを分けるように］巨大な中央分離帯を設置し、10メートルおきにポリスボックスを配置した。今日でも、それらが人々を遠ざけている」（*Japan at the Crossroads: Conflict and Compromise after Anpo*, Harvard University Press, 2018. newbooksnetwork.com, 21 September, 2018配信のポッドキャストより）

7　寺山修司の革命と芸術に関する信念については、Carol Fisher Sorgenfrei, *Unspeakable Acts: The Avant-garde Theatre of Terayama Shūji and Postwar Japan*（University of Hawaii Press, 2005）所収の 'Cultural Outlaw in a Time of Chaos', pp. 31ffを参照。

中曽根康弘元総理大臣の回顧録『政治と人生：中曽根康弘回顧録』（講談社、1992年）pp. 248-9には、三島が人質にとった四つ星の陸将で三島自決の目撃を強いられた益田《ました》兼利総監への追悼のことばが書きつらねられている。益田はサイパン陥落の直後、同僚が割腹して自決する現場にも遭遇していた。「……再び惨劇を目撃するめぐり合わせとなった総監の運命に、一種の業《ごう》を感じざるを得ない……」事件後、自責の念に駆られて辞職した益田は、こう漏らしていた。「『三島君と会ったのは三回目ですが、あれほど思いつめているとは思いませんでした。二人で本当に静かに話してみれば、ずいぶん違った形になったのではないかと思っています。世間から不自然と見られないようになりましたら、遺族の方にお目にかかって御霊《みたま》にお参りさせていただくようお願いするつもりです』」

中曽根はこう書いている。「たまたま天皇陛下より鴨の肉をいただいたので、総監にことづけた。総監はこれを押しいただき、隷下《れいか》の第一師団長、第十二師団長との最後の会食でいただいた由である」

中曽根にとって三島の死は「美学上の事件でも、芸術的な殉教《じゆんきよう》でもなく、時代への憤死であり、思想上の諫死《かんし》」だった。

旧庁舎の見学は現在も可能である。三島が日本刀でつけた戸枠の傷はいまものこっており、また益田の総監室も当時のままのこされている。

東京裁判の法廷もそのまま置かれている。

8　ドナルド・リチー『素顔を見せたニッポン人』p. 54-5。

9　ヨーロッパ式の時辰儀《じしんぎ》（経線儀と懐中時計の両方をあらわすことばとして使われた）を所有すれば、「持ち主がたとえ外国の文字盤で時間を読み取る方法を知らなくても、充分その人に洗練の輝きを投げかけてくれた」ことについては、Yulia Frumer, *Making Time* を参照。Frumerはさらに、この種の所有者たちは時辰儀が「天体の動き」を表わすことを理解せず、ただ「おもしろがって」それをもてあそ

ぶと、怒って批判する日本の知識人たちのことばも引いている（pp. 175, 194）。

開国百年記念文化事業会編『明治文化史』第12巻『生活編』（渋沢敬三編、原書房、1979年）p 82、第二章「衣服と生活　第六節　装身具」も参照。「懐中時計は幕末ペリーが江戸幕府に献上した品目にみえているのが最初であろう。また1862年（文久2年）の『横浜はなし』をみると、異人は常に丸い直径1寸5分から2寸位の根附時計をもっている話を書いている。当時この値段は5両から10両もした。

10　前掲 *Making Time* のなかで Yulia Frumer は、明治期に導入された西洋式の時間管理法は旧来の日本の時間管理法よりも「天文学上の現実」を「より正確に」反映するものだった、というのが伝統的な解釈だが、一概にそうとも言えないことを理解すべきだと論じている。

11　三島由紀夫の『豊饒の海』四部作を参照。「世界は水を充《み》たした革袋のよう」は『春の雪』二章より。「日時計……時間を止めてしまえる」は同三十一章より（一部変更）。「宮殿の大広間」は『暁の寺』五章「自分はいわば、今襖《ふすま》という襖の取り払われた大広間のような時間にいると、本多には感じられた……」、「大河」は同十七章「……月光姫の心には、自分も意識しない来世や過去世の出水《でみず》が起って、一望、雨後の月をあきらかに映すひろい水域に、ところどころ島のように残る現世の証跡のほうを、却《かえ》って信じがたく思わせていたのかもしれない。堤はすでに潰《つい》え、境はすでに破れた。あとは自在に過去世が語った……」より。「世にも艶《つや》やかな砂時計」は『春の雪』三十四章より。

12　三島由紀夫『奔馬』二十四章。

新　宿――明日の東京

1　クリストファー・“ミンク”・モリソンと天野喜孝のコラボレーションによる美しい漫画 *Shinjuku*（Dark Horse, 2010）より。

2　金子務は、相対性理論に日本国民がこれだけ関心を示したのは、「社会にひろまっていた大正デモクラシー運動を支持し、［相対性理論を］孤立した物理学理論としてではなく、あたらしい地平をひらく思想としてとらえた知識人一般」がすでに存在したからだと主張している。*The Comparative Reception of Relativity*（Thomas F. Glick, ed., Reidel, 1987）, pp. 351-79 所収の ‘Einstein’s Impact on Japanese

Intellectuals: The Socio-Cultural Aspects of the "Homological Phenomena" '、および *Historia Scientiarum* #27, 1984, pp. 51-76 収載の 'Einstein's View of Japanese Culture'。

相対性理論が日本人の心を惹きつけた理由はほかにもあった。「名前とは対照的に、その理論が絶対的な世界、イデアのような世界を究極的に表現するもの」だからだった。「現実の空間を占め、時間を追って起こる個々の出来事は、このイデアのような世界の影である。それでも、事物が存在しなければ、この絶対世界（時空）もまた存在しなくなる」。また、相対性理論は「自分が世界の中心だという、人間の常識的感覚とは根本的に異なった。それまでは、時計を使えば同時であることの判定はきわめて容易にできると考えられていた……ところが相対性理論によれば、もし一組の双子がおなじ時間をさしている時計をひとり一個ずつもって、片方が宇宙旅行に出かけ、もう片方が地球にのこっていたとすると、たちまちふたつの時計の針のうごく速さと、双子が年を取る速さがちがってくる……こんなふうに、相対性理論は人間の五感に理論上の制限を課したのだった」

しかしながら、日本じゅうのだれもがアインシュタインに心を奪われていたわけではなかった。偉大な哲学者西田幾多郎は、アインシュタインは「自分の考えの哲学的含意に気づいていないのではないか」と言い、人々は「話を聴きにきたというよりも、見世物の珍獣を見にきたかのように、彼のまわりに群がっている」と感想を漏らした。（Yusa Michiko, *Zen & Philosophy: An Intellectual Biography of Nishida Kitarō*, University of Hawaii Press, 2002, p. 187 所収の 1922 年 8 月 26 日および 1922 年 12 月 17 日付の手紙）。また、ある人は新聞に投書して、「このごろでは科学でさえ"精神のバランス"を失わせる迷信のようなものになり下がってしまった」と苦情を述べ、べつの投書者は、アインシュタインの PR 旅行は「夜店の屋台で客に安物を手渡す」ようだと言った。

3　金子務『アインシュタイン・ショック　I』（岩波書店、2005 年）p. 177-8。

4　「相対性」の「相」の字にはいくつもの読み方があり、「そう」とも「あい」とも読める。金子務によると、1920 年代はじめのこのころ「"性"の話題や、センセーショナルないくつもの恋愛事件の記事が、階級や年齢を問わず世間を騒がせていたので、相対性《そうたいせい》理論がたちまちセックスを表わす相対《あいたい》の性と間違われたのは理解できる」。

5　香取教授がはじめて国際的に注目をあつめたのは、2001 年、いわゆる「魔法波長トラップ」を使った光格子時計のアイデアを提唱したときだ。このトラップによって、単一システム内の精密性と安定性が可能になった。こうして、光格子時計は

センサーになったが、そのために重要なのは「安定性」、つまり「時間が経っても正確であること」だ。香取教授の魔法波長は量子光学の分野に大変革をもたらした。

英国立物理学研究所の主席科学研究員 Helen Margolis は、香取教授の貢献をこんなふうに説明している。香取は「光でできた格子の中に、原子を乱さずに閉じこめ、そのたくさんの原子を利用する、実際に利用することを可能にした」(2015年8月のインタビュー)。それまでは技術的に不可能だったことである。

6　1960年代からこの地区を撮りつづけている写真家の森山大道のことばを引用。2016年8月1日付 *New York Times* 紙掲載の 'In Shinjuku, "Blade Runner" in Real Life' より。

7　1914年、本間國雄は『東京の印象』を出版した。Alisa Freedman, *Tokyo in Transit: Japanese Culture on the Rails and Road* (Stanford University Press, 2011), pp. 127, 284 に引用。

8　新宿は「日常生活の色が遊びの色よりも濃い」場所だと述べた龍胆《りゅうたん》寺《じ》雄《ゆう》(後出)のことばと比べてほしい。

9　『わたしの落書』(啓松堂、1933年)所収「街頭の畫」(1931年)。前掲 Freedman, *Tokyo in Transit* も参照。作家の龍胆寺雄は、新宿駅とそこから流れでてくる通勤客は満月の夜のように「群衆の洪水を溢らせる」と表現した。Alisa Freedman は龍胆寺について書きながら、「彼は乗客や通行人が駅のさまざまな部分を抜けていく動きを提示する。人間の眼でいちどに見ることはできないが、現実に、すべて同時に起きていることなのだ」と述べている。(p. 168)
東京にはいまも同じ動きと人の群れがあり、龍胆寺の描いた1930年代初期と21世紀のあいだで変化していない。

10　'Getting Lost in Tokyo', *Footprint*, 1 July 2014, volume 2 #1, pp. 91-104. ルーカスのグラフィックは素晴らしい。"出口なし"の状態を真に示す図解である。

11　日本の寺の鐘はしばしば政治的に大きな意味をもった。徳川初代将軍家康は、京都のある鐘の鋳造を、最後の政敵を排除する口実に利用した。その鐘(豊臣方が注文してつくらせたもの)には意味の曖昧な銘文が刻まれているとわかったのだ。鐘そのものは「高さ14フィート、重さは72トンあり……通常通り、凝った漢文が刻みつけられていた……。京の奉行が介入し、その鐘の銘文は将軍と将軍家の威信

に対する侮辱であるとして、すべての法要の延期を命じたときには、だれもが周章狼狽《しゅうしょうろうばい》した。

鐘銘に関して公式に指摘された難点とは——家康の名前は年号のすぐあとに記されるべきであった……また、"東迎素月　西送斜陽（東に白い月を迎え、西に落日を送る）"は東の将軍家康のほうが輝きの薄い指導者であるとほのめかしていると解釈された」（前掲 A. L. Sadler, *The Maker of Modern Japan: The Life of Shogun Tokugawa Ieyasu*, pp. 273-4）。

梵鐘の破壊については勝俣銓吉郎の *Gleams from Japan* を参照。「ペリーの黒船が来航したころに」天皇は「歴史ある鐘と時の鐘」については、鋳《い》潰《つぶ》して戦争用の武器につくりかえることから「免除すべし」との勅令を発した。しかし地方によってはこの勅令が間に合わず、すでに梵鐘が鋳潰され、大砲や「その他の武器」に鋳直されてしまっていたところもあったと、著者は書いている（p. 344）。

日比谷——帝国ホテル

1　Cary James, *Frank Lloyd Wright's Imperial Hotel*（Dover Publications, 1988）, p. 16.

2　三島由紀夫『暁の寺』第一部　一。

3　2009年11月9日付 *Sunday Times Culture Magazine* 掲載の Waldemar Januszczak, 'Countdown Conundrum' より。1997年6月24日付 *Independent* 掲載の Tom Lubbock, 'To Infinity and Beyond' および1997年6月14日付 *Independent* 紙掲載の Rosanna de Lisle, 'To the Light Fantastic' も参照。

4　インスタレーション 'Ashes to Ashes' についての YouTube でのインタビューより宮島達男のことばを引用。

宮島達男とその作品については、同氏のウェブサイトおよび以下の図録を参照。*Time Train*（Kerber Art, 2009）, *Big Time*（Hayward Gallery, 1997）, *MEGA DEATH: shout! shout! count!*（Tokyo Opera City Art Foundation, 2000）, *Opposite Level/ Counter Circle*（Richard Gray Gallery, 2001）, *Art in You*（Esquire Magazine Japan, 2008）および Cristina Garbagna, *Tatsuo Miyajima*（Electa, 2004）. 宮島達男の代理人を務める Lisson Gallery のウェブサイトもよい情報源となる。

5　Joseph De Becker, *The Nightless City*, p. 13 の note には次のようにある。「これ

らの“公衆浴場（湯屋）”は実際のところあいびきの場所であり、無認可の売春宿だった。この罪のない名前のもとで商売をおこなうこれらの施設では“髪洗い女（湯女）”と呼ばれる女たちをはたらかせていたが、こうした女たちは実際には“地獄（素人売春婦）”であり、人々に“風呂にはいる”気を起こさせるために容姿の美しさで選ばれた。“湯屋”の女たちは、上級遊女たちに劣らない美貌と腕をもっていただけでなく、料金が安く昼夜関係なく客をとったが、一方で正規の遊女たちが営業を許されていたのは昼のみだった。こうした無許可の売春婦は相当数いたため、吉原の商売にとっては深刻な打撃となっていたから、妓楼の経営者たちは利益を守るために取り締まりを望んだ……」

また、James L. Huffman, *Down and Out in Late Meiji Japan*（University of Hawaii Press, 2018）所収の 'Earning a Living: Movers and Servers'、とくに p. 93 も参照。

6　Marius B. Jansen, *The Making of Modern Japan*（Belknap Press, 2002）, p. 213 より。Kuriyama Shigehisa and Feza Günergun, ed., *The Introduction of Modern Science and Technology to Turkey and Japan*（International Research Centre for Japanese Studies, 1998）も参照。

7　前掲 Waldemar Januszczak, 'Countdown Conundrum'.

8　帝国ホテルの終焉については Paul Waley, *Tokyo Now & Then*, p. 32 を参照。「文化的蛮行であった……フランク・ロイド・ライトの帝国ホテルは、特異な個性をもち、ほかに類を見ないものだった」

9　「西洋」と「東洋」の時間の概念の対比については貴族哲学者で詩人の九鬼周造の著作を参照。九鬼は 1928 年フランス文壇の集まりでおこなった 2 つの講演（'時間の観念と東洋における時間の反復'、'日本芸術における「無限」の表現'）で、自身の思想を明確化した。

九鬼周造「文学の形而上学」も参照。「過去とは単に過ぎ去ったものではない。未来とは単に未だ来ないものではない。過去も未来において再び来るものであり、未来も過去において既に来たものである。過去を遠く辿れば未来に還ってくるし、未来を遠く辿れば過去に還って来る。時間は円形をなしている。回帰的である。現在に位置を占めるならば、この現在は現在のままで無限の過去と無限の未来を有《も》っているとも言えるし、また無数の現在の同一者であるとも言える。現在は無限の深みを有った永遠の今であり、時間とは畢竟《ひっきょう》するに無限の現在または永遠の今にほかならない」（九鬼周造『時間論　他二篇』（小浜義信編、岩波文庫、2016 年）、p.

145）

10　Rob Gilhooly による、震災1年後の石巻発特報記事 'Time Has Stopped for Parents of Dead and Missing Children: Closure Next to Impossible at School Where 70 Pupils Were Washed Away'（2012年3月11日日曜日付 *Japan Times* 紙）を参照。Gilhooly は震災の遺族とともに活動をつづける僧侶の小野大龍さんのことばを引いている。「時間の流れがすっかり変わってしまったとだれもが言います。時計が止まってしまったと……」

11　James L. McClain, John M. Merriman, Ugawa Kaoru, eds., *Edo and Paris: Urban Life and the State in the Early Modern Era*（Cornell University Press, 1997）所収の、Katō Takashi, 'Governing Tokyo'（p. 43）。

追憶《ついおく》の東京《とうきよう》
異国の時を旅する
2020年10月20日　初版印刷
2020年10月25日　初版発行
＊
著　者　アンナ・シャーマン
訳　者　吉《よし》井《い》智《ち》津《づ》
発行者　早　川　　浩
＊
印刷所　三松堂株式会社
製本所　株式会社フォーネット社
＊
発行所　株式会社　早川書房
東京都千代田区神田多町2－2
電話　03-3252-3111
振替　00160-3-47799
https://www.hayakawa-online.co.jp
定価はカバーに表示してあります
ISBN978-4-15-209951-8　C0098
JASRAC 出 2007403-001
JASRAC 出 2008247-001
Printed and bound in Japan
乱丁・落丁本は小社制作部宛お送り下さい。
送料小社負担にてお取りかえいたします。